ISLAND

Pullover

IMPRESSUM

Bibliografische Information der Deutschen Bibliothek.

Die Deutsche Bibliothek verzeichnet diese Publikation in der Deutschen Nationalbibliografie.

Detaillierte bibliografische Daten sind im Internet über http://www.dnb.de/abrufbar.

EIN BUCH DER EDITION MICHAEL FISCHER

1. Auflage 2022

Covergestaltung, Layout und Satz: Meritt Hettwer

Produktmanagement: Anja Sommerfeld

Bilder: © Corinna Teresa Brix, München, außer: S. 19: @ Ines Grabner, Berlin;
S. 142: © Wenke Müller

Lektorat: Regina Sidabras, Berlin

Bildbearbeitung: Sophia Lasson

ISBN 978-3-7459-1196-1

Gedruckt bei Polygraf Print, Čapajevova 44, 08001 Prešov, Slowakei

www.emf-verlag.de

WENKE MÜLLER

Top-down-
Modelle ohne
Zusammennähen

ISLAND Pullover

SKANDINAVISCHE TOP-DOWN-MODELLE
MIT KUSCHLIGEN ACCESSOIRES STRICKEN

EMF

EIN BUCH DER
EDITION MICHAEL FISCHER

INHALT

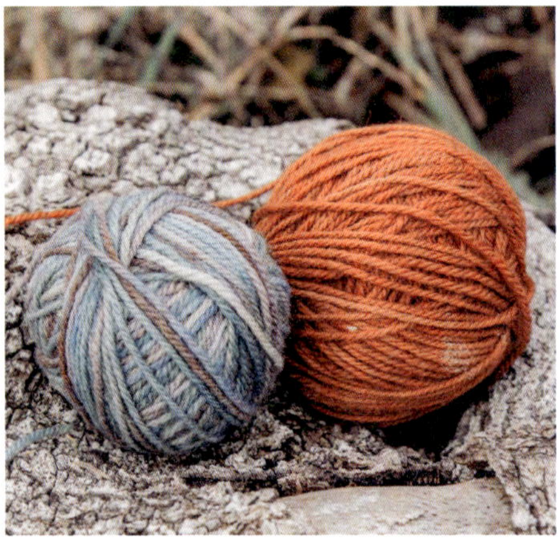

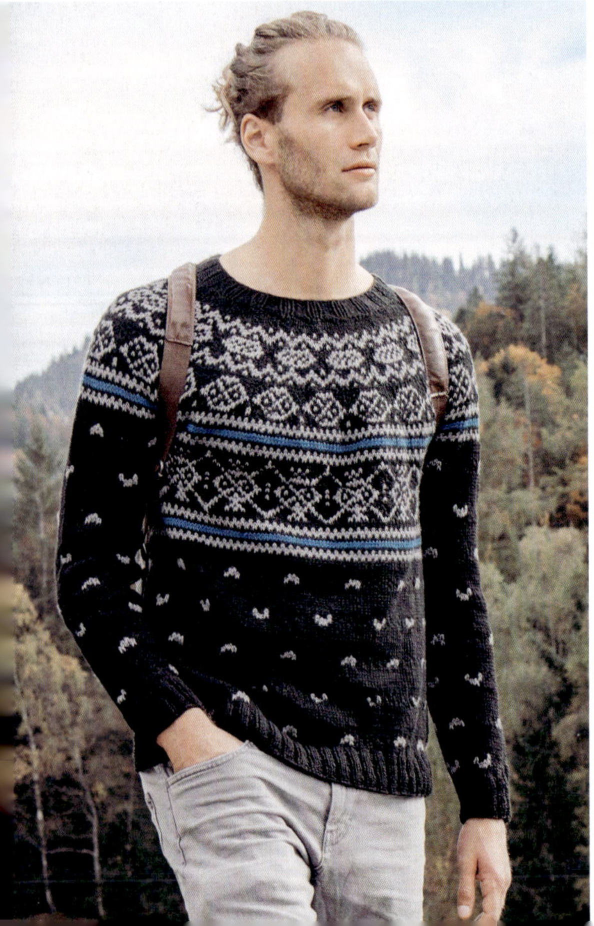

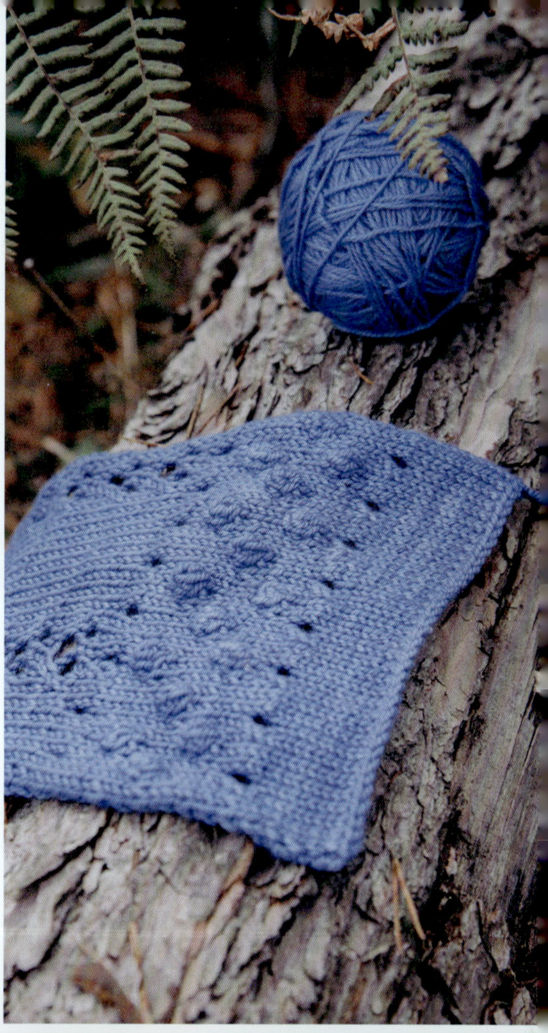

KOMBINIERTE ACCESSOIRES 101

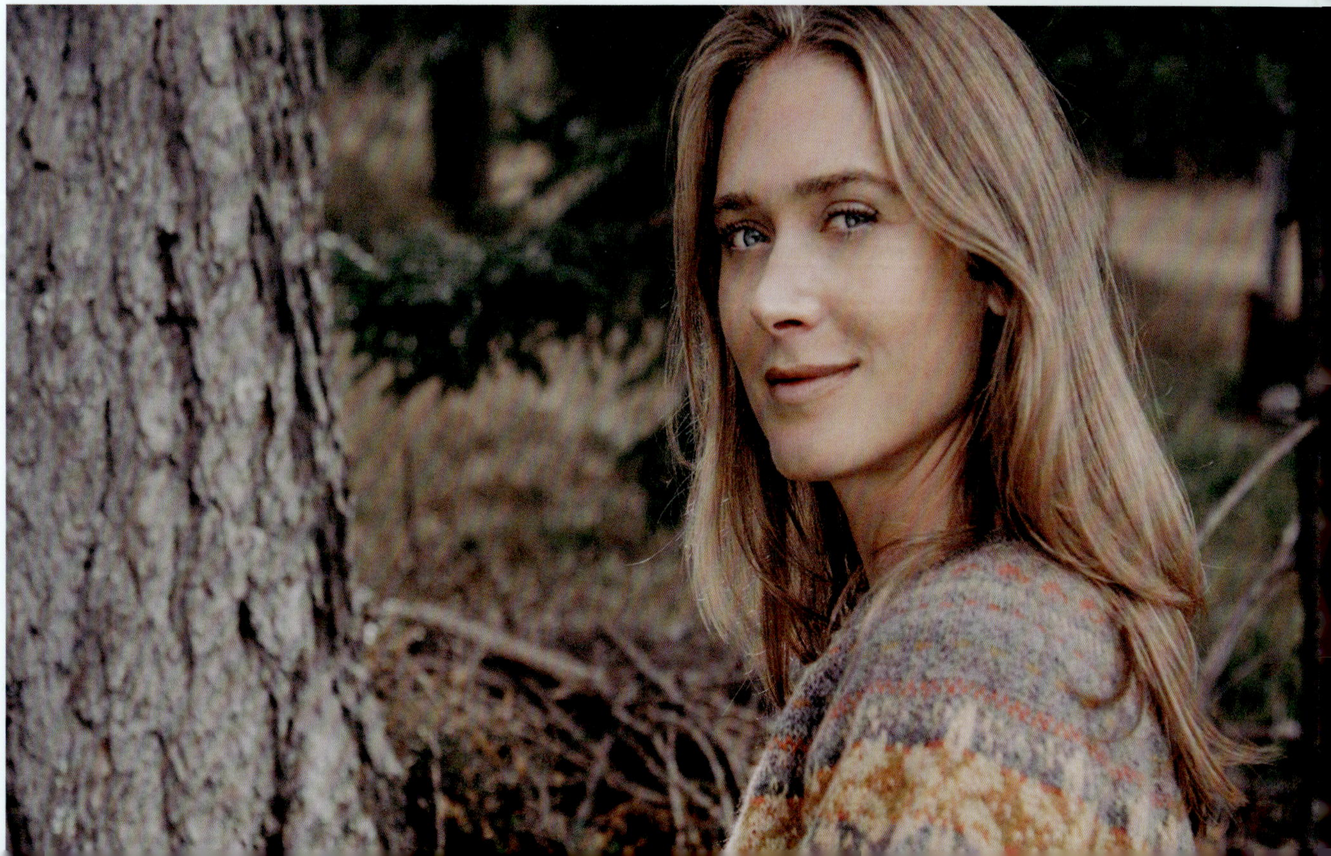

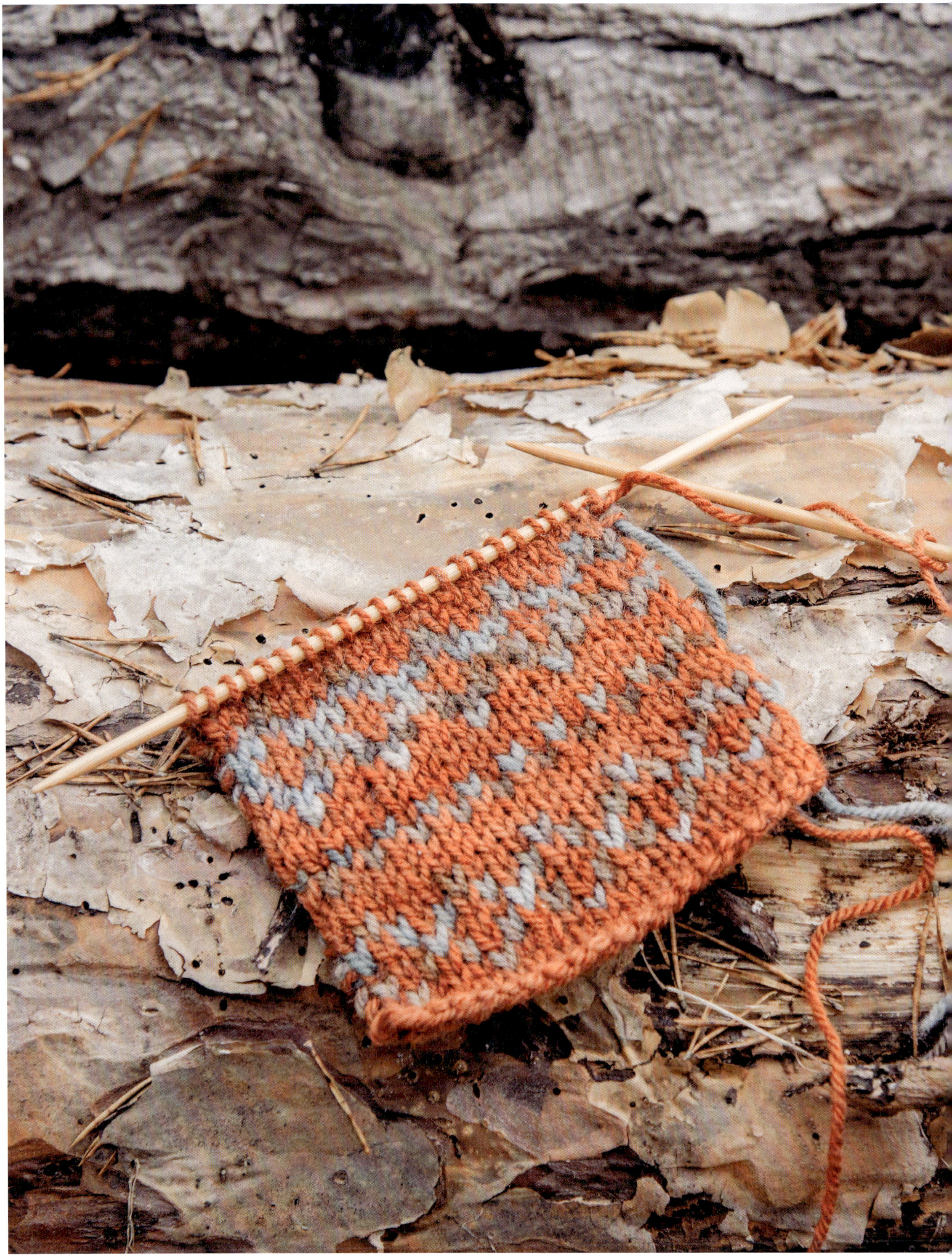

VORWORT

Islandpullover – dahinter verbirgt sich die Welt der mehrfarbigen Rundpassenpullover aus Island. Traditionell aus grober Schafwolle gestrickt, hielten die Pullover die Inselbewohner in der rauen Umgebung mollig warm. Das Jacquardmuster wurde um Hals und Schulter geführt und teilweise oberhalb der Bündchen wieder aufgenommen.

Heutzutage haben Islandpullover auch unsere gemäßigteren Klimazonen erobert. Die Modelle in diesem Buch können ganz bürotauglich in leichterem Garn entstehen, sie können ein komplizierteres Jacquardmuster zeigen oder auch nur mit Struktur oder Streifen funktionieren – und sie sind damit so vielfältig und einzigartig wie ihre Träger(-innen).

Je nach Vorliebe und Farbwahl sind die Modelle von ihr und auch von ihm tragbar.

Gemeinsam haben alle Modelle, dass sie von oben nach unten gestrickt werden. So lässt es sich in der Runde wunderbar stets auf der rechten Seite arbeiten, man kann das Strickstück zwischendurch sogar anprobieren, um zum Beispiel die optimale Ärmellänge festzulegen. Und was viele Stricker (-innen) an dieser mittlerweile auch bei uns sehr etablierten Strickweise schätzen: Das lästige Zusammennähen entfällt – nur Fäden vernähen und anziehen!

Damit alles noch ein cooles Styling bekommt, habe ich auch viele schöne und gut kombinierbare Accessoires entwickelt.

Ich wünsche viel Spaß beim Stricken und Vorführen der „Schätze" – die bewundernden Blicke werden Ihnen bestimmt sicher sein!

Ihre

Wenke Müller

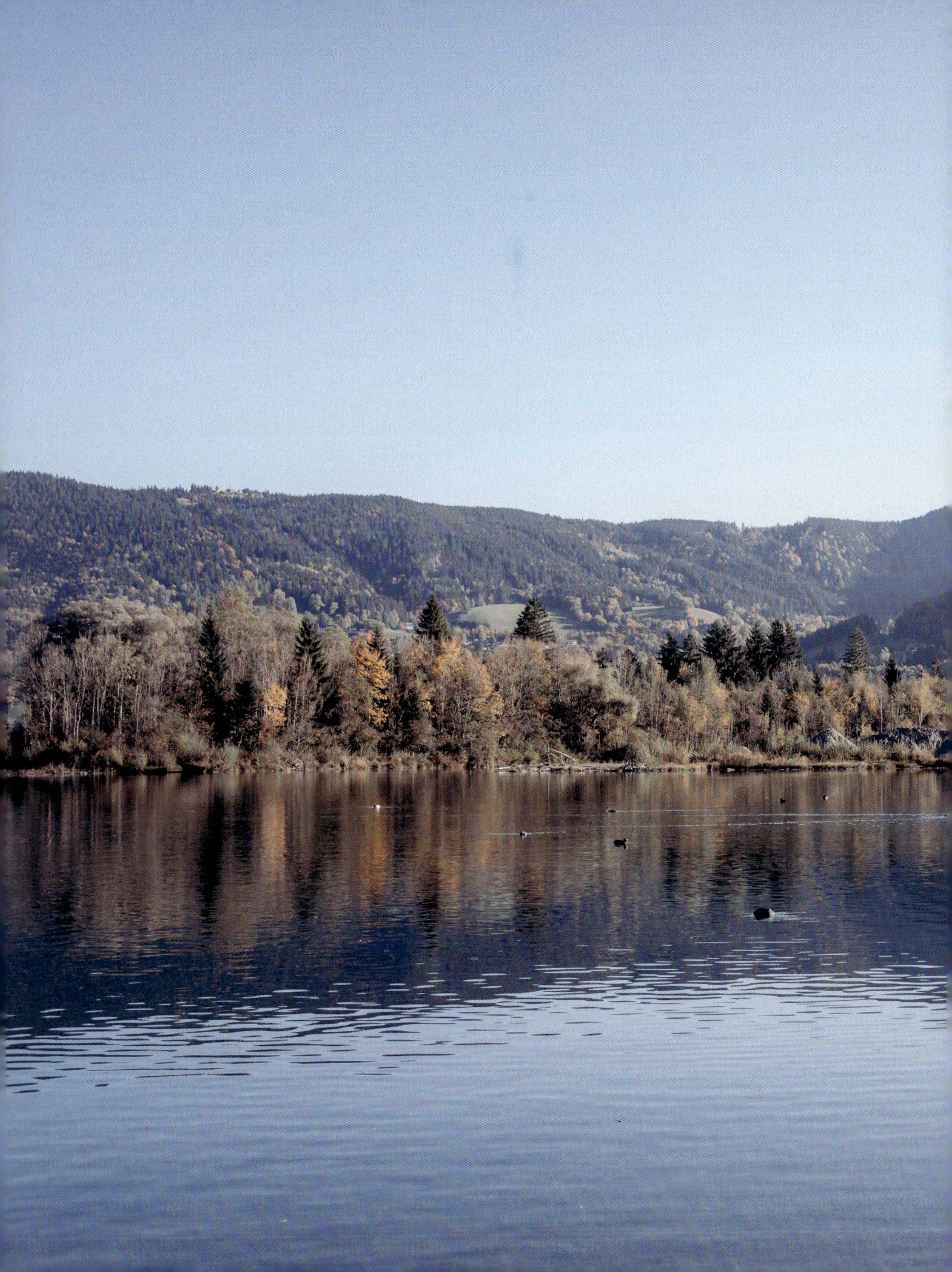

Grundlagen

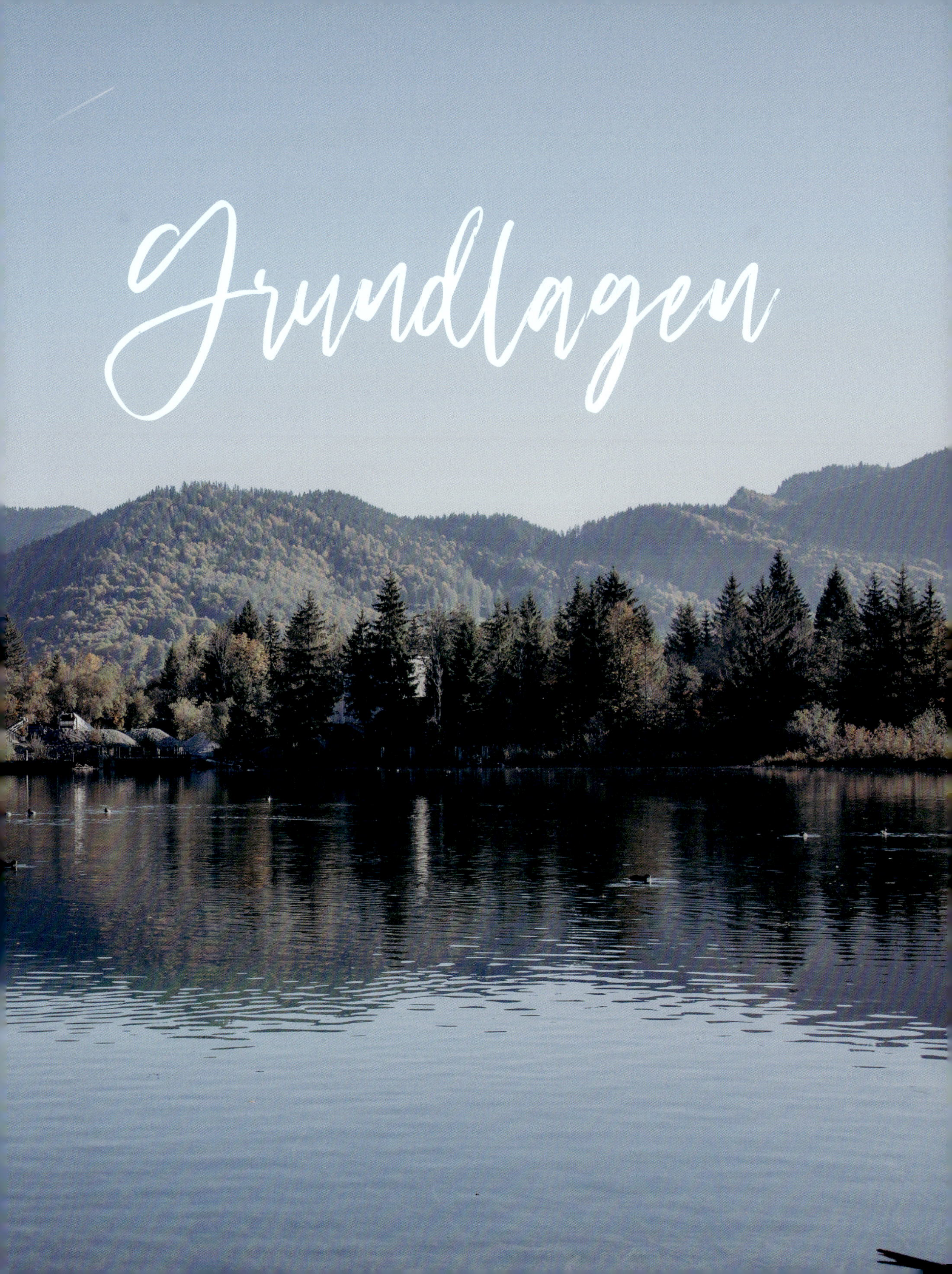

PASSENPULLOVER VON OBEN NACH UNTEN STRICKEN

Die Pullover in diesem Buch werden von oben nach unten in Runden und in einem Stück ohne Nähte gestrickt.

WARUM VON OBEN NACH UNTEN?

Der Vorteil ist, wie ich finde, dass man während des Strickens das Strickstück anprobieren und ggf. die Größe anpassen kann. Dabei nicht vergessen: vorher die Maschen auf lange Nadeln oder einen langen stabilen Faden ziehen.

Das Stricken in Runden ist für Jacquardmuster besonders empfehlenswert, da man stets nur rechte Maschen strickt und die Farben immer auf der Rückseite der Arbeit verkreuzt. Das führt zu einer gleichmäßigeren Fadenspannung und so zu einem regelmäßigeren Maschenbild. Außerdem ist es bequemer, da man die verschiedenen Farben gleichzeitig auf einer Hand führen kann (siehe Seite 17, Fadenhaltung).

PASSFORMEN UND GRÖSSEN

Bei meinen Rundpassenpullovern (auch als Yoke-Pullover bekannt) handelt es sich typischerweise um Unisex-Modelle, die also je nach Geschmack von Frau und Mann getragen werden können.

Um verschiedene Passformen und Größen anbieten zu können, habe ich mich für drei verschiedene sogenannte Fits entschieden, welche sich jeweils auf den durchschnittlichen Brustumfang (BU) des Körpermaßes je Größe beziehen.

Slim Fit: ca. 6 cm Mehrweite zum BU Körpermaß

Regular Fit: ca. 14 cm Mehrweite zum BU Körpermaß

Loose Fit: ca. 18 cm Mehrweite zum BU Körpermaß

WICHTIG: Es handelt sich hier um Durchschnittswerte der Mehrweiten, die auch je nach Modell größer oder kleiner sein können. Die genauen Maßangaben sind für jedes Modell in der Anleitung unter der Angabe „Größe" zu finden.

	KÖRPERMASS (UNISEX)			
Größen	**S**	**M**	**L**	**XL**
Brustumfang von _ bis _	82–92 cm	93–103 cm	104–112 cm	113–122 cm
Brustumfang - Durchschnitt	87 cm	98 cm	108 cm	117,5 cm

WIE WIRD NUN GESTRICKT?

Man beginnt stets mit dem Halsbündchen (oder dem Rollkragen bei Steinunn). Bevor das Passenmuster beginnt, werden meist wenige verkürzte Reihen gestrickt, wodurch der hintere Bereich des Halsausschnitts höher am Körper liegt als der vordere Bereich des Halsausschnitts, was sich positiv auf die Passform auswirkt.

Dann folgt die eigentliche Passe, in der in regelmäßigen Abständen Maschen zugenommen werden. Dabei kann ein mehrfarbiges Jacquardmuster eingearbeitet werden, wobei in der Regel zwei Farben in einer Runde gleichzeitig zum Einsatz kommen.

Bei einigen Modellen in diesem Buch folgen nun erneut wenige verkürzte Reihen, womit nochmals der Rücken etwas verlängert wird. Nach dem Erreichen der Passenhöhe werden die Maschen aufgeteilt, die Ärmelmaschen werden dabei stillgelegt. Zwischen Vorder- und Rückenteil werden für die späteren Armausschnitte Maschen dazu angeschlagen. Nun strickt man den Body in Runden bis zum Erreichen der gewünschten Gesamtlänge und kettet alle Maschen ab.

Für die Ärmel werden die stillgelegten Ärmelmaschen auf ein Nadelspiel (oder eine Zauberschlinge, siehe Seite 19) genommen. In der Mitte der dazu angeschlagenen Maschen des Bodys beginnend die halbe Maschenzahl herausstricken, die Ärmelmaschen stricken und die andere halbe Maschenzahl herausstricken. Um Löcher unter den Ärmeln zu vermeiden, kann man zusätzlich an den Armausschnitten je 1 Masche aufnehmen, die dann in der Folgerunde mit den Ärmelmaschen zusammengestrickt wird.

Dann wird auch der Ärmel in Runden weitergestrickt. Für die Ärmelschrägung werden dabei je nach Modell meist Maschen abgenommen. Nach Erreichen der gewünschten Gesamtlänge des Ärmels werden alle Maschen abgekettet.

Nun noch die Fäden vernähen und das gute Stück gespannt unter feuchten Tüchern trocknen lassen.

TIPP

Die Jacquardpasse lässt sich auch wunderbar bereits vor dem Aufteilen der Maschen (Maschen auf langer Nadel oder langem stabilen Faden) spannen und trocknen!

Schemaschnitt-Modell mit Erklärungen zu den Maßangaben in cm:

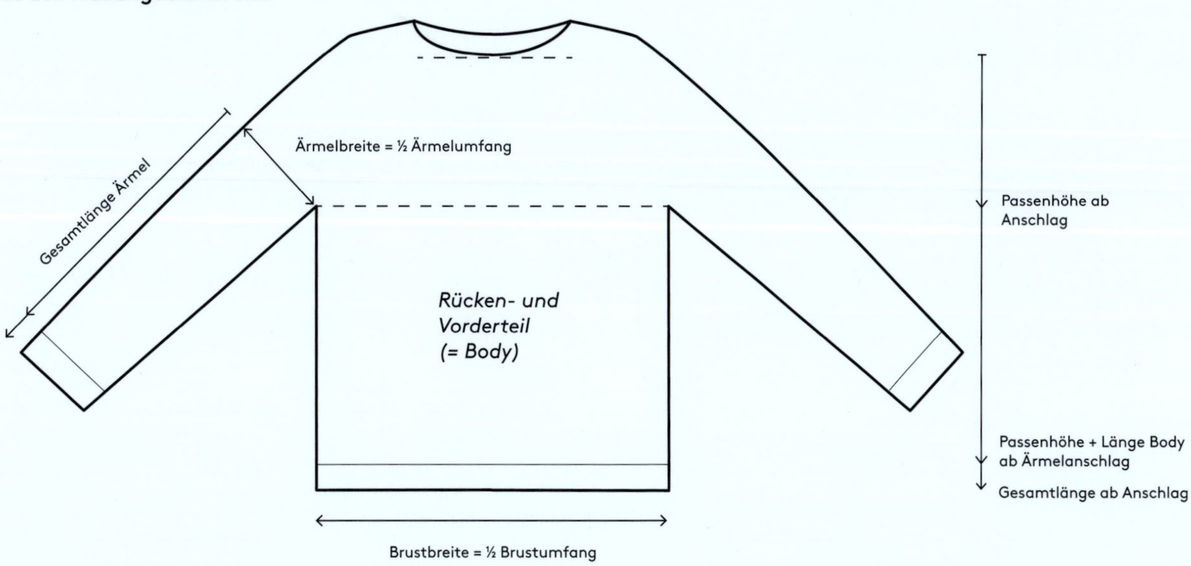

ZUNAHMEN

Zunahmen aus dem Querfaden sind besonders beliebt, da sie sich sehr schön in ein glatt rechtes Maschenbild einfügen. Gerne werden sie auch links und rechts von einer oder mehreren Mittelmaschen gestrickt. In diesem Fall arbeitet man sie gegengleich einmal nach rechts und einmal nach links geneigt.

NACH LINKS GENEIGT AUS DEM QUERFADEN

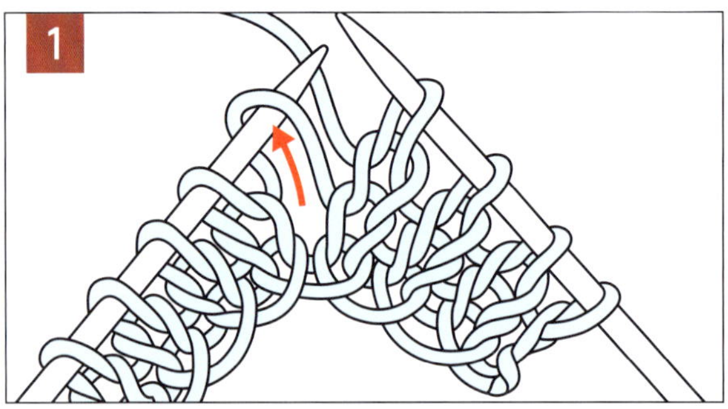

Mit der linken Nadel von vorn den Querfaden zwischen der rechten und linken Nadel aufnehmen.

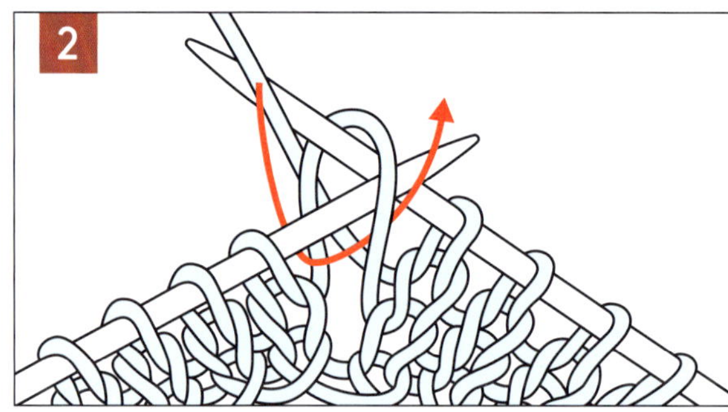

Diesen Querfaden rechts verschränkt stricken …

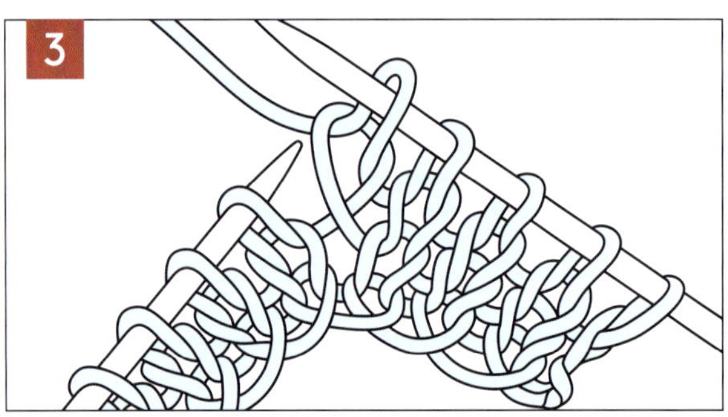

… und von der linken Nadel gleiten lassen.

ESELSBRÜCKE

*Für die Neigung, die durch die Aufnahme des Querfadens von vorn oder von hinten entsteht, verrate ich Ihnen eine Eselsbrücke: „Ich **LI**ess die **VORDER**tür offen" (von der Vorderseite aufgenommener Querfaden ergibt eine nach links geneigte Zunahme) und „Ich bin **RE**chtzeitig zu**RÜCK**" (von der Rückseite aufgenommener Querfaden ergibt eine nach rechts geneigte Zunahme).*

HINWEIS

„Make one left / Make one right": In englischsprachigen Strickanleitungen finden Sie die nach links geneigte Zunahme aus dem Querfaden als M1L („make one left") und die nach rechts geneigte Zunahme aus dem Querfaden als M1R („make one right").

NACH RECHTS GENEIGT AUS DEM QUERFADEN

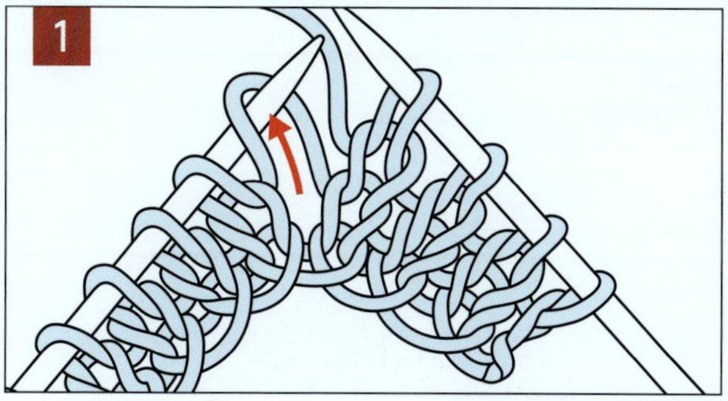

Mit der linken Nadel von hinten den Querfaden zwischen der rechten und linken Nadel aufnehmen.

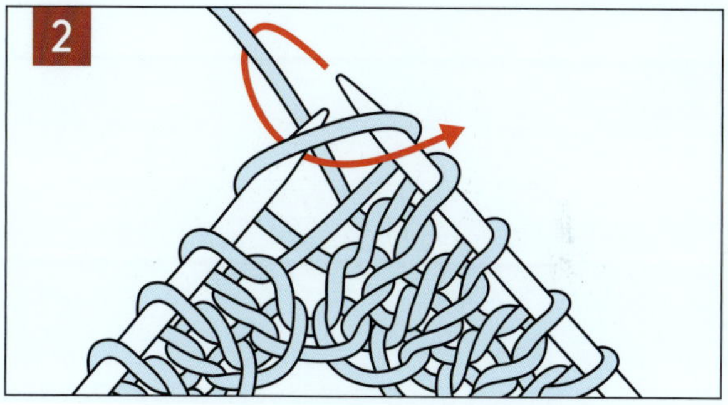

Diesen Querfaden normal rechts abstricken ...

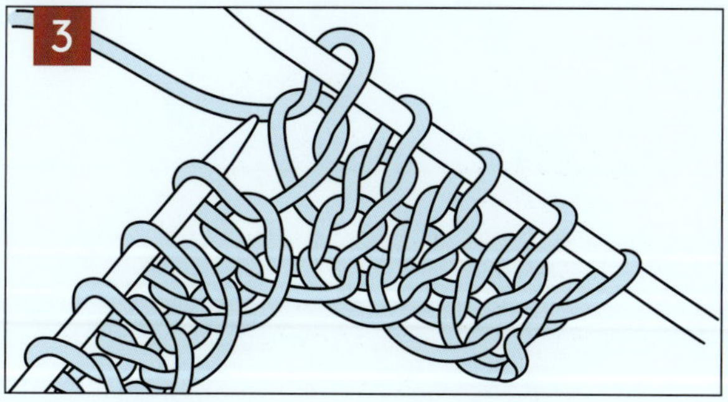

... und von der linken Nadel gleiten lassen.

ABNAHMEN

Abnahmen können sowohl innerhalb eines Strickstücks als auch am Rand gestrickt werden. Grundsätzlich reduzieren Sie die Maschenzahl an der entsprechenden Stelle, indem Sie eine oder mehrere Maschen miteinander abstricken. Je nach Art der Abnahme erscheint sie nach links oder nach rechts geneigt.

NACH RECHTS GENEIGTE ABNAHME: 2 MASCHEN RECHTS ZUSAMMENSTRICKEN

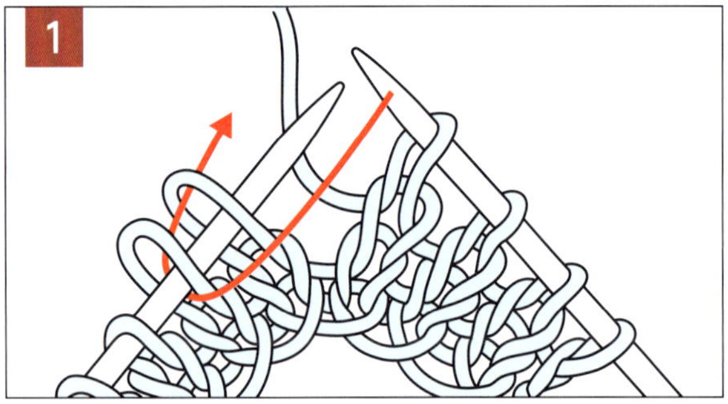

Führen Sie die rechte Nadel von links nach rechts erst durch die übernächste, dann durch die nächste Masche auf der linken Nadel.

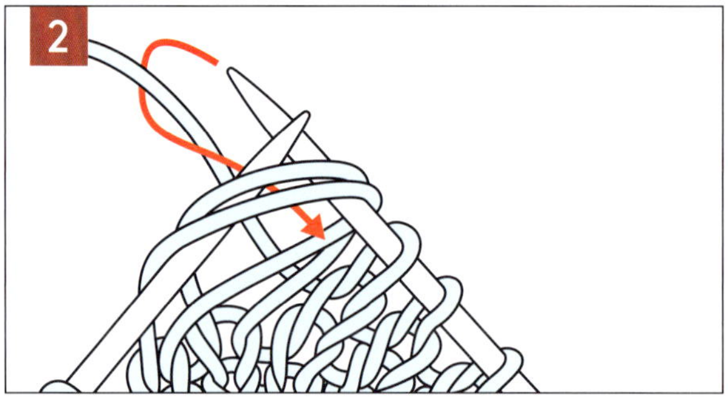

Holen Sie den Arbeitsfaden wie zum Rechtsstricken durch.

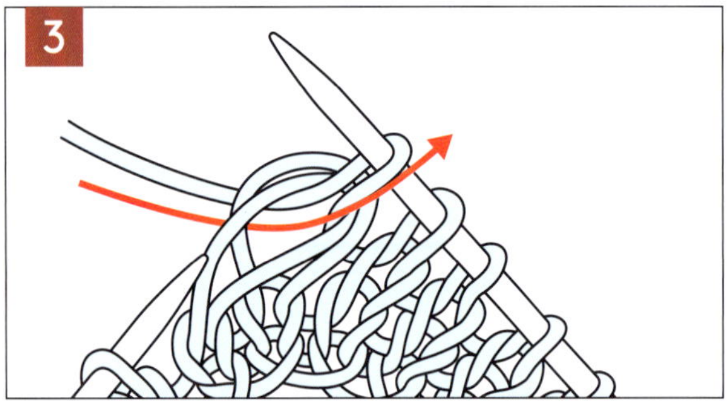

Lassen Sie beide Maschen von der linken Nadel gleiten. Auf diese Weise können Sie natürlich auch drei oder mehr Maschen zusammenstricken.

NACH LINKS GENEIGTE ABNAHME: 2 MASCHEN RECHTS ÜBERZOGEN ZUSAMMENSTRICKEN

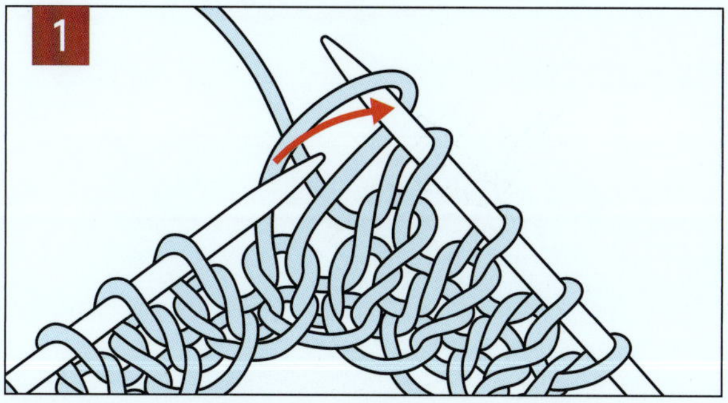

Die erste Masche wie zum Rechtsstricken abheben.

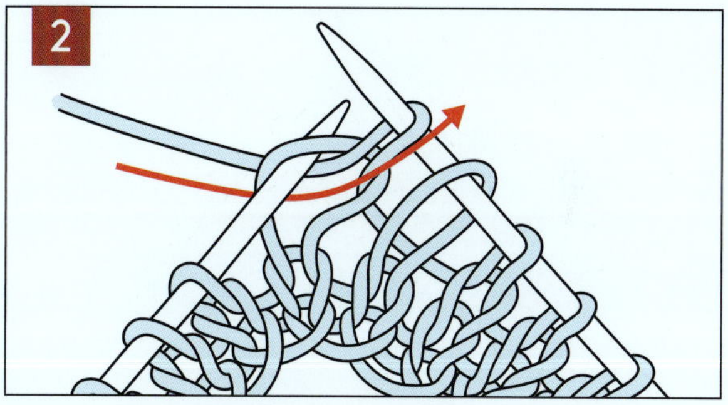

Die nächste Masche rechts stricken.

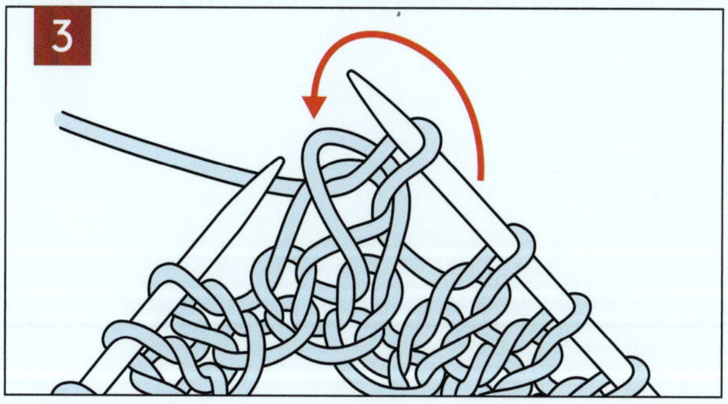

Die zuvor abgehobene Masche von rechts nach links überziehen.

TIPP

Alternativ können als linksgeneigte Abnahme auch 2 Maschen rechts abgehoben zusammengestrickt werden. Dazu die beiden Maschen einzeln wie zum Rechtsstricken abheben, danach zurück auf die linke Nadel legen (sodass sie verdreht auf der Nadel liegen) und anschließend verschränkt zusammenstricken.

VERKÜRZTE REIHEN

DOPPELMASCHE

Bei dieser Technik wird eine Doppelmasche gearbeitet, indem die Masche der Wendestelle nach der Wendung abgehoben und übergezogen wird. Wichtig ist dabei, später beide Schenkel der Masche als eine gemeinsame Masche zu zählen und zu stricken.

HINWEIS

Findet die Wendung in einer links gestrickten Reihe statt, wird ebenso nach der Wendung die erste Masche (in diesem Fall dann eine rechte Masche) einfach wie zum Linksstricken abgehoben (der Arbeitsfaden liegt vorne). Danach wird der Arbeitsfaden über die Masche nach hinten gezogen.

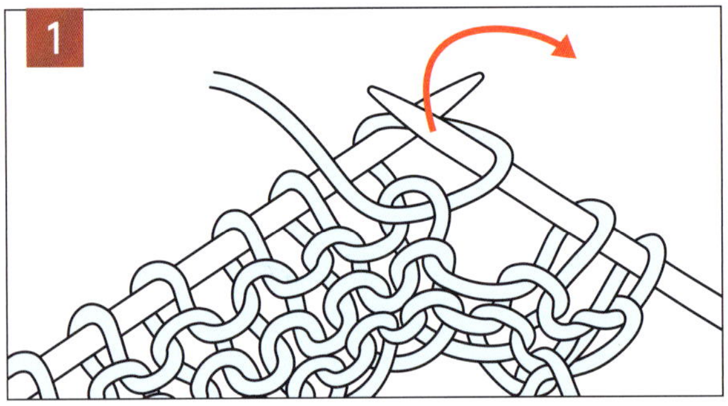

Nach der Wendung die erste Masche mit dem Faden vor der Arbeit wie zum Linksstricken abheben.

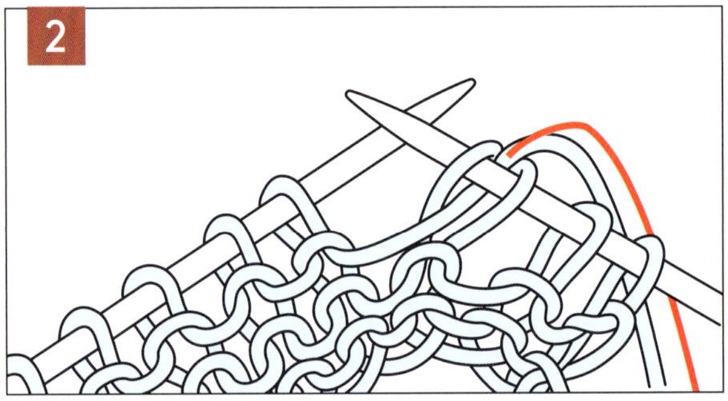

Den Arbeitsfaden über die rechte Nadel und die eben gestrickte Masche nach hinten ziehen, sodass beide Maschenschenkel zu sehen sind.

TEILE VERBINDEN

ÜBERWENDLINGSSTICH

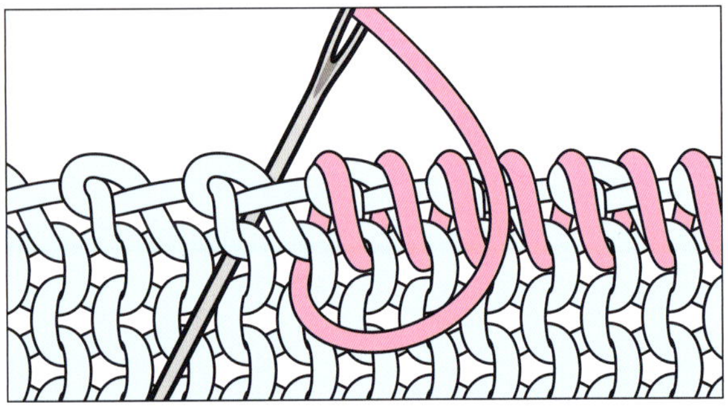

Die Nadel wird stets über den Rand nach hinten geführt und von hinten durch die zwei Teile gestochen.

MATRATZENSTICH

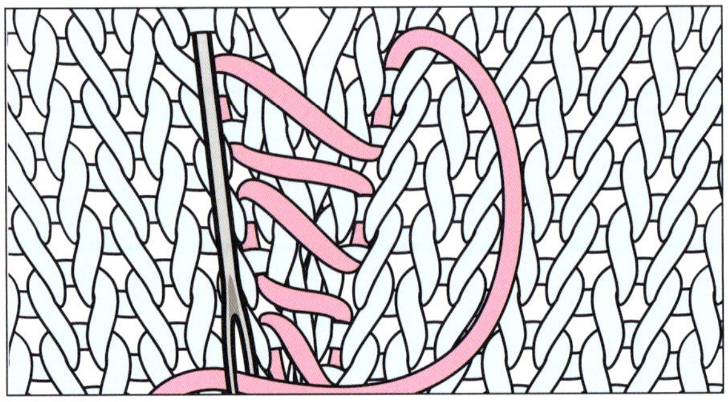

Die Kanten beider Teile mit der rechten Seite nach oben aneinanderlegen und mit der Wollnadel die Querfäden zweier Maschen des linken Teils auffassen, die zwischen Randmaschen und der ersten rechten Masche liegen. Die Wollnadel von unten nach oben in zwei Querfäden der Maschen auf der parallel gegenüberliegenden Seite führen usw.

JACQUARDMUSTER

Jacquardmuster werden mit mehreren Farben gleichzeitig in Reihen oder Runden gearbeitet. Beim Stricken von Jacquardmustern finden laufend innerhalb einer Reihe/Runde Farbwechsel statt, wobei mit mindestens zwei Farben gleichzeitig gearbeitet wird. Das Zählmuster gibt dabei vor, wie viele Maschen in welcher Farbe ausgeführt werden. Die Spannfäden auf der Rückseite nicht zu locker oder zu straff ziehen. Nach 3 Maschen den hinteren Faden einweben. Beim Jacquardstricken in größeren Runden empfiehlt es sich, die Faire-Isle-Technik mit zwei parallel laufenden Fäden zu verwenden (siehe Abbildung). Beim Stricken in Reihen und auch beim Ärmel ist es ratsam, mit nur einem Faden zu arbeiten und die Fäden separat zu verkreuzen.

FADENHALTUNG BEIM STRICKEN MIT ZWEI FÄDEN

Die Kontrastfarbe wird wie bei der Fadenhaltung mit einem Faden arretiert, wobei der Faden im unteren Bereich des Zeigefingers zu liegen kommt. Dann legt man die Hauptfarbe über den oberen Bereich des Zeigefingers und arretiert sie zwischen Ringfinger und kleinem Finger. Dann hebt man den Faden noch einmal an und legt ihn (gegen den Uhrzeigersinn) gedreht wieder zurück. Sobald man nun nach Muster die Haupt- oder Kontrastfarbe strickt, verkreuzen sich die Fäden automatisch auf der Innenseite des Gestricks.

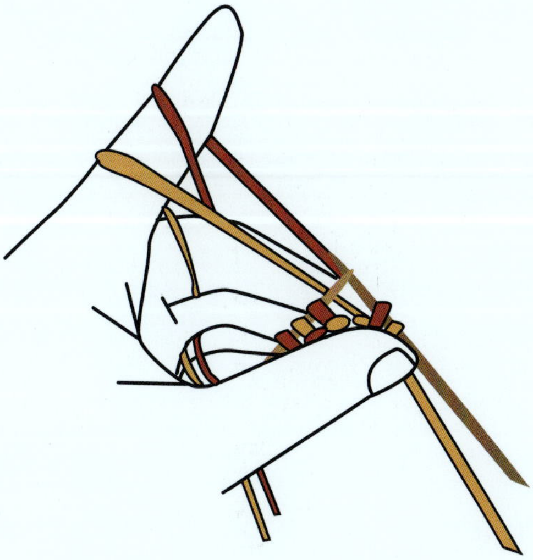

FADENHALTUNG BEIM STRICKEN MIT DREI FÄDEN

Beim Stricken mit drei Fäden, also mit zwei Kontrastfarben in einer Runde, liegt die Hauptfarbe unten (= vorn), dann folgt die Kontrastfarbe 1 im mittleren und dann die Kontrastfarbe 2 im oberen Bereich des Zeigefingers.

HINWEIS

Die Spannfäden, auch Flottfäden genannt, werden in der Regel hinter der Arbeit mitgeführt. Sie können aber auch als dekoratives Element im Muster eingesetzt werden, so zum Beispiel bei Erlendur (siehe Seite 37), wo sie über 2 Maschen auf der Vorderseite der Arbeit laufen.

ABKETTEN

ELASTISCH ABKETTEN: DURCH ÜBERZIEHEN

Häufig ist in Strickanleitungen die Anweisung „locker abketten" zu lesen. In diesem Fall ketten Sie die Maschen ganz normal durch Überziehen ab, achten dabei aber darauf, den Arbeitsfaden sehr locker zu halten. Grundsätzlich sieht ein locker abgeketteter Rand besser und gleichmäßiger aus als einer, der sich kräuselt, weil zu fest abgekettet wurde. Um dieses Problem zu vermeiden, können Sie beim Abketten eine größere Nadelstärke verwenden, wodurch die Maschen automatisch lockerer werden. Alternativ gibt es den folgenden Trick:

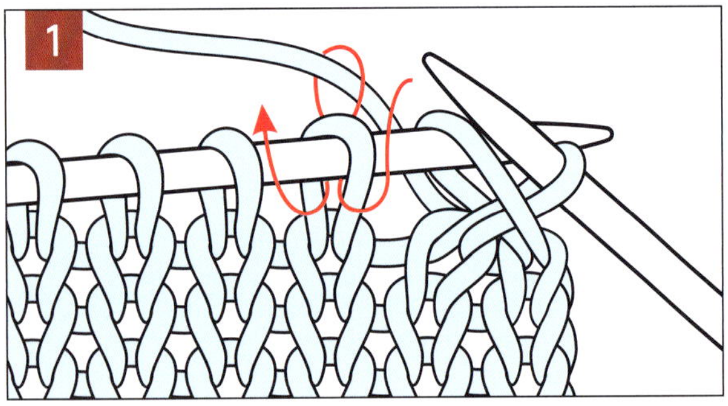

Folgen Sie den Anweisungen des normalen Abkettens durch Überziehen, aber lassen Sie die übergezogene Masche zunächst noch auf der linken Nadel liegen.

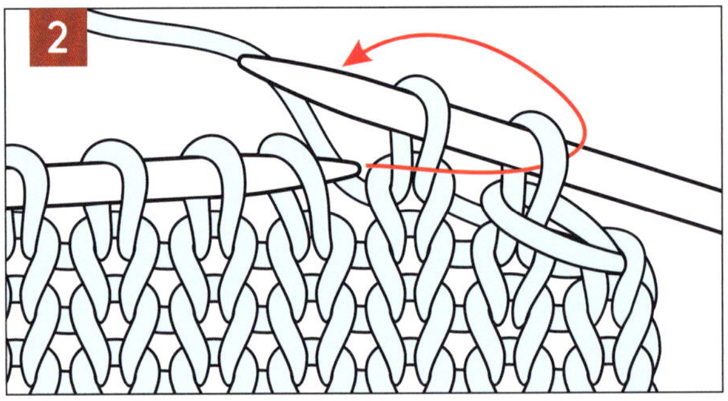

Stricken Sie daran vorbei die nächste Masche rechts. Lassen Sie die eben gestrickte Masche zusammen mit der noch auf der Nadel liegenden übergezogenen Masche von der Nadel gleiten.

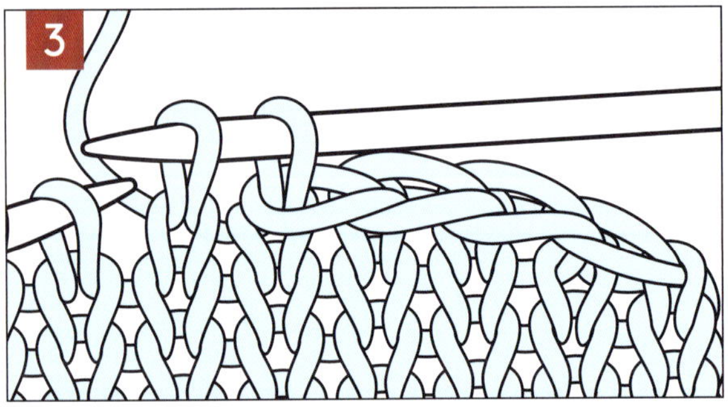

Wiederholen Sie die Schritte aus 1 und 2 bis zum Ende. Dieser Trick hilft Ihnen, lockerer abzuketten.

IN RUNDEN STRICKEN MIT DER ZAUBERSCHLINGE

ZAUBERSCHLINGE

Stricken Sie auch kleinere Runden lieber mit einer Rundnadel anstatt mit einem Nadelspiel, so empfehle ich Ihnen die Technik der Zauberschlinge. Dafür ziehen Sie das lange Seil einer Rundnadel aus der Mitte der Runde heraus. Man nennt die Zauberschlinge auch „Magic Loop".

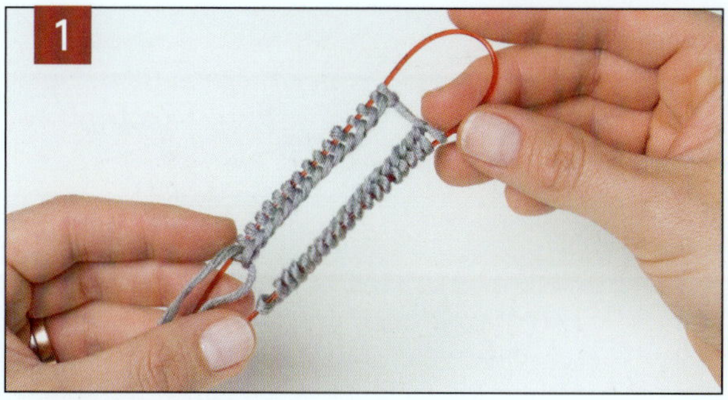

Schlagen Sie die gewünschte Anzahl Maschen an und schieben Sie sie zur Seilmitte. Aus der Mitte der Maschen holen Sie nun das Seil als Schlaufe heraus.

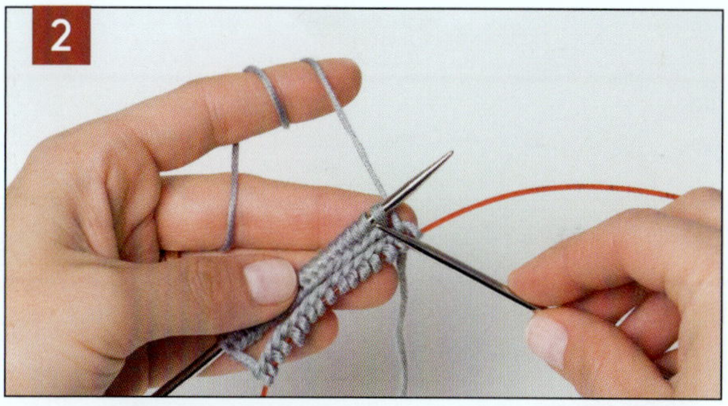

Schieben Sie die Maschen mit dem Rundenbeginn jetzt auf die Nadelspitze, ziehen Sie die rechte Nadel lang heraus und beginnen Sie die Runde zu stricken. Achten Sie darauf, dass sich die Maschen dabei nicht verdrehen.

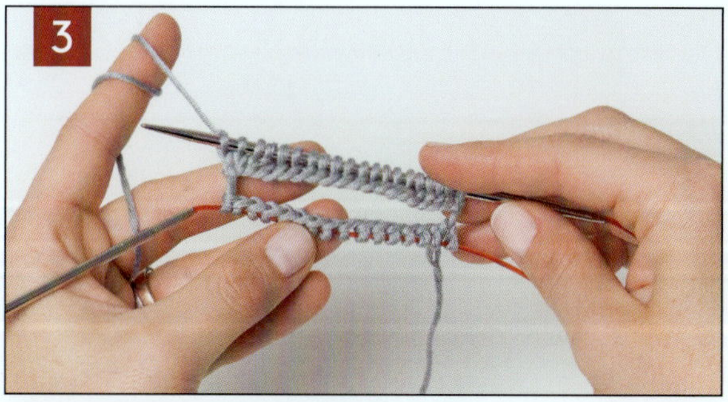

Haben Sie die erste Reihe fertig abgestrickt, schieben Sie diese Maschen nun zur Mitte des Seils und die anderen Maschen auf die linke Nadelspitze.

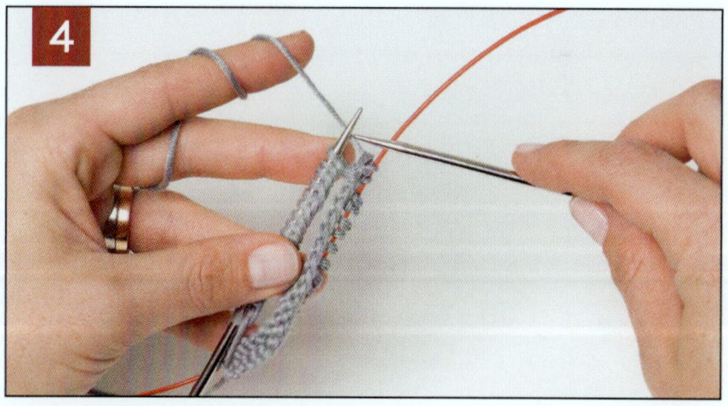

Nach diesem Prinzip arbeiten Sie stets halbe Runden weiter.

SOCKEN STRICKEN MIT BUMERANGFERSE

Grundanleitung für eine glatt rechts gestrickte Socke

Maschenanschlag, Bündchen und Schaft gemäß Anleitung arbeiten.

Bumerangferse

Ist die richtige Beinlänge erreicht, beginnt die Ferse.

Arbeiten Sie die letzte Runde des Beins und stricken Sie die Maschen der 1. bis 3. Nadel ab. Dann legen Sie die Maschen der 2. und 3. Nadel still.

Teilen Sie die Maschen der 4. und 1. Nadel in drei Teile auf: einen mittleren Teil und zwei äußere Teile. Die beiden äußeren Teile sollen die gleiche Maschenanzahl haben. Nun werden verkürzte Reihen mit Doppelmaschen von außen nach innen gestrickt:

1. Reihe (Hinreihe): Alle Maschen der 4. und der 1. Nadel rechts stricken, wenden.

2. Reihe (Rückreihe): Eine Doppelmasche arbeiten (siehe Seite 16), alle Maschen der 1. und 4. Nadel links stricken, wenden.

3. Reihe (Hinreihe): Eine Doppelmasche arbeiten, alle Maschen rechts stricken bis zur Doppelmasche am Reihenende, die Doppelmasche nicht stricken. Arbeit wenden.

4. Reihe (Rückreihe): Eine Doppelmasche arbeiten, alle Maschen links stricken bis zur Doppelmasche am Reihenende, diese nicht stricken. Arbeit wenden.

Die 3. und 4. Reihe wiederholen, bis alle Maschen der beiden äußeren Teile Doppelmaschen sind; die Maschen des mittleren Teils sind einfache Maschen.

Die letzte Hinreihe ist zugleich der Beginn von 2 Zwischenrunden, die über die Maschen aller 4 Nadeln gestrickt werden. Dabei in der 1. Runde beide Maschenteile der Doppelmaschen gleichzeitig erfassen und zusammen rechts abstricken.

Nun wieder verkürzte Reihen stricken; nun aber von innen nach außen.

1. Reihe (Hinreihe): Die Maschen des Mittelteils rechts stricken, wenden.

2. Reihe (Rückreihe): Eine Doppelmasche arbeiten. Die Maschen des mittleren Teils links stricken, wenden.

3. Reihe (Hinreihe): Eine Doppelmasche arbeiten. Bis zur Doppelmasche der Vorreihe rechts stricken, die Doppelmasche rechts stricken (= beide Maschenteile der Doppelmasche gleichzeitig erfassen und zusammen rechts abstricken), die folgende Masche rechts stricken. Arbeit wenden.

4. Reihe (Rückreihe): Eine Doppelmasche arbeiten. Bis zur Doppelmasche der Vorreihe links stricken, die Doppelmasche links stricken (= beide Maschenteile der Doppelmasche gleichzeitig erfassen und zusammen links abstricken), die folgende Masche links stricken. Arbeit wenden.

Die 3. und 4. Reihe wiederholen, bis alle Maschen der beiden äußeren Teile Doppelmaschen sind; die Maschen des mittleren Teils sind einfache Maschen.

Die letzte Hinreihe ist zugleich der Beginn der 1. Runde des Fußes.

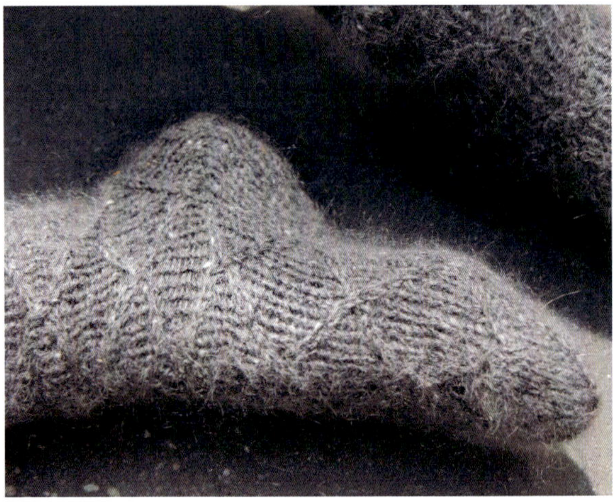

Fuß

Bis zum Beginn der Spitze weiter glatt rechts in Runden stricken.

Bandspitze

Sobald die angegebene Länge erreicht ist, wird die Spitze gearbeitet:

1. Runde: Alle Maschen stricken.

2. Runde: Die 1. Nadel abstricken, dabei die dritt- und vorletzte Masche rechts zusammenstricken, die letzte Masche rechts stricken. Von der 2. Nadel die 1. Masche rechts stricken, dann 1 Masche abheben, 1 Masche rechts stricken und die abgehobene Masche über die gestrickte Masche ziehen. Alle weiteren Maschen abstricken. Die 3. Nadel wie die 1. Nadel und die 4. Nadel wie die 2. Nadel stricken.

3. Runde: Alle Maschen stricken.

4. Runde: Wie die 2. Runde stricken.

Alle folgenden Runden wie die 2. Runde stricken, bis nur noch insgesamt 8 Maschen übrig sind.

FERTIGSTELLEN

Den Faden abschneiden und durch die verbleibenden Maschen ziehen. Alle Fäden vernähen.

ABKÜRZUNGEN

abh	=	abheben	Nd	=	Nadel(n)
abk	=	abketten	QF	=	Querfaden
abn/Abn	=	abnehmen/Abnahme(n)	R	=	Reihe(n)
anschl	=	anschlagen	Rd	=	Runde(n)
DM	=	Doppelmasche(n)	str	=	stricken
Fb	=	Farbe	U	=	Umschlag/Umschläge
HF	=	Hauptfarbe	verschr	=	verschränkt
KF	=	Kontrastfarbe	wdh	=	wiederholen
LL	=	Lauflänge	zun/Zun	=	zunehmen/Zunahme(n)
M	=	Masche(n)	zusstr	=	zusammenstricken
MM	=	Maschenmarkierer			

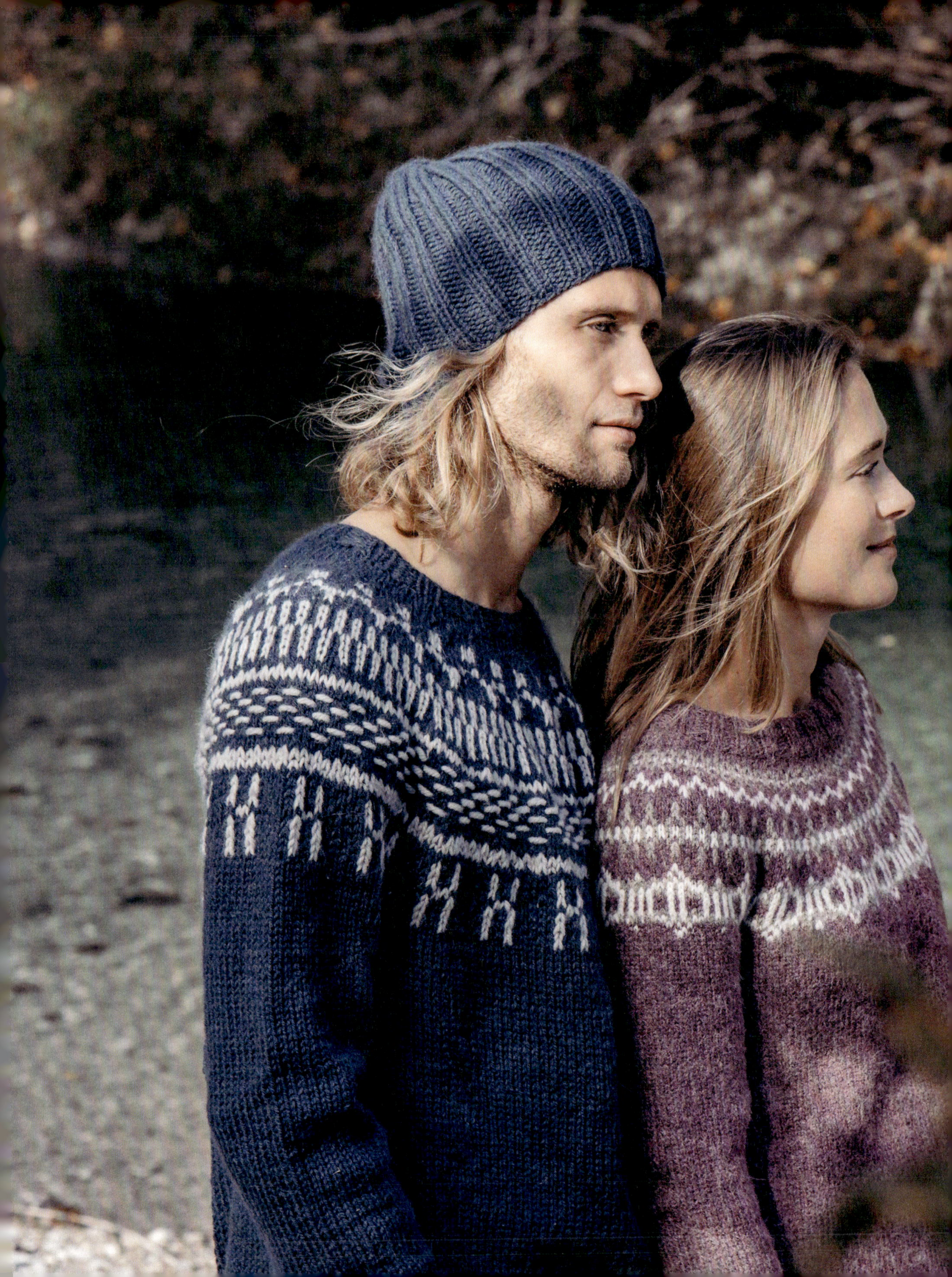

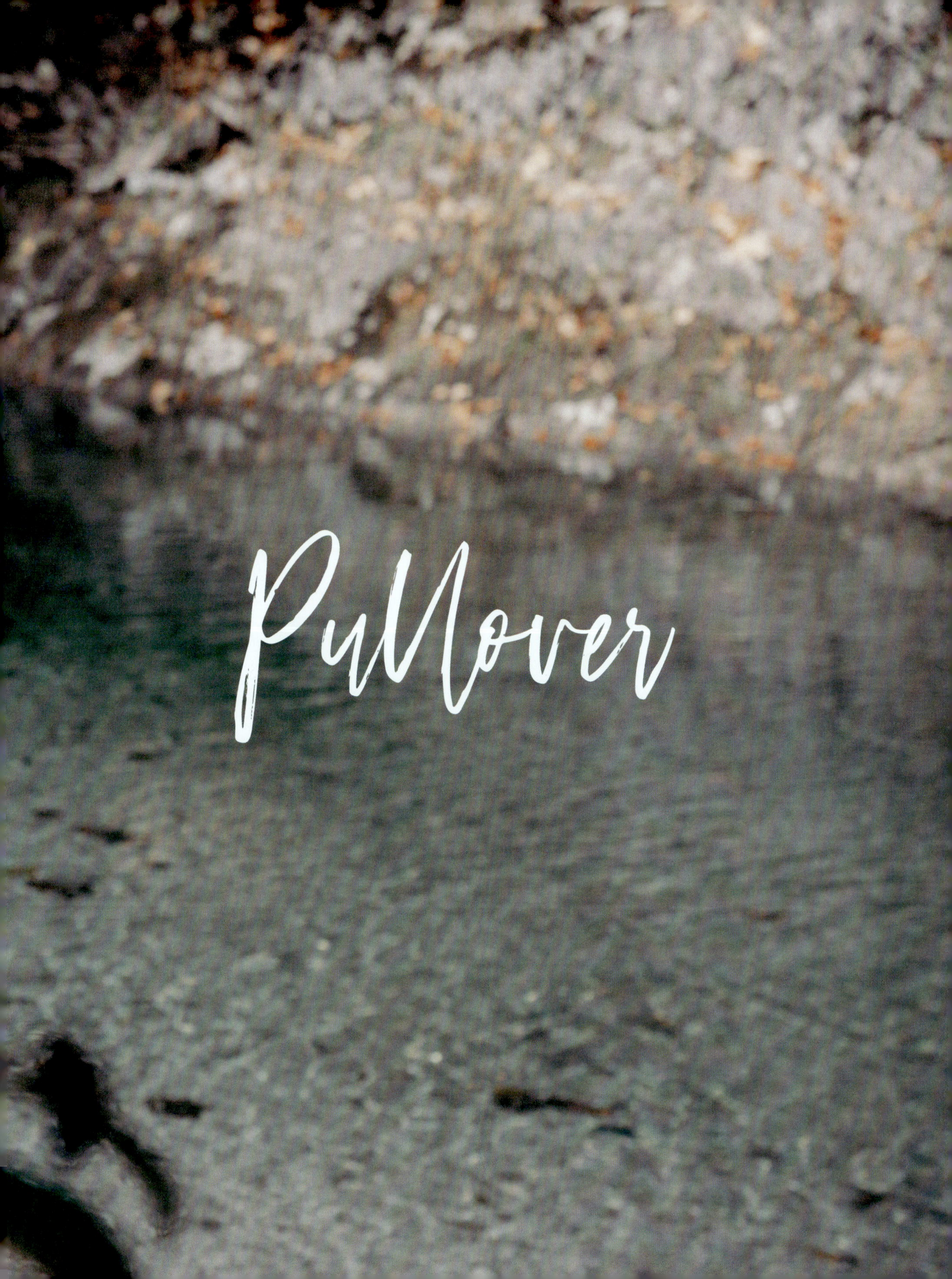

Pullover

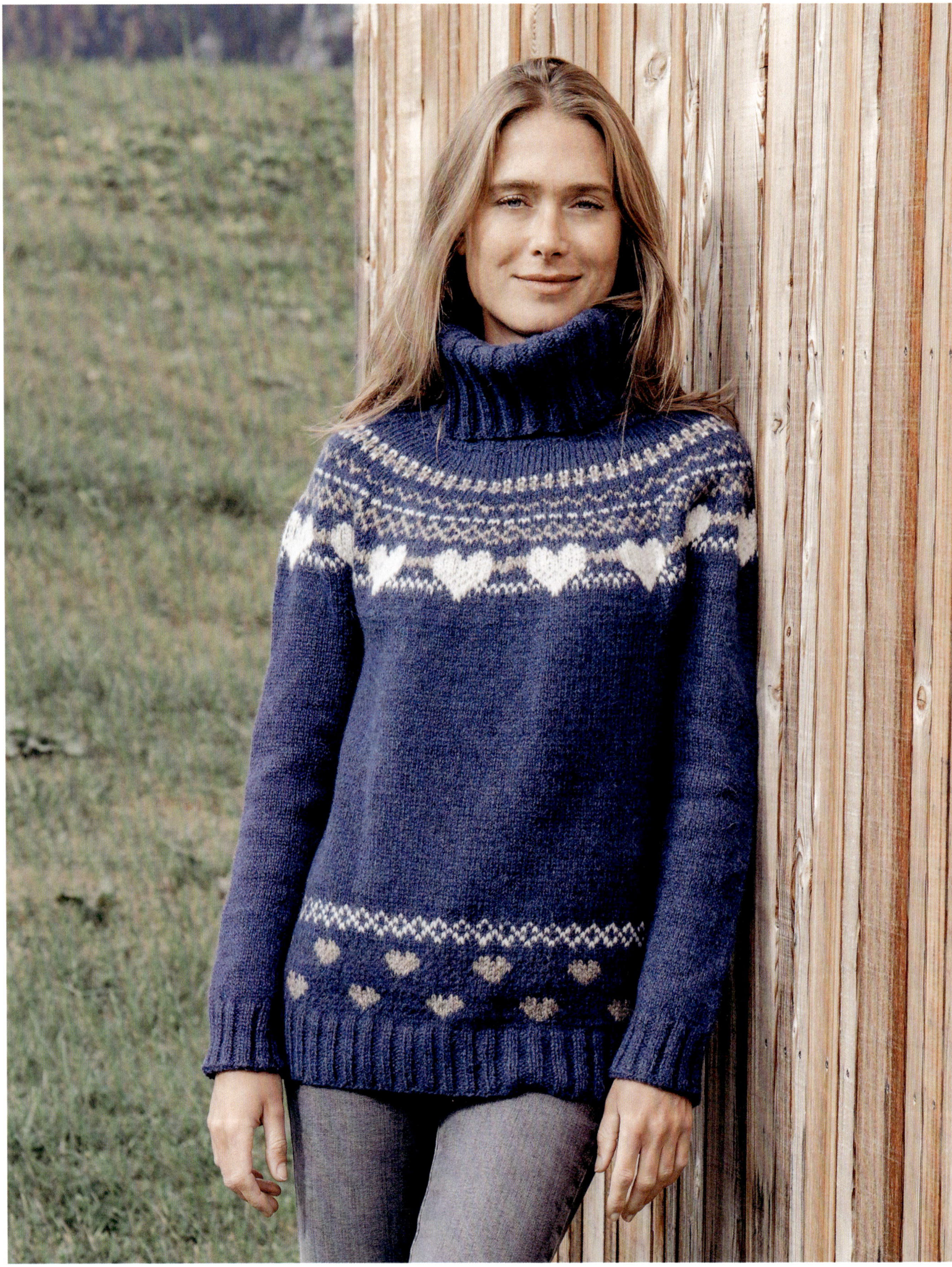

STEINUNN

Pullover mit Jacquardmuster

Loose Fit
Unser Model trägt Größe S.

GRÖSSE

S, M, L, XL

Mehrweite von mindestens 18 cm

HINWEIS: Die Angaben für die einzelnen Größen stehen von der kleinsten bis zur größten Größe hintereinander, jeweils durch Schrägstriche getrennt. Steht nur eine Angabe, gilt diese für alle Größen.

Brustumfang: 104/112/120/128 cm

Ärmelbreite: 16,5/17/17,5/18 cm

MATERIAL

- Lana Grossa Alta Moda Alpaca (90 % Alpaka, 5 % Schurwolle, 5 % Polyamid, LL 140 m/50 g) in Petrol/Royal meliert (Fb 36), 500/550/600/650 g, in Rohweiß (Fb 14), und Grau/Beige meliert (Fb 15), je 50 g

HINWEIS: Die Banderolen überprüfen und nur Knäuel der gleichen Farbpartie verwenden. Der Materialverbrauch kann von Person zu Person variieren.

- 2 Rundstricknadeln 4,0 mm, 40 cm und 80 cm lang
- Rundstricknadel 4,5 mm, 60 cm lang
- 2 Rundstricknadeln 6,0 mm, 60 cm und 80 cm lang
- Nadelspiele 4,0 mm und 4,5 mm
- Wollnadel zum Vernähen der Fäden
- Maschenmarkierer

MASCHENPROBE

Glatt rechts mit einer Fb und Nd 4,5 mm:
20 M und 28 R = 10 cm x 10 cm

HINWEIS: Weil jeder unterschiedlich strickt, sollte eine Probe des mehrfarbigen Jacquardmusters gemacht werden, um herauszufinden, ob eine Nd-Stärke größer oder kleiner nötig ist, um die oben angegebene M-Probe beizubehalten. Dabei empfiehlt sich Nd-Stärke 6,0 mm.

FARBAUFTEILUNG

HF: Petrol/Royal meliert

KF 1: Rohweiß

KF 2: Grau/Beige meliert

GRUNDMUSTER

Bündchenmuster in Runden
2 M rechts, 2 M links im Wechsel str.

Glatt rechts in Runden
Stets rechte M str.

Jacquardmuster in Runden

Alle Rd glatt rechts nach dem jeweiligen Zählmuster str. Den Mustersatz stets wdh.

Zählmuster 1: Mustersatz von 6 M. Die 1.–6. Rd 1x str.

Zählmuster 2: Mustersatz von 8 M zu Beginn. Die 1.–4. Rd 1x str. In der 3. Rd wie gezeichnet zun.

Zählmuster 3: Mustersatz von 15 M zu Beginn. Die 1.–20. Rd 1x str. In der 3., 8. und 15. Rd wie gezeichnet zun.

Zählmuster 4: Mustersatz von 16 M. Die 1.–25. Rd 1x str.

HINWEIS: Die Fäden nach max. jeder 3. M einweben. Die KF liegt jeweils unten am Finger, also vorn.

TIPP

Lesen Sie die Anleitung zuerst in Ruhe durch und markieren Sie sich alle Angaben der Größe, die Sie stricken möchten. So haben Sie beim Stricken gleich die entsprechenden Zahlen markiert und müssen nicht lange suchen.

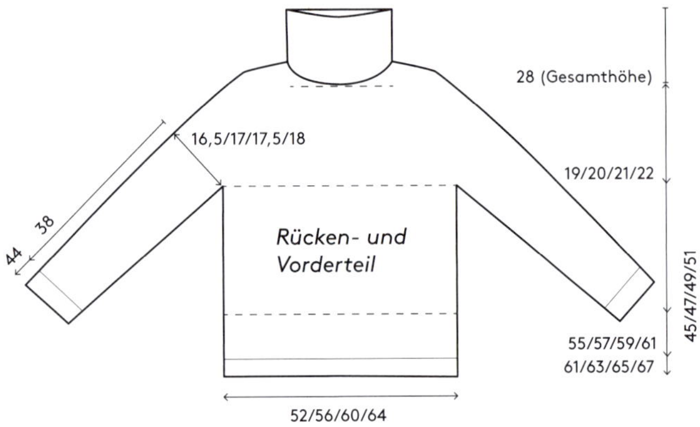

SO GEHT'S:

Mit der kurzen Rundstrick-Nd 4,0 mm 125/125/130/130 M in der HF anschl. Die Arbeit zur Rd schließen und den Rd-Beginn (hintere Mitte) mit einem MM kennzeichnen.

Die M wie folgt aufteilen und str: 25x [3 M rechts, 2 M links].

Nach 16 cm Gesamthöhe wie folgt str und dabei M abn: 25x [1 M rechts, 2 M rechts überzogen zusstr, 2 M links] (= 100/100/104/104 M). Weiter im Bündchenmuster str. Nach 28 cm Gesamthöhe zur Rundstrick-Nd 4,5 mm wechseln und 1 Rd rechte M str.

Nun die 1. Zun-Rd arbeiten:

Größe S und M:

1. Zun-Rd: 2 M rechts, 32x [3 M rechts, 1 M linksgeneigt aus dem QF zun], 2 M rechts (= 132 M).

Größe L und XL:

1. Zun-Rd: 1 M rechts, 34x [3 M rechts, 1 M linksgeneigt aus dem QF zun], 1 M rechts (= 138 M).

Nun werden verkürzte R gestrickt:

1. R (Hin-R): Vom Rd-Beginn (hintere Mitte) 44/46/48/50 M rechts str, Arbeit wenden.

2. R (Rück-R): DM, bis zur hinteren Mitte links str, nochmals 44/46/48/50 M links str, Arbeit wenden.

3. R (Hin-R): DM, bis 3 M nach der letzten DM rechts str, dabei die DM als 1 M rechts abstr, Arbeit wenden.

4. R (Rück-R): DM, bis 3 M nach der letzten DM links str, dabei die DM als 1 M links abstr, Arbeit wenden.

Die letzten beiden R (3. und 4. R) 1x wdh, es werden insgesamt 3 DM je Seite gearbeitet.

Dann 2 Rd alle M rechts str, dabei in der 1. Rd die DM als 1 M abstr.

Zur kurzen Rundstrick-Nd 6,0 mm wechseln. Im Jacquardmuster nach Zählmuster 1 str. Den Mustersatz von 6 M pro Rd 22x/22x/23x/23x arbeiten (= 132/132/138/138 M), die 1.–6. Rd 1x str.

Dann die 2. und 3. Zun-Rd in der HF arbeiten:

Größe S:

2. Zun-Rd: * 3 M rechts, 1 M linksgeneigt aus dem QF zun, ab * stets wdh (= 176 M).

3. Zun-Rd: * 11 M rechts, 1 M linksgeneigt aus dem QF zun, ab * stets wdh (= 192 M).

Größe M:

2. Zun-Rd: * 2 M rechts, 1 M linksgeneigt aus dem QF zun, ab * stets wdh (= 198 M).

3. Zun-Rd: 4 M rechts, 10x [19 M rechts, 1 M linksgeneigt aus dem QF zun], 4 M rechts (= 208 M).

Größe L:

2. Zun-Rd: * 3 M rechts, 1 M linksgeneigt aus dem QF zun, ab * stets wdh (= 184 M).

3. Zun-Rd: * 6 M rechts, 20x [4 M rechts, 1 M linksgeneigt aus dem QF zun], 6 M rechts, ab * 1x wdh (= 224 M).

Größe XL:

2. Zun-Rd: * 2 M rechts, 1 M linksgeneigt aus dem QF zun, ab * stets wdh (= 207 M).

3. Zun-Rd: 5 M rechts, 33x [6 M rechts, 1 M linksgeneigt aus dem QF zun], 4 M rechts (= 240 M).

Im Jacquardmuster nach Zählmuster 2 str. Den Mustersatz von 8 M pro Rd 24x/26x/28x/30x arbeiten (= 192/208/224/240 M), die 1.–4. Rd 1x str, dabei in der 3. Rd wie angegeben zun = ab der 4. Rd den Mustersatz von nun 9 M pro Rd 24x/26x/28x/30x str (= 216/234/252/270 M).

Nun die 4. Zun-Rd in der HF arbeiten:

Größe S:

4. Zun-Rd: * 24 M rechts, 1 M linksgeneigt aus dem QF zun, ab * stets wdh (= 225 M).

Größe M:

4. Zun-Rd: * 39 M rechts, 1 M linksgeneigt aus dem QF zun, ab * stets wdh (= 240 M).

Größe L:

4. Zun-Rd: * 84 M rechts, 1 M linksgeneigt aus dem QF zun, ab * stets wdh (= 255 M).

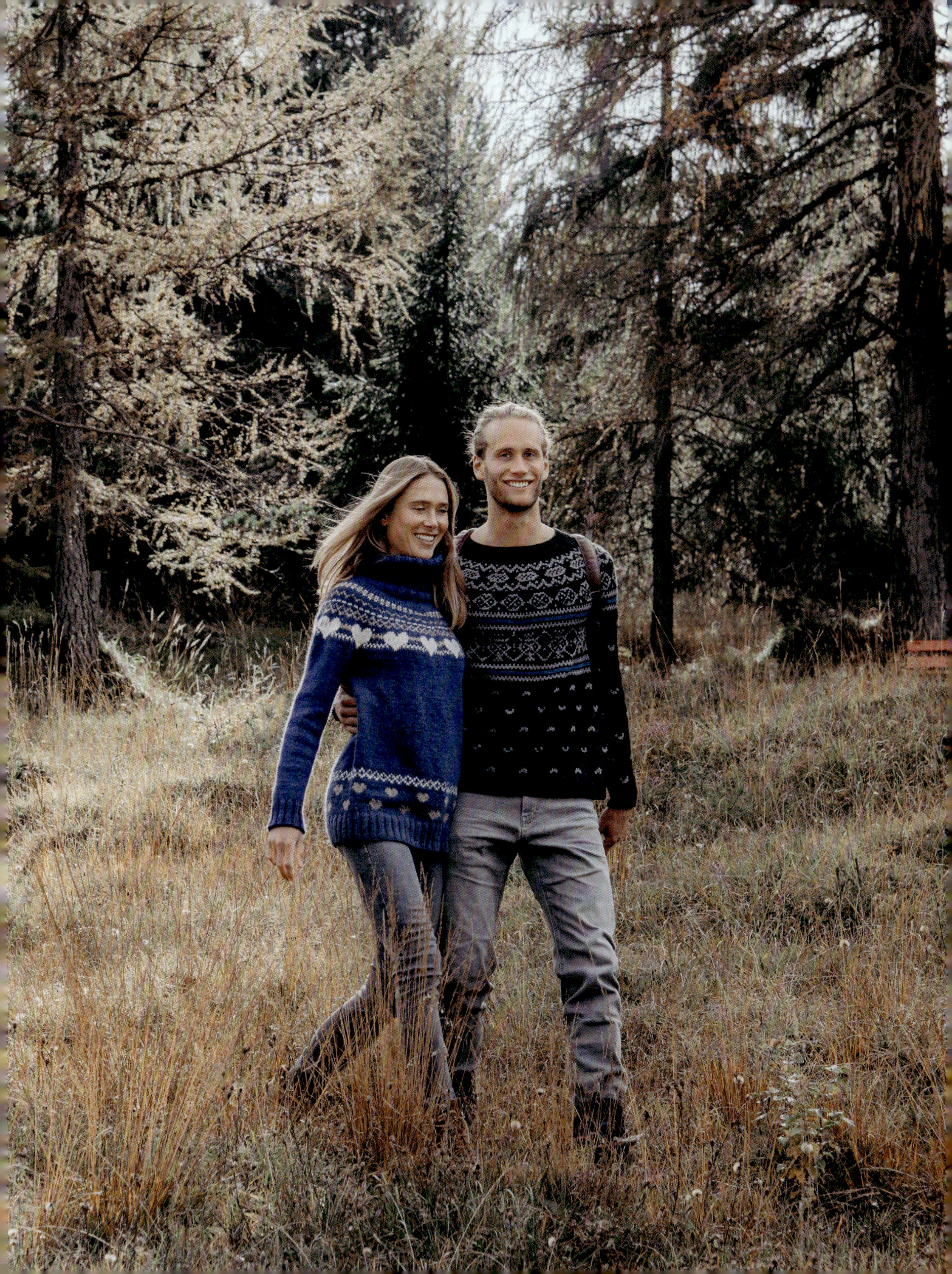

Größe XL:

1 Rd glatt rechts ohne Zun in der HF str (= 270 M).

Im Jacquardmuster nach Zählmuster 3 str. Den Mustersatz von 15 M pro Rd 15x/16x/17x/18x arbeiten (= 225/240/255/270 M), die 1.–20. Rd 1x str, dabei in der 3., 8. und 15. Rd wie angegeben zun = nach der 20. Rd werden pro Rd 15/16/17/18 Mustersätze von nun 20 M gearbeitet (= 300/320/340/360 M). Bei Bedarf zur langen Rundstrick-Nd 6,0 mm wechseln.

Nach Abschluss des Jacquardmusters die KF abtrennen. Zu Rundstrick-Nd 4,5 mm wechseln und ggf. glatt rechts in der HF weiterstr, bis eine Gesamthöhe von 19/20/21/22 cm ab vordere Mitte NACH Rollkragen (Bündchenmuster) (also ab 1. Rd glatt rechts gemessen) erreicht ist. Dann die M wie folgt für Ärmel und Body aufteilen:

Von der hinteren Mitte 47/51/55/59 M rechts str für das Rückenteil, 56/58/60/62 M für den Ärmel stilllegen, 5 M dazu anschl, MM setzen (= neuer Rd-Beginn), 5 M dazu anschl, 94/102/110/118 M rechts str für das Vorderteil, 56/58/60/62 M für den Ärmel stilllegen, 10 M dazu anschl, 47/51/55/59 M rechts str für das Rückenteil bis hintere Mitte.

Je Ärmel sind 56/58/60/62 M + 10 M = 66/68/70/72 M vorhanden. Für Vorder- und Rückenteil sind je 94/102/110/118 M + 20 M vorhanden = Body gesamt = 208/224/240/256 M.

Weiter mit Rundstrick-Nd 4,5 mm in der HF glatt rechts str, bis der Body ab Ärmel 26/27/28/29 cm misst. Zur langen Rundstrick-Nd 6,0 mm wechseln. Im Jacquardmuster nach Zählmuster 4 str. Den Mustersatz von 16 M pro Rd 13x/14x/15x/16x arbeiten (= 208/224/240/256 M), die 1.–25. Rd 1x str.

Nach 55/57/59/61 cm Gesamthöhe vordere Mitte NACH Rollkragen (Bündchenmuster), also ab 1. Rd glatt rechts gemessen, zur langen Rundstrick-Nd 4,0 mm wechseln und 6 cm im Bündchenmuster str. Alle M elastisch abk. Gesamthöhe vordere Mitte NACH Rollkragen = 61/63/65/67 cm.

ÄRMEL (2X)

HINWEIS: Um Löcher zu vermeiden, empfiehlt es sich, an jeder Seite des Armausschnitts 1 M zusätzlich aufzufassen. In der folgenden Rd die beiden zusätzlichen M mit der jeweiligen Ärmel-M zusstr, um wieder auf die richtige M-Zahl zu kommen.

Die stillgelegten 56/58/60/62 Ärmel-M auf das Nd-Spiel 4,5 mm nehmen und weiter in der HF glatt rechts str: Für den Armausschnitt in der Mitte der dazu angeschlagenen M des Bodys beginnend 5 M (+ 1 M siehe Hinweis) für den Ärmel herausstr, die Ärmel-M rechts str, aus den dazu angeschlagenen M des Bodys 5 M (+ 1 M siehe Hinweis) für den Ärmel herausstr, MM setzen (= Rd-Beginn); in der folgenden Rd wie oben beschrieben die beiden zusätzlichen M zusstr (= 66/68/70/72 M).

Für die Ärmelschrägung bei 8 cm ab Ärmelbeginn die 1. Abn-Rd arbeiten wie folgt: 2 M rechts, 2 M rechts zusstr, rechts str bis 4 M vor MM, 2 M rechts überzogen zusstr, 2 M rechts (= 2 M abgenommen = 64/66/68/70 M).

Diese Abn-Rd 6x/7x/6x/7x in jeder 11./10./11./10. Rd wdh (=52/52/56/56 M).

Weiter glatt rechts in Rd str, bis der Ärmel ca. 38 cm oder 6 cm weniger als die gewünschte Länge misst. Zu Nd-Spiel 4,0 mm wechseln und 6 cm im Bündchenmuster in der HF str. Alle M elastisch abk.

FERTIGSTELLUNG

Alle Fäden sauber vernähen. Den Pullover von links vorsichtig in Form stecken und unter feuchten Tüchern trocknen lassen.

ZÄHLMUSTER 3

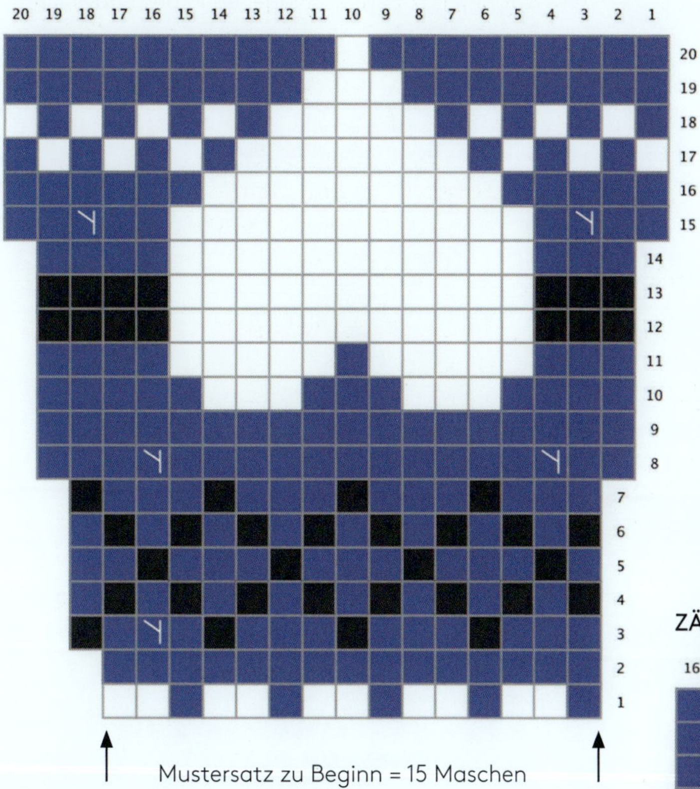

Mustersatz zu Beginn = 15 Maschen

ZÄHLMUSTER 1

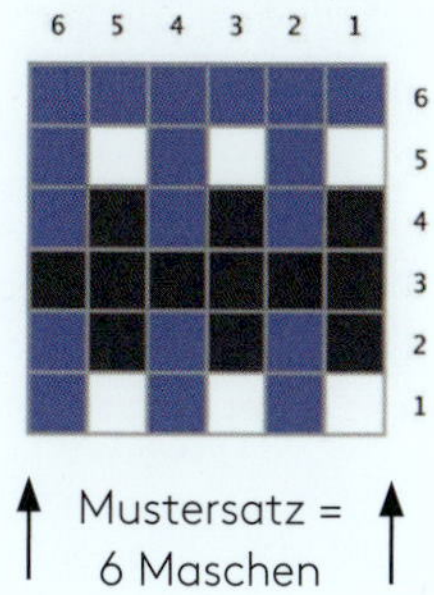

Mustersatz = 6 Maschen

ZÄHLMUSTER 4

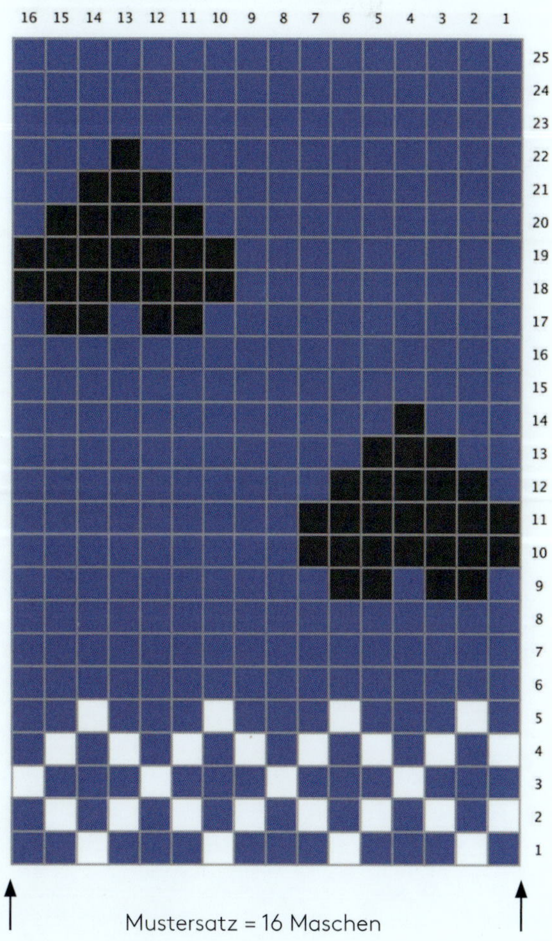

Mustersatz = 16 Maschen

ZÄHLMUSTER 2

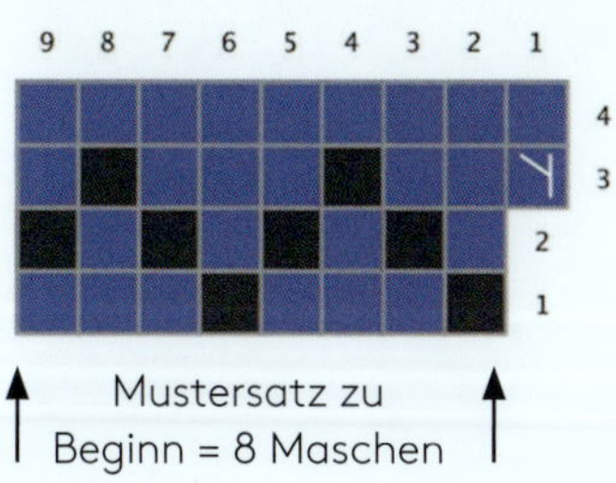

Mustersatz zu Beginn = 8 Maschen

LEGENDE

- = HF: Petrol/Royal meliert
- = KF 1: Rohweiß
- = KF 2: Grau/Beige meliert
- = 1 M linksgeneigt aus dem QF zun

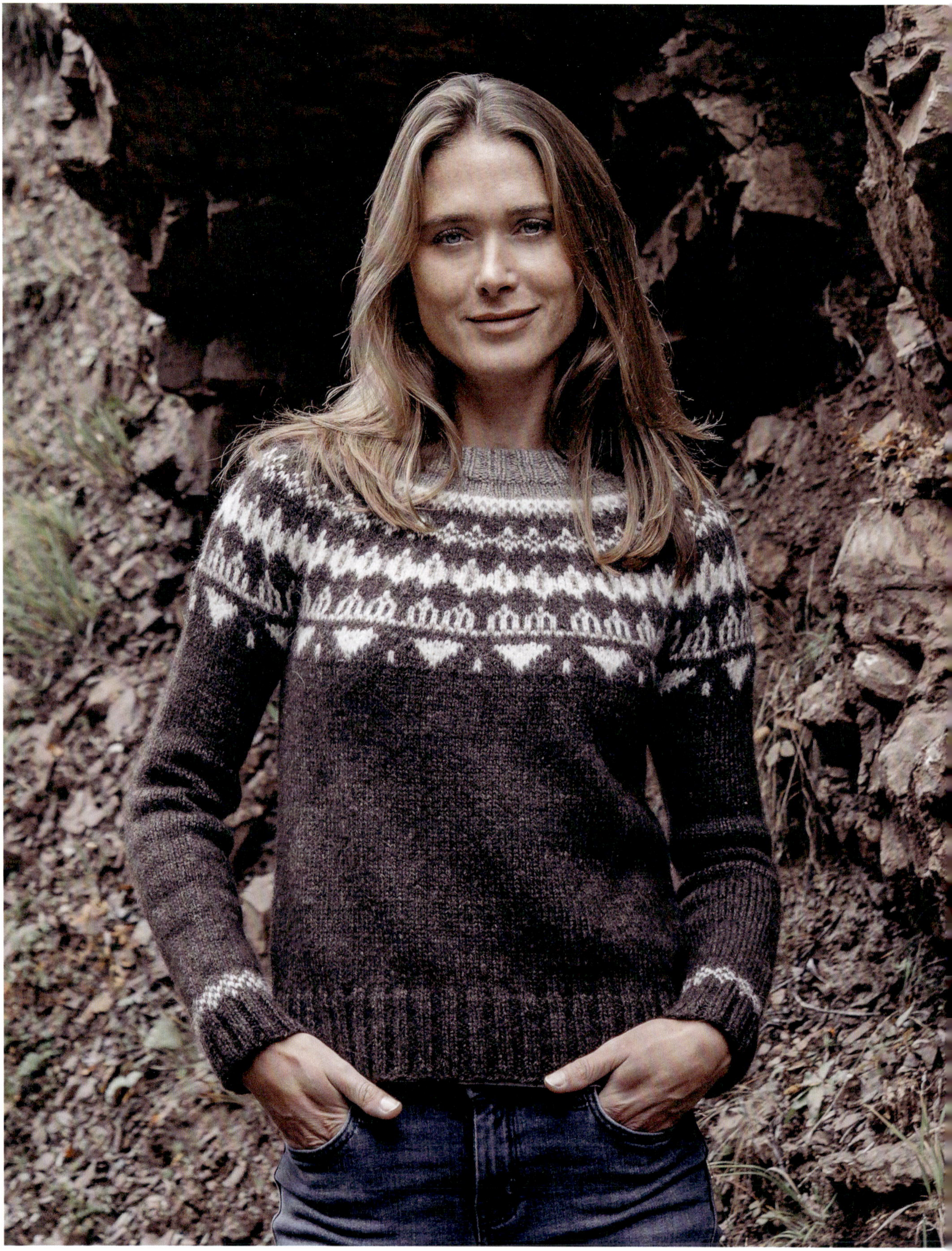

HILDUR

Pullover mit Jacquardmuster

Regular Fit
Unser Model trägt Größe S

GRÖSSE

S, M, L, XL

Mehrweite von ca. 14 cm

HINWEIS: Die Angaben für die einzelnen Größen stehen von der kleinsten bis zur größten Größe hintereinander, jeweils durch Schrägstriche getrennt. Steht nur eine Angabe, gilt diese für alle Größen.

Brustumfang: 96/104/114/122 cm

Ärmelbreite: 14/15,5/16,5/18 cm

MATERIAL

- Lana Grossa Alta Moda Alpaca (90 % Alpaka, 5 % Schurwolle, 5 % Polyamid, LL 140 m/50 g) in Mokka meliert (Fb 10), 400/450/500/550 g, in Rohweiß (Fb 14) und Grau/Beige meliert (Fb 15), je 50 g

HINWEIS: Die Banderolen überprüfen und nur Knäuel der gleichen Farbpartie verwenden. Der Materialverbrauch kann von Person zu Person variieren.

- 2 Rundstricknadeln 4,0 mm, 40 cm und 80 cm lang
- Rundstricknadel 4,5 mm, 60 cm lang
- 2 Rundstricknadeln 6,0 mm, 60 cm und 80 cm lang
- Nadelspiele 4,0 mm, 4,5 mm und 6,0 mm
- Wollnadel zum Vernähen der Fäden
- Maschenmarkierer

MASCHENPROBE

Glatt rechts mit einer Fb und Nd 4,5 mm:
20 M und 28 R = 10 cm x 10 cm

HINWEIS: Weil jeder unterschiedlich strickt, sollte eine Probe des mehrfarbigen Jacquardmusters gemacht werden, um herauszufinden, ob eine Nd-Stärke größer oder kleiner nötig ist, um die oben angegebene M-Probe beizubehalten. Dabei empfiehlt sich Nd-Stärke 6,0 mm.

FARBAUFTEILUNG

HF: Mokka meliert

KF 1: Rohweiß

KF 2: Grau/Beige meliert

GRUNDMUSTER

Bündchenmuster in Runden
2 M rechts, 2 M links im Wechsel str.

Glatt rechts in Runden
Stets rechte M str.

Jacquardmuster in Runden
Alle Rd glatt rechts nach dem Zählmuster str. Den Mustersatz von zu Beginn 8 M stets wdh. Die 1.–36. Rd 1x str, dabei in der 7., 13., 24. und 29. Rd wie gezeichnet zun.

HINWEIS: Die Fäden nach max. jeder 3. M einweben. Die KF liegt jeweils unten am Finger, also vorn.

TIPP

Lesen Sie die Anleitung zuerst in Ruhe durch und markieren Sie sich alle Angaben der Größe, die Sie stricken möchten. So haben Sie beim Stricken gleich die entsprechenden Zahlen markiert und müssen nicht lange suchen.

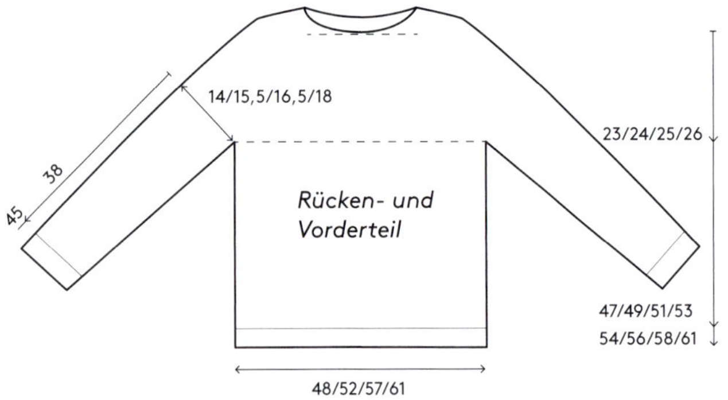

SO GEHT'S:

Mit der kurzen Rundstrick-Nd 4,0 mm 96/96/100/100 M in der KF 2 anschl. Die Arbeit zur Rd schließen und den Rd-Beginn (hintere Mitte) mit einem MM kennzeichnen. 8 cm im Bündchenmuster str.

Nun wie folgt str und die 1. Zun-Rd arbeiten:

Größe S und M:

1. Zun-Rd: 3 M rechts, 30x [3 M rechts, 1 M linksgeneigt aus dem QF zun], 3 M rechts (= 126 M).

2 Rd glatt rechts str.

Größe L und XL:

1. Zun-Rd: 2 M rechts, 32x [3 M rechts, 1 M linksgeneigt aus dem QF zun], 2 M rechts (= 132 M).

2 Rd glatt rechts str.

Nun werden verkürzte R gestrickt:

1. R (Hin-R): Vom Rd-Beginn (hintere Mitte) 40/42/44/46 M rechts str, Arbeit wenden.

2. R (Rück-R): DM, bis zur hinteren Mitte links str, nochmals 40/42/44/46 M links str, Arbeit wenden.

3. R (Hin-R): DM, bis 3 M nach der letzten DM rechts str, dabei die DM als 1 M rechts abstr, Arbeit wenden.

4. R (Rück-R): DM, bis 3 M nach der letzten DM links str, dabei die DM als 1 M links abstr, Arbeit wenden.

Die letzten beiden R (3. und 4. R) 1x wdh, es werden insgesamt 3 DM je Seite gearbeitet.

2 Rd alle M rechts str, dabei in der 1. Rd die DM als 1 M abstr.

Dann die 2. und 3. Zun-Rd wie folgt arbeiten:

Größe S:

2. Zun-Rd: 1 M rechts, 31x [4 M rechts, 1 M linksgeneigt aus dem QF zun], 1 M rechts (= 157 M).

3. Zun- Rd: 1 M rechts, 3x [52 M rechts, 1 M linksgeneigt aus dem QF zun] (= 160 M)

Größe M:

2. Zun-Rd: 42x [3 M rechts, 1 M linksgeneigt aus dem QF zun] (= 168 M).

3. Zun-Rd: 8x [21 M rechts, 1 M linksgeneigt aus dem QF zun] (= 176 M).

Größe L:

2. Zun-Rd: * 3 M rechts, 1 M linksgeneigt aus dem QF zun, ab * stets wdh (= 176 M).

3. Zun-Rd: * 11 M rechts, 1 M linksgeneigt aus dem QF zun, ab * stets wdh (= 192 M).

Größe XL:

2. Zun-Rd: * 2 M rechts, 1 M linksgeneigt aus dem QF zun, ab * stets wdh (= 198 M).

3. Zun-Rd: 4 M rechts, 10x [19 M rechts, 1 M linksgeneigt aus dem QF zun, 4 M rechts (= 208 M).

Zur kurzen Rundstrick-Nd 6,0 mm wechseln. Das Jacquardmuster nach dem Zählmuster str. Den Mustersatz von zu Beginn 8 M pro Rd 20x/22x/24x/26x arbeiten (= 160/176/192/208 M). Die 1.–36. Rd 1x str, dabei in der 7., 13., 24. und 29. Rd wie gezeichnet zun. Nach der 29. Rd wird der Mustersatz von nun 14 M pro Rd 20x/22x/24x/26x gearbeitet (=280/308/336/364 M). Bei Bedarf zur langen Rundstrick-Nd 6,0 mm wechseln.

Nach Abschluss des Jacquardmusters die KF abtrennen, zu Rundstrick-Nd 4,5 mm wechseln und ggf. glatt rechts in der HF weiterstr, bis eine Gesamthöhe ab Anschlag vordere Mitte von 23/24/25/26 cm erreicht ist. Dann die M für Ärmel und Body wie folgt aufteilen:

Von der hinteren Mitte 45/49/54/58 M rechts str für das Rückenteil, 50/56/60/66 M für den Ärmel stilllegen, 3 M dazu anschl, MM setzen (= neuer Rd-Beginn), 3 M dazu anschl, 90/98/108/116 M rechts str für das Vorderteil, 50/56/60/66 M für den Ärmel stilllegen, 6 M dazu anschl, 45/49/54/58 M rechts str für das Rückenteil bis hintere Mitte.

Je Ärmel sind 50/56/60/66 M + 6 M = 56/62/66/72 M vorhanden. Für Vorder- und Rückenteil sind je 90/98/108/116 M + 12 M vorhanden = Body gesamt = 192/208/228/244 M.

Weiter mit Rundstrick-Nd 4,5 mm in der HF glatt rechts str, bis der Body ab Ärmel 24/25/26/27 cm misst. Nun zur langen Rundstrick-Nd 4,0 mm wechseln und 7 cm im Bündchenmuster str. Alle M elastisch abk.

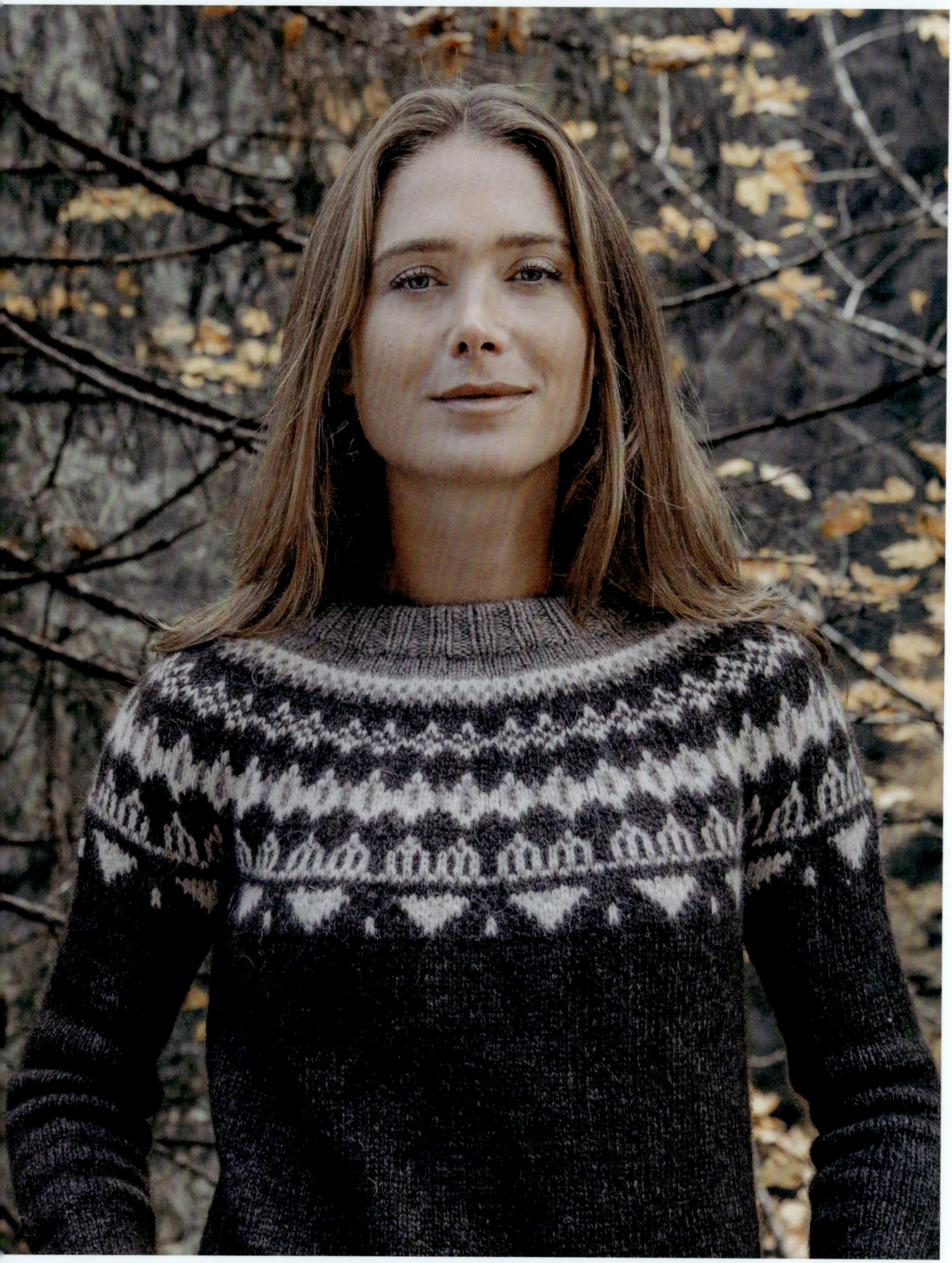

ÄRMEL (2X)

HINWEIS: Um Löcher zu vermeiden, empfiehlt es sich, an jeder Seite des Armausschnitts 1 M zusätzlich aufzufassen. In der folgenden Rd die beiden zusätzlichen M mit der jeweiligen Ärmel-M zusstr, um wieder auf die richtige M-Zahl zu kommen.

Die stillgelegten 50/56/60/66 Ärmel-M auf das Nd-Spiel 4,5 mm nehmen und weiter in der HF glatt rechts str: Für den Armausschnitt in der Mitte der dazu angeschlagenen M des Bodys beginnend 3 M (+ 1 M siehe Hinweis) für den Ärmel herausstr, die Ärmel-M rechts str, aus den dazu angeschlagenen M des Bodys 3 M (+ 1 M siehe Hinweis) für den Ärmel herausstr, MM setzen (=Rd-Beginn); in der folgenden Rd wie oben beschrieben die beiden zusätzlichen M zusstr (= 56/62/66/72 M).

Für die Ärmelschrägung bei 8 cm vom Ärmelbeginn die 1. Abn-Rd arbeiten wie folgt: 2 M rechts, 2 M rechts zusstr, rechts str bis 4 M vor MM, 2 M rechts überzogen zusstr, 2 M rechts (= 2 M abgenommen = 54/60/64/70M).

Diese Abn-Rd 3x/6x/4x/7x in jeder 24./12./18./11. Rd wdh (= 48/48/56/56 M).

Weiter glatt rechts in Rd str, bis der Ärmel ca. 38 cm oder 7 cm weniger als die gewünschte Länge misst.

Zu Nd-Spiel 6,0 mm wechseln und mit der HF und KF 1 für das kleine Jacquardmuster 1x die 8.–12.Rd des Zählmusters str. Den Mustersatz von 8 M stets wdh.

Anschließend zu Nd-Spiel 4,5 mm wechseln und noch 2 Rd in der HF glatt rechts str.

Dann zu Nd-Spiel 4,0 mm wechseln und 5 cm im Bündchenmuster str. Alle M elastisch abk.

FERTIGSTELLUNG

Den Kragen vorsichtig nach innen einklappen und mit einem Faden in der HF rundherum mit Überwendlingsstichen annähen.

Alle Fäden sauber vernähen. Den Pullover von links vorsichtig in Form stecken und unter feuchten Tüchern trocknen lassen.

LEGENDE

= HF: Mokka meliert

= KF 1: Rohweiß

= KF 2: Grau/Beige meliert

= 1 M linksgeneigt aus dem QF zun

ZÄHLMUSTER PASSE

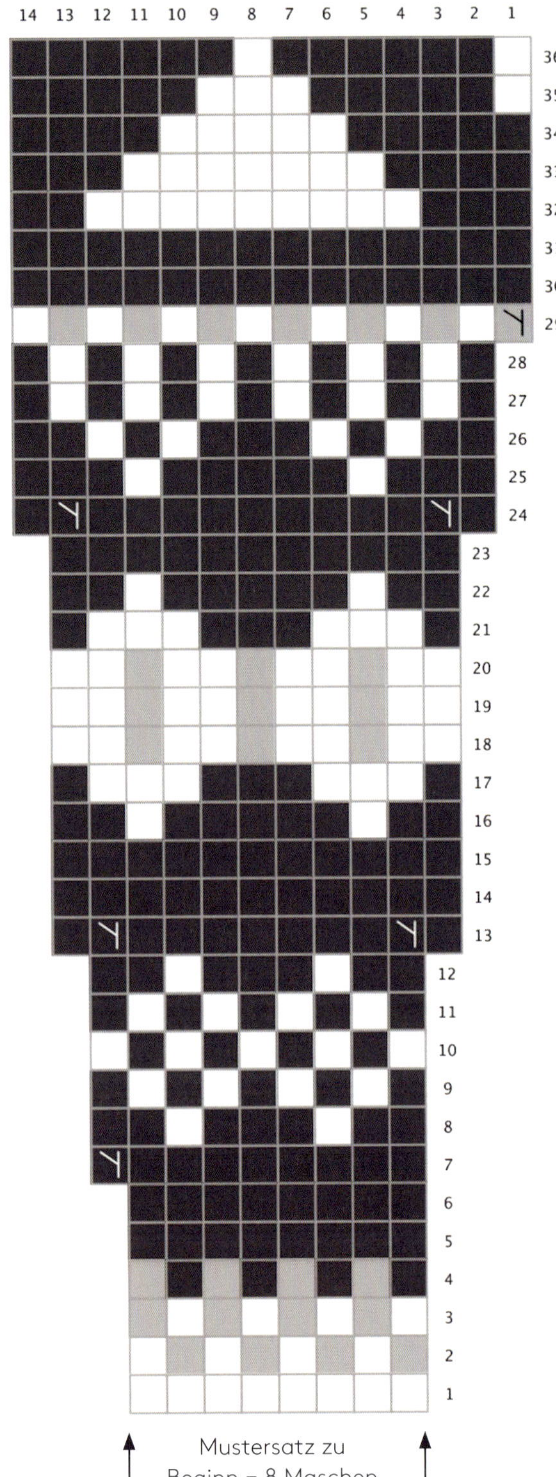

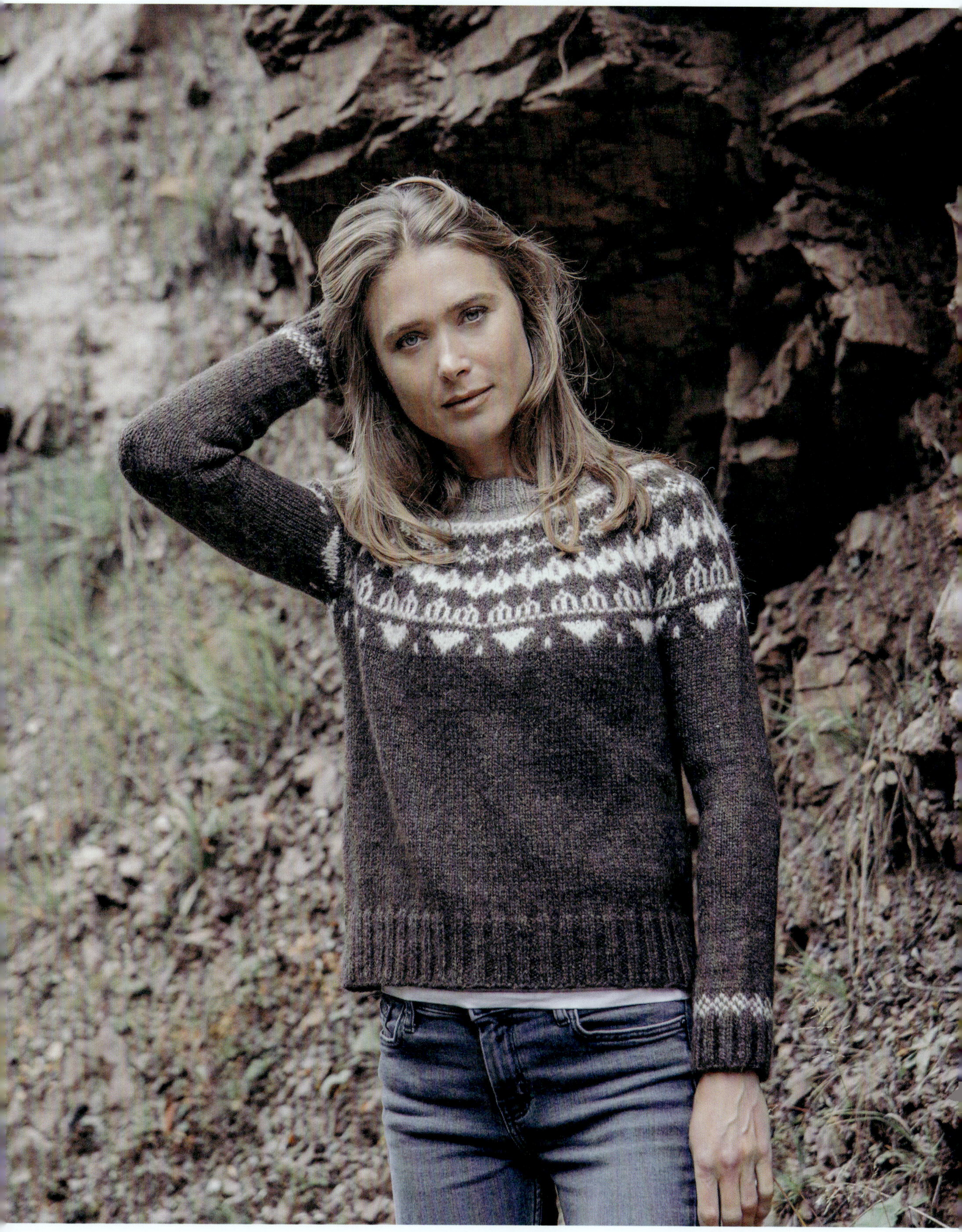

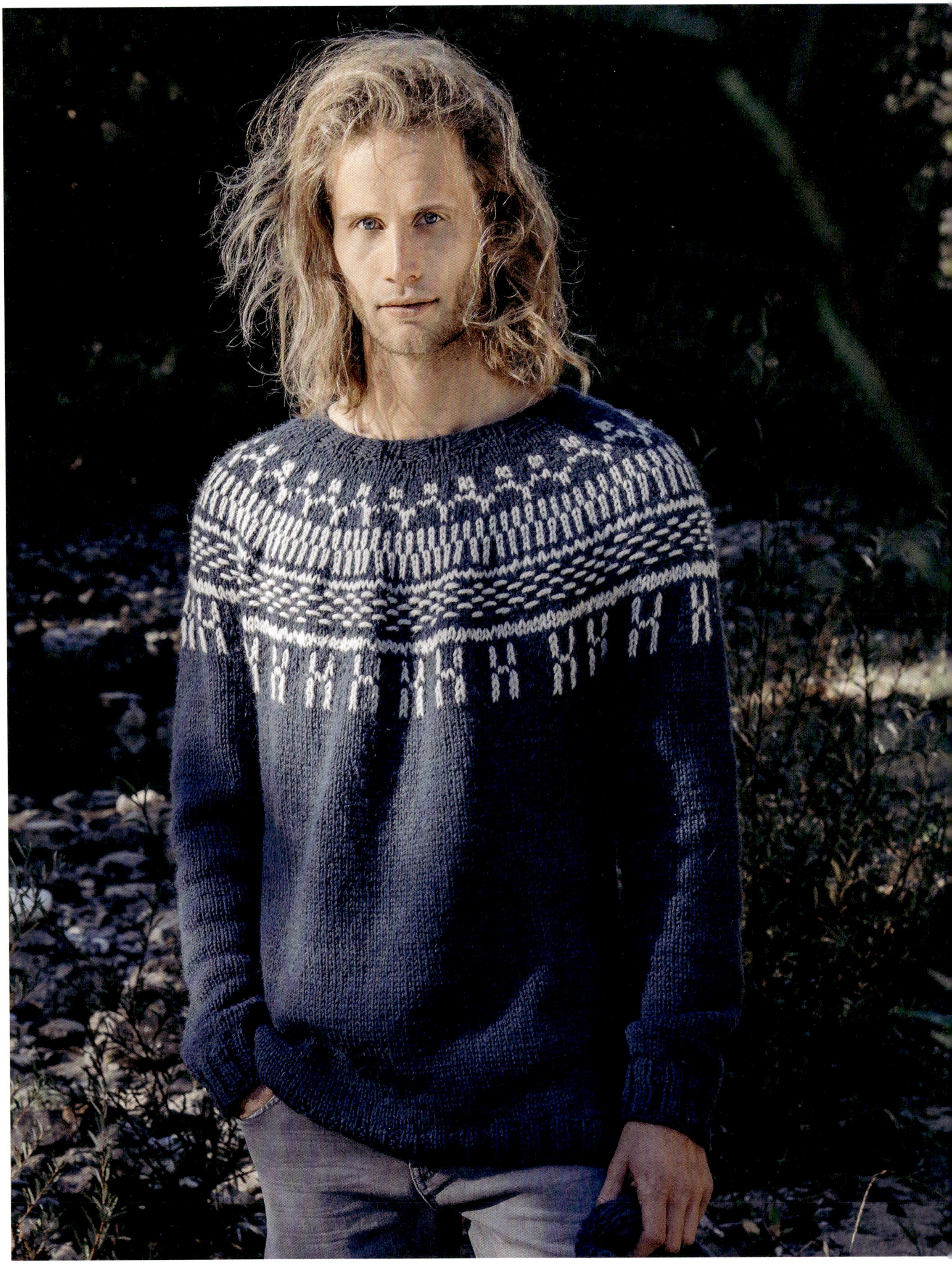

ERLENDUR

Pullover mit Jacquardmuster

Regular Fit
Unser Model trägt Größe XL

GRÖSSE

S, M, L, XL

Mehrweite von ca. 14 cm

HINWEIS: Die Angaben für die einzelnen Größen stehen von der kleinsten bis zur größten Größe hintereinander, jeweils durch Schrägstriche getrennt. Steht nur eine Angabe, gilt diese für alle Größen.

Brustumfang: 100/106/115/126 cm

Ärmelbreite: 15/16,5/17,5/18,5 cm

MATERIAL

- ggh Norvika (30 % Norwegische Wolle, 30 % Polyacryl, 20 % Alpaka, 13 % Bio-Polyamid: Biofeel®, 7 % Polyamid, LL 65 m/50 g) in Dunkelblau (Fb 05), 450/500/550/600 g, und in Wollweiß (Fb 029), 50/50/50/100 g

HINWEIS: Die Banderolen überprüfen und nur Knäuel der gleichen Farbpartie verwenden. Der Materialverbrauch kann von Person zu Person variieren.

- 2 Rundstricknadeln 4,0 mm, 40 cm und 80 cm lang
- 2 Rundstricknadeln 4,5 mm, 40 cm und 60 cm lang
- 2 Rundstricknadeln 6,5 mm, 60 cm und 80 cm lang
- Nadelspiele 4,0 mm und 4,5 mm
- Wollnadel zum Vernähen der Fäden
- Maschenmarkierer

MASCHENPROBE

Glatt rechts mit einer Fb und Nd 4,5 mm:
14 M und 18 R = 10 cm x 10 cm

HINWEIS: Weil jeder unterschiedlich strickt, sollte eine Probe des zweifarbigen Jacquardmusters gemacht werden, um herauszufinden, ob eine Nd-Stärke größer oder kleiner nötig ist, um die oben angegebene M-Probe beizubehalten. Dabei empfiehlt sich Nd-Stärke 6,5 mm.

FARBAUFTEILUNG

HF: Dunkelblau

KF: Wollweiß

GRUNDMUSTER

Bündchenmuster in Runden

2 M rechts, 2 M links im Wechsel str.

Glatt rechts in Runden

Stets rechte M str.

Jacquardmuster in Runden

Alle Rd glatt rechts nach dem jeweiligen Zählmuster str. Den Mustersatz von zu Beginn 10 M stets wdh.

Zählmuster Größe S und M: Die 1.–29. Rd 1x str, dabei in der 3., 8., 14. und 22. Rd wie gezeichnet zun und in der 17.–19. Rd die Flottfäden wie gezeichnet vor der Arbeit führen.

Zählmuster Größe L und XL: Die 1.–35. Rd 1x str, dabei in der 3., 8., 16. und 26. Rd wie gezeichnet zun und in der 20.–23 Rd die Flottfäden wie gezeichnet vor der Arbeit führen.

HINWEIS: Die Fäden nach max. jeder 3. M einweben. Die KF liegt jeweils unten am Finger, also vorn.

TIPP

Lesen Sie die Anleitung zuerst in Ruhe durch und markieren Sie sich alle Angaben der Größe, die Sie stricken möchten. So haben Sie beim Stricken gleich die entsprechenden Zahlen markiert und müssen nicht lange suchen.

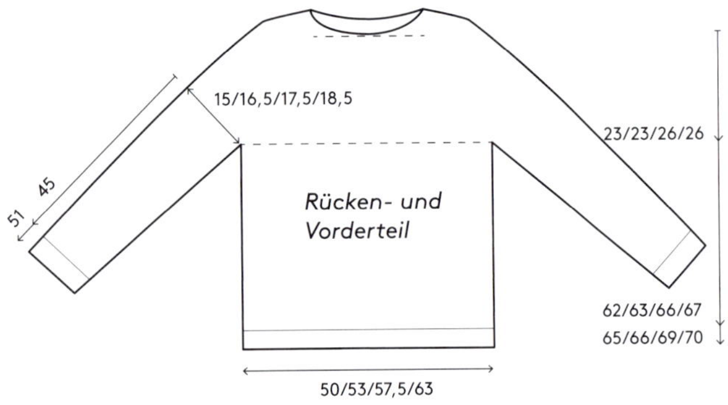

SO GEHT'S:

Mit Nd-Spiel 4,0 mm 56/56/60/60 M in der HF anschl. Die Arbeit zur Rd schließen und den Rd-Beginn (hintere Mitte) mit einem MM kennzeichnen. 6 Rd im Bündchenmuster str.

Zur kurzen Rundstrick-Nd 4,5 mm wechseln und 1 Rd rechte M str.

Nun wie folgt str und für Größe S und M die 1. Zun-Rd, für Größe L und XL die ersten beiden Zun-Rd arbeiten:

Größe S und M:

1. Zun-Rd: * 2 M rechts, 1 M linksgeneigt aus dem QF zun, ab * stets wdh (= 84 M).

2 Rd glatt rechts str.

Größe L und XL:

1. Zun-Rd: * 2 M rechts, 1 M linksgeneigt aus dem QF zun, ab * stets wdh (= 90 M).

1 Rd glatt rechts str.

2. Zun-Rd: 1 M rechts, 22x [4 M rechts, 1 M linksgeneigt aus dem QF zun] 1 M rechts (= 112 M).

Nun werden verkürzte R gestrickt:

1. R (Hin-R): Vom Rd-Beginn (hintere Mitte) 26/28/30/32 M rechts str, Arbeit wenden.

2. R (Rück-R): DM, bis zur hinteren Mitte links str, weitere 26/28/30/32 M links str, Arbeit wenden.

3. R (Hin-R): DM, bis 3 M nach der letzten DM rechts str, dabei die DM als 1 M rechts abstr, Arbeit wenden.

4. R (Rück-R): DM, bis 3 M nach der letzten DM links str, dabei die DM als 1 M links abstr, Arbeit wenden.

Die letzten beiden R (3. und 4. R) 1x wdh, es werden insgesamt 3 DM je Seite gearbeitet.

2 Rd alle M rechts str, dabei in der 1. Rd die DM als 1 M abstr.

Dann für Größe S und M die 2. Zun-Rd, für Größe L und XL die 3. Zun-Rd arbeiten:

Größe S:

2. Zun-Rd: 3 M rechts, 26x [3 M rechts, 1 M linksgeneigt aus dem QF zun], 3 M rechts (= 110 M).

Größe M:

2. Zun-Rd: * 4 M rechts, 18x [2 M rechts, 1 M linksgeneigt aus dem QF zun], ab * 1x wdh, 4 M rechts (= 120 M).

Größe L:

3. Zun-Rd: 2 M rechts, 18x [6 M rechts, 1 M linksgeneigt aus dem QF zun], 2 M rechts (= 130 M).

Größe XL:

3. Zun-Rd: * 4 M rechts, 1 M linksgeneigt aus dem QF zun, ab * stets wdh (= 140 M).

Zur Rundstrick-Nd 6,5 mm wechseln. Das Jacquardmuster nach dem Zählmuster für die jeweilige Größe str. Den Mustersatz von zu Beginn 10 M 11x/12x/13x/14x pro Rd arbeiten (=110/120/130/140 M). Für Größe S und M die 1.–29. Rd 1x str, dabei in der 3., 8., 16. und 22. Rd wie gezeichnet zun und in der 17.–19. Rd die Flottfäden wie gezeichnet vor der Arbeit führen. Für Größe L und XL die 1.–35. Rd 1x str, dabei in der 3., 8., 16. und 26. Rd wie gezeichnet zun in der 20.–23 Rd die Flottfäden wie gezeichnet vor der Arbeit führen. Nach den Zun werden pro Rd 11/12/13/14 Mustersätze von 18 M gestrickt (= 198/216/234/252 M).

Nach Abschluss des Jacquardmusters die KF abtrennen, zu Rundstrick-Nd 4,5 mm wechseln und ggf. glatt rechts in der HF weiterstr, bis eine Gesamthöhe ab Anschlag vordere Mitte von 23/23/26/26 cm erreicht ist. Dann die M wie folgt für Ärmel und Body aufteilen, in der HF str:

Von der hinteren Mitte 32/34/38/41 M rechts str für das Rückenteil, 35/40/41/44 M für den Ärmel stilllegen, 3/3/4/4 M dazu anschl, MM setzen (= neuer Rd-Beginn), 3/3/4/4 M dazu anschl, 64/68/76/82 M rechts str für das Vorderteil, 35/40/41/44 M für den Ärmel stilllegen, 6/6/8/8 M dazu anschl, 32/34/38/41 M rechts str bis hintere Mitte für das Rückenteil.

Je Ärmel sind 35/40/41/44 M + 6/6/8/8 M = 41/46/49/52 M vorhanden. Für Vorder- und Rückenteil sind je 64/68/74/82 M + 12/12/16/16 M vorhanden = Body gesamt = 140/148/164/180 M.

Weiter glatt rechts in der HF str, bis der Body ab Ärmel 39/40/40/41 cm misst. Nun zu Rundstrick-Nd 4,0 mm wechseln und 6 Rd im Bündchenmuster str. Alle M elastisch abk.

ÄRMEL (2X)

HINWEIS: Um Löcher zu vermeiden, empfiehlt es sich, an jeder Seite des Armausschnitts 1 M zusätzlich aufzufassen. In der folgenden Rd die beiden zusätzlichen M mit der jeweiligen Ärmel-M zusstr, um wieder auf die richtige M-Zahl zu kommen.

Die stillgelegten 35/40/41/44 Ärmel-M auf das Nd-Spiel 4,5 mm nehmen und weiter in der HF glatt rechts str: Für den Armausschnitt in der Mitte der dazu angeschlagenen M des Bodys beginnend 3/3/4/4 M (+ 1 M siehe Hinweis) für den Ärmel herausstr, die Ärmel-M rechts str, aus den dazu angeschlagenen M des Bodys 3/3/4/4 M (+ 1 M siehe Hinweis) für den Ärmel herausstr, MM setzen (= Rd-Beginn); in der folgenden Rd wie oben beschrieben die beiden zusätzlichen M zusstr (= 41/46/49/52 M). Zum Anpassen der M-Zahl für Größe S und Größe L je 1 M zun (= 42/46/50/52 M).

Weiter glatt rechts in Rd str, bis der Ärmel 8 cm ab Ärmelbeginn misst. Nun die 1. Abn-Rd arbeiten wie folgt: 2 M rechts, 2 M rechts zusstr, rechts str bis 4 M vor MM, 2 M rechts überzogen zusstr, 2 M rechts (= 2 M abgenommen = 40/44/48/50 M).

Dies Abn-Rd 4x/6x/6x/7x in jeder 14./10./11./9. Rd wdh (=32/32/36/36 M).

Weiter glatt rechts in Rd str, bis der Ärmel ca. 45 cm oder 6 cm weniger als die gewünschte Länge misst. Zu Nd 4,5 mm wechseln und nun noch 12 Rd im Bündchenmuster str. Alle M elastisch abk.

FERTIGSTELLUNG

Alle Fäden sauber vernähen. Den Pullover von links vorsichtig in Form stecken und unter feuchten Tüchern trocknen lassen.

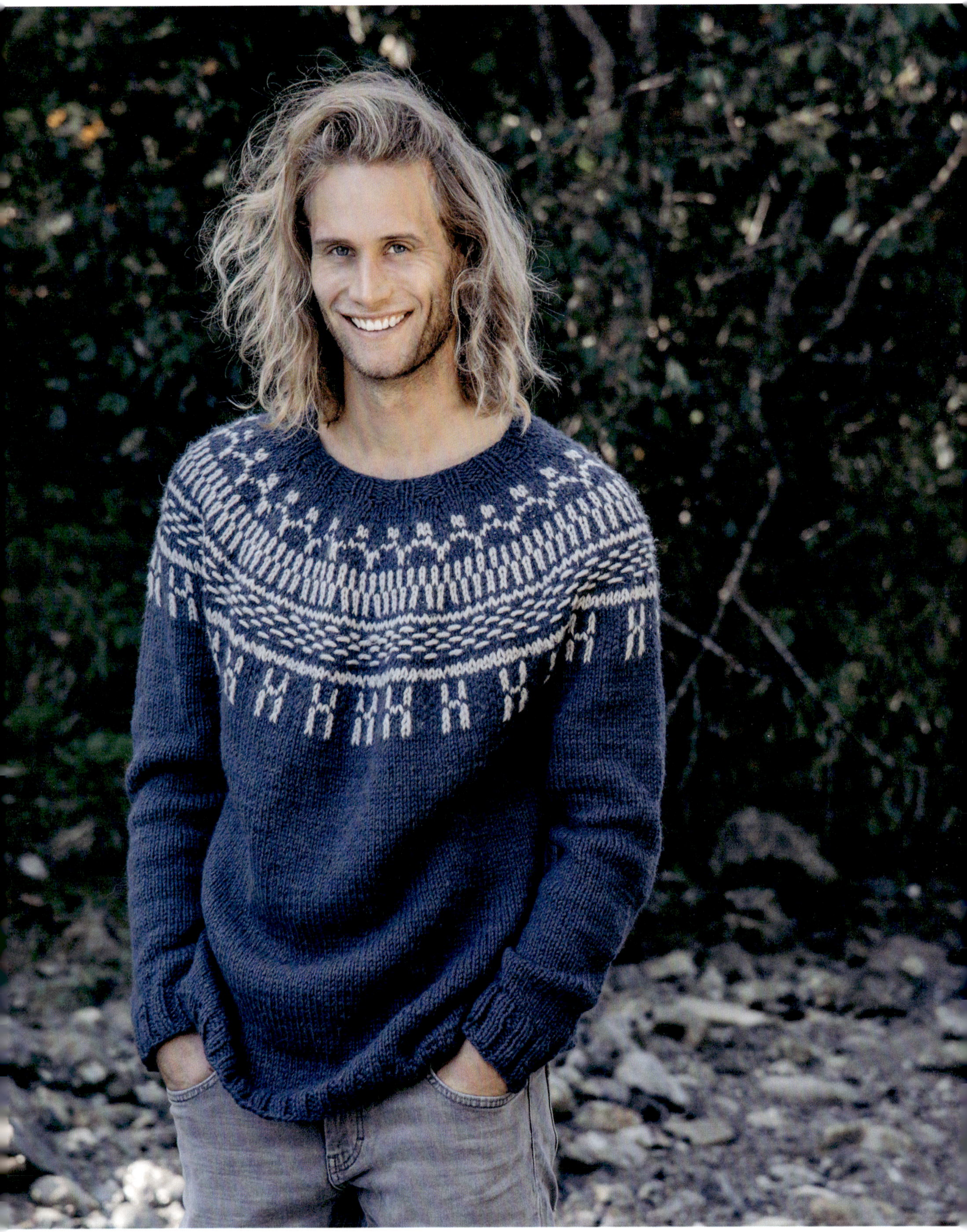

ZÄHLMUSTER L/XL

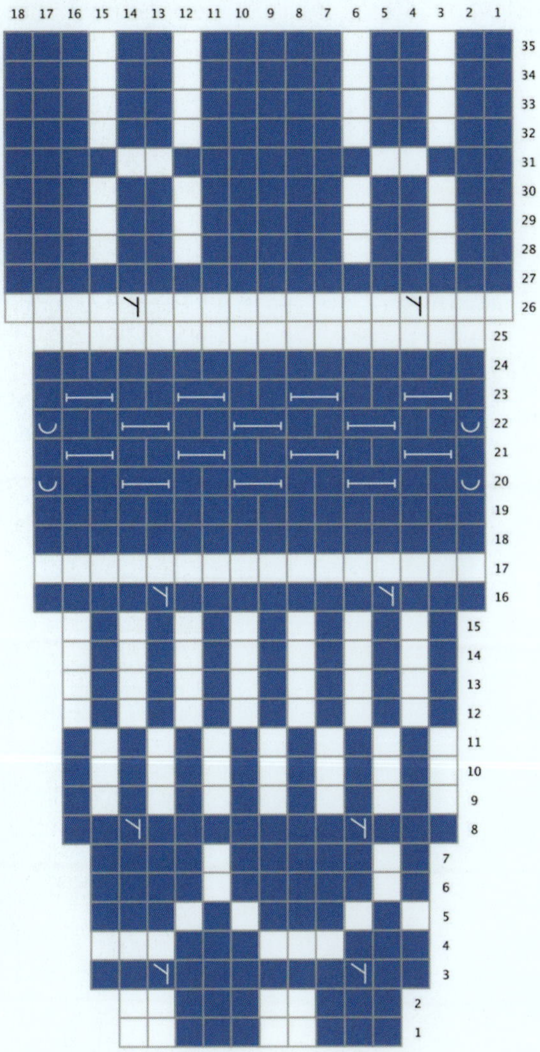

Mustersatz zu Beginn = 10 Maschen

ZÄHLMUSTER S/M

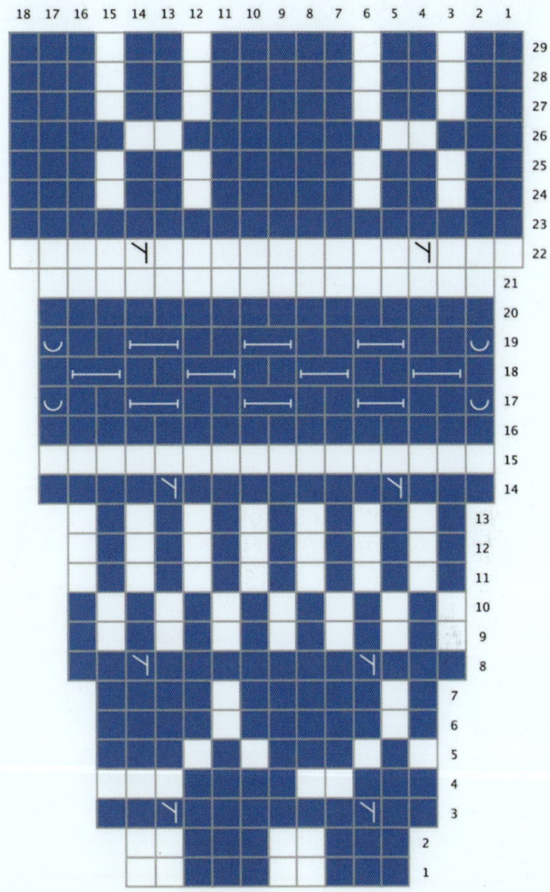

Mustersatz zu Beginn = 10 Maschen

LEGENDE

- = HF: Dunkelblau
- = KF: Wollweiß
- = 1 M linksgeneigt aus dem QF zun
- = Flottfäden über 2 M obenauf
- = Flottfäden über 1 M obenauf

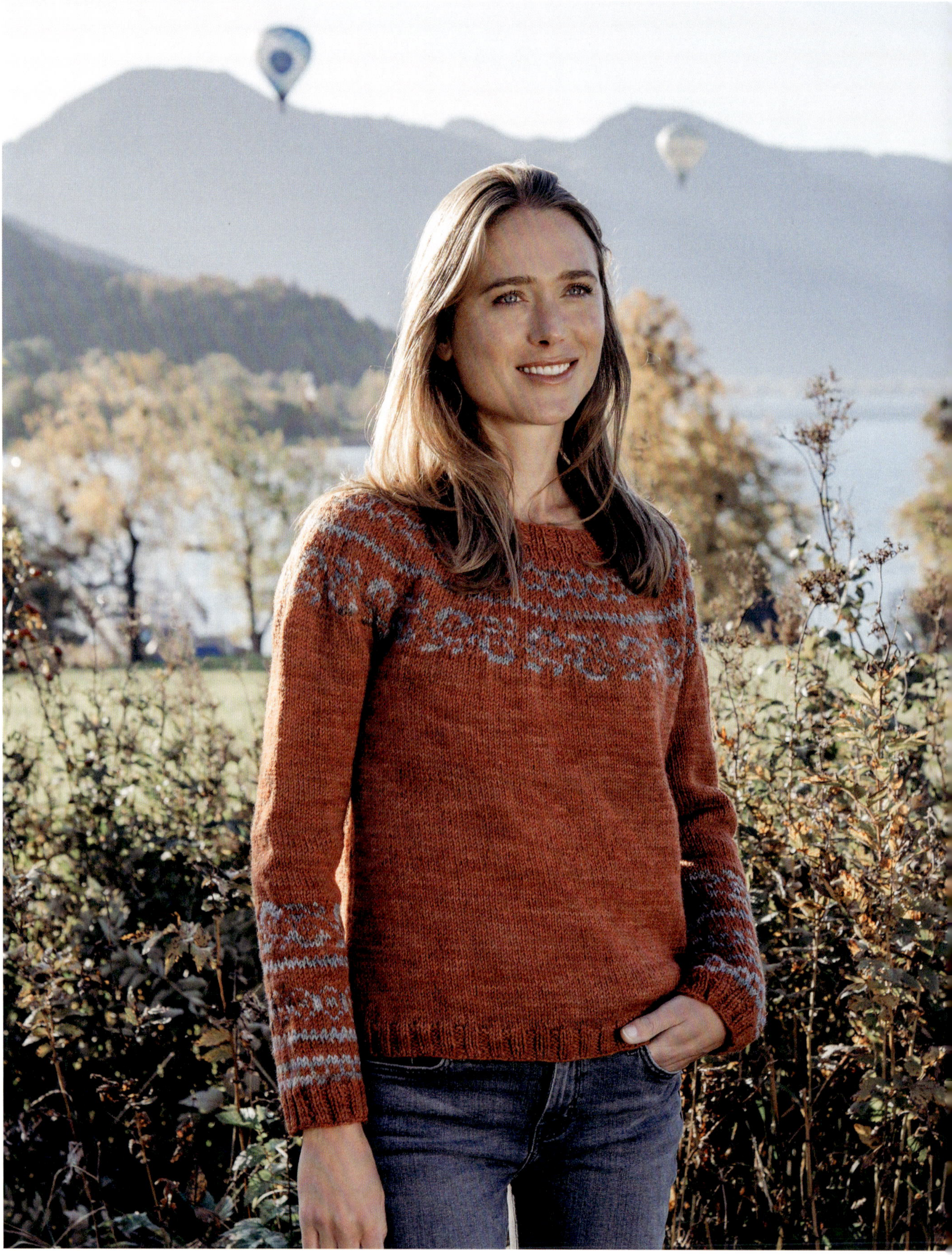

HALLA

Pullover mit Jacquardmuster

Regular Fit
Unser Model trägt Größe M

GRÖSSE

S, M, L, XL

Mehrweite von ca. 14 cm

HINWEIS: Die Angaben für die einzelnen Größen stehen von der kleinsten bis zur größten Größe hintereinander, jeweils durch Schrägstriche getrennt. Steht nur eine Angabe, gilt diese für alle Größen.

Brustumfang: 102/106/116/120 cm

Ärmelbreite: 14,5/16/17,5/19 cm

MATERIAL

- Hey Mama Wolf Schafwolle No.03 im 100-g-Strang (100 % Bio-Schurwolle kbT, handgefärbt, LL 260 m/100 g) in Krapp, 400/400/450/500 g, und in Seabird, 100 g

HINWEIS: Das Garnetikett überprüfen und nur Stränge der gleichen Farbpartie verwenden. Der Materialverbrauch kann von Person zu Person variieren.

- 2 Rundstricknadeln 3,0 mm, 40 cm und 80 cm lang
- 2 Rundstricknadeln 3,5 mm, 60 cm und 80 cm lang
- Rundstricknadel 4,0 mm, 80 cm lang
- Nadelspiele 3,0 mm, 3,5 mm und 4,0 mm
- Wollnadel zum Vernähen der Fäden
- Maschenmarkierer

MASCHENPROBE

Glatt rechts mit Nd 3,5 mm:
20 M und 30 R = 10 cm x 10 cm

FARBAUFTEILUNG

HF: Krapp

KF: Seabird

GRUNDMUSTER

Bündchenmuster in Runden
2 M rechts, 2 M links im Wechsel str.

Glatt rechts in Runden
Stets rechte M str.

Jacquardmuster in Runden

Alle Rd glatt rechts nach dem jeweiligen Zählmuster str.

Zählmuster Passe: Den Mustersatz von zu Beginn 12 M stets wdh. Die 1.–28. Rd 1x str, dabei in der 5., 10., 16., 20., 22., und 26. Rd wie gezeichnet zun.

Zählmuster Ärmel: Den Mustersatz von 18 M stets wdh. Die 1.–41. Rd 1x str.

HINWEIS: Die Fäden nach max. jeder 3. M einweben. Die KF liegt jeweils unten am Finger, also vorn.

TIPP

Lesen Sie die Anleitung zuerst in Ruhe durch und markieren Sie sich alle Angaben der Größe, die Sie stricken möchten. So haben Sie beim Stricken gleich die entsprechenden Zahlen markiert und müssen nicht lange suchen.

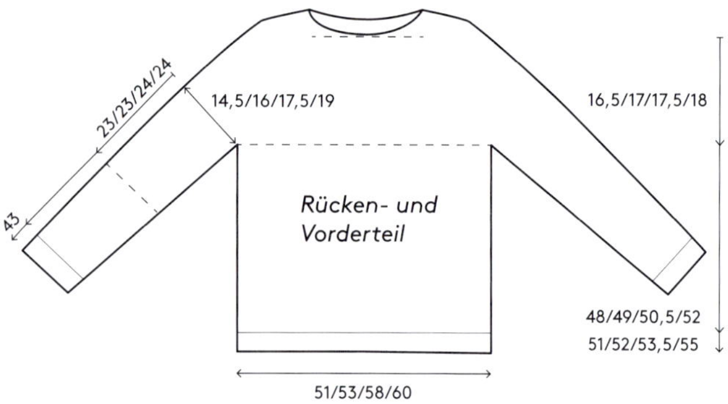

SO GEHT'S:

Mit Rundstrick-Nd 3,0 mm 92/92/96/96 M in der HF anschl. Die Arbeit zur Rd schließen und den Rd-Beginn mit einem MM kennzeichnen. 8 Rd im Bündchenmuster str.

Zur Rundstrick-Nd 3,5 mm wechseln. 1 Rd rechte M str.

Nun werden verkürzte R gestrickt:

1. R (Hin-R): Vom Rd-Beginn (hintere Mitte) 20/20/24/24 M rechts str, Arbeit wenden.

2. R (Rück-R): DM, links str bis zur hinteren Mitte, nochmals 20/20/24/24 M links str, Arbeit wenden.

3. (Hin-R): DM, rechts str bis zur hinteren Mitte, 5x [3 M rechts, 1 M linksgeneigt aus dem QF zun], rechts str bis zur DM, die DM als 1 M rechts abstr, 2 M rechts, Arbeit wenden.

4. R (Rück-R): DM, links str bis zur hinteren Mitte, 5x [3 M links, 1 M rechtsgeneigt aus dem QF zun], links str bis zur DM, die DM als 1 M links abstr, 2 M links, Arbeit wenden.

5. R (Hin-R): DM, rechts str bis zur hinteren Mitte, weiter rechts str bis zur DM, die DM rechts abstr, 1 M rechts, Arbeit wenden.

6. R (Rück-R): DM, links str bis zur hinteren M, weiter links str bis zur DM, die DM links abstr, 1 M links, Arbeit wenden.

Die letzten beiden R (5. und 6. R) 1x wdh.

Nächste R (Hin-R): DM, rechts str bis zur hinteren Mitte = 102/102/106/106 M.

1 Rd rechte M str, auch die DM jeweils rechts abstr.

Nun die ersten Zun arbeiten:

Größe S:

1. Zun-Rd: * 2 M rechts, 1 M linksgeneigt aus dem QF zun, ab * stets wdh (= 153 M).

3 Rd glatt rechts str, dabei gleichmäßig verteilt weitere 3 M zun (= 156 M).

Größe M:

1. Zun-Rd: 6 M rechts, 1 M linksgeneigt aus dem QF zun, 9x [10 M rechts, 1 M linksgeneigt aus dem QF zun], 6 M rechts (= 112 M).

2 Rd glatt rechts str.

2. Zun.Rd: * 2 M rechts, 1 M linksgeneigt aus dem QF zun, ab * stets wdh (= 168 M).

Größe L:

1. Zun-Rd: 8 M rechts, 1 M linksgeneigt aus dem QF zun, 13x [7 M rechts, 1 M linksgeneigt aus dem QF zun], 7 M rechts (= 120 M).

3 Rd glatt rechts str.

2. Zun-Rd: * 2 M rechts, 1 M linksgeneigt aus dem QF zun, ab * stets wdh (= 180 M).

Größe XL:

1. Zun-Rd: 1 M rechts, 1 M linksgeneigt aus dem QF zun, 21x [5 M rechts, 1 M linksgeneigt aus dem QF zun (= 128 M).

3 Rd glatt rechts str.

2. Zun-Rd: * 2 M rechts, 1 M linksgeneigt aus dem QF zun, ab * stets wdh (= 192 M).

Zur kurzen Rundstrick-Nd 4,0 mm wechseln.

Das Jacquardmuster nach dem Zählmuster Passe str. Den Mustersatz von zu Beginn 12 M stets wdh. Die 1.–28. Rd 1x str, dabei in der dabei in der 5., 10., 16., 20., 22., und 26. Rd wie gezeichnet zun. Nach der 26. Rd werden pro Rd 13/14/15/16 Mustersätze von je 21 M gearbeitet (= 273/294/315/336 M).

Nach der letzten Rd (= 28. Rd) Jacquardmuster die KF abtrennen und weiter mit der HF str, dabei zu Rundstrick-Nd 3,5 mm wechseln.

Bei einer Gesamthöhe ab Anschlag vordere Mitte von 16,5/17/17,5/18 cm für die Formgebung verkürzte R wie folgt str:

1. R (Hin-R): Vom Rd-Beginn (hintere Mitte) 90/94/98/102 M rechts str, Arbeit wenden.

2. R (Rück-R): DM, bis hintere Mitte links str, nochmals 90/94/98/102 M links str, Arbeit wenden.

3. R (Hin-R): DM, bis 4 M nach der letzten DM str, dabei die DM als 1 M rechts abstr, Arbeit wenden.

4. R (Rück-R): DM, bis 4 M nach der letzten DM str, dabei die DM als 1 M links abstr, Arbeit wenden.

Die letzten beiden R (3. und 4. R) 1x wdh, es werden insgesamt 3 DM je Seite gearbeitet.

1 Rd alle M rechts str, die DM dabei als 1 M abstr.

Nun die M wie folgt für Ärmel und Body aufteilen:

Von der hinteren Mitte 45/47/50/53 M rechts str für das Rückenteil, 46/52/56/62 M für den Ärmel stilllegen, 4/4/5/5 M dazu anschl, MM setzen (= neuer Rd-Beginn), 4/4/5/5 M dazu anschl, 90/95/102/106 M rechts str für das Vorderteil, 46/52/56/62 M für Ärmel stilllegen, 8/8/10/10 M dazu anschl, 46/48/51/53 M rechts str für das Rückenteil bis hintere Mitte.

Je Ärmel sind 46/52/56/62 M + 8/8/10/10 M = 54/60/66/72 M vorhanden. Für das Vorderteil sind 90/95/102/106 M, für das Rückenteil sind 91/95/101/106 M + 16/16/20/20 M vorhanden = Body gesamt = 197/206/223/232 M.

Mit Rundstrick-Nd 3,5 mm weiter glatt rechts in der HF str, bis der Body ab Ärmel 31,5/32/33,5/34 cm misst. Zu Rundstrick-Nd 3,0 mm wechseln und 8 Rd im Bündchenmuster str. Alle M elastisch abk.

ÄRMEL (2X)

HINWEIS: Um Löcher zu vermeiden, empfiehlt es sich, an jeder Seite des Armausschnitts 1 M zusätzlich aufzufassen. In der folgenden Rd die beiden zusätzlichen M mit der jeweiligen Ärmel-M zusstr, um wieder auf die richtige M-Zahl zu kommen.

Die stillgelegten 46/52/56/62 Ärmel-M auf das Nd-Spiel 3,5 mm nehmen und weiter in der HF glatt rechts str: Für den Armausschnitt in der Mitte der dazu angeschlagenen M des Bodys beginnend 4/4/5/5 M (+ 1 M siehe Hinweis) für den Ärmel herausstr, die Ärmel-M rechts str, aus den dazu angeschlagenen M des Bodys 4/4/5/5 M (+ 1 M siehe Hinweis) für den Ärmel herausstr, MM setzen (= Rd-Beginn); in der folgenden Rd wie oben beschrieben die beiden zusätzlichen M zusstr (= 54/60/66/72 M).

Weiter glatt rechts in Rd in der HF str, bis der Ärmel 8 cm ab Ärmelbeginn misst.

Die 1. Abn-Rd arbeiten wie folgt: 2 M rechts, 2 M rechts zusstr, rechts str bis 4 M vor MM, 2 M rechts überzogen zusstr, 2 M rechts (= 2 M abgenommen = 52/58/64/70 M).

Diese Abn-Rd 1x/2x/3x/4x in jeder 14. Rd wdh (= 50/54/58/62 M).

GLEICHZEITIG bei 23/23/24/24 cm Länge ab Ärmelanschlag mit Nd-Spiel 4,0 mm das Jacquardmuster nach dem Zählmuster Ärmel str. Den Mustersatz von zu Beginn 18 M stets wdh. Die 1.–41. Rd 1x str. Es wird gleichzeitig abgenommen, bei abnehmender M-Zahl jeweils den letzten Mustersatz am R-Ende nicht mehr komplett str. (**HINWEIS:** Nur bei Größe M werden 3 Mustersätze komplett gestrickt; bei den anderen Größen jeweils weniger oder mehr Mustersatz-M arbeiten.)

Nach Abschluss des Jacquardmusters weiter glatt rechts in Rd str, bis der Ärmel ca. 40 cm misst. Für das Bündchenmuster muss die M-Zahl teilbar durch 4 sein, deshalb die für alle Größen die M-Zahl durch eine weitere Abn-Rd wie oben angegeben anpassen, also 2 M abn (=48/52/56/60 M). Zu Nd-Spiel 3,0 mm wechseln und 8 Rd im Bündchenmuster str.

Alle M elastisch abk.

FERTIGSTELLUNG

Alle Fäden sauber vernähen. Den Pullover von links vorsichtig in Form stecken und unter feuchten Tüchern trocknen lassen.

ZÄHLMUSTER ÄRMEL

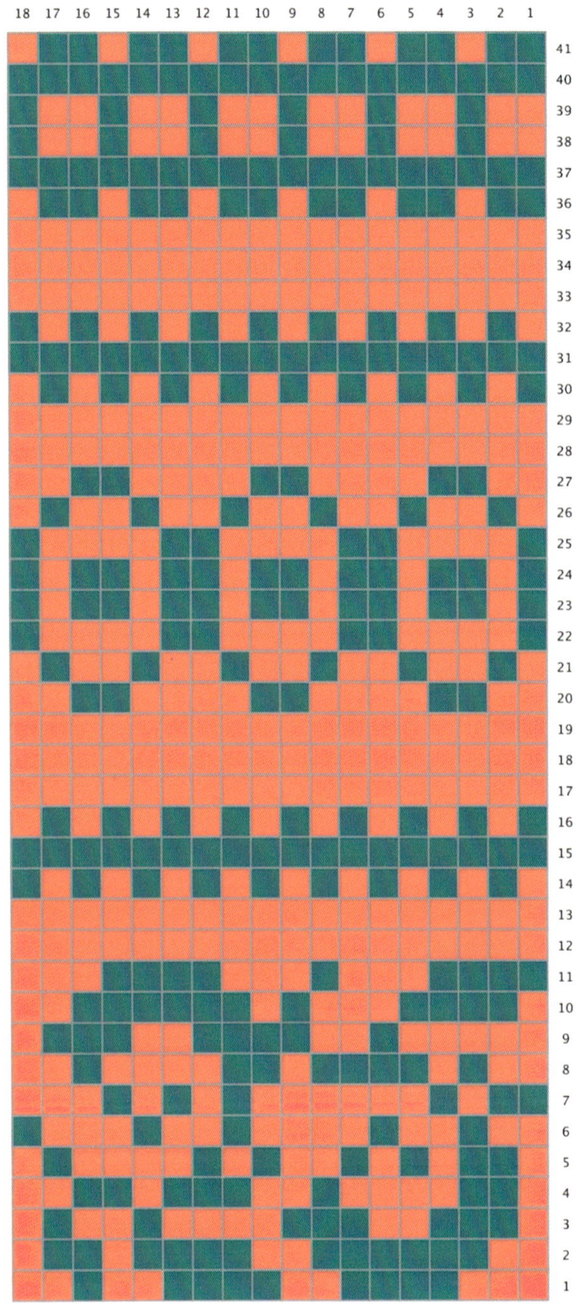

Mustersatz = 18 Maschen

LEGENDE

- = HF: Krapp
- = KF: Seabird
- = 1 M linksgeneigt aus dem QF zun

ZÄHLMUSTER PASSE

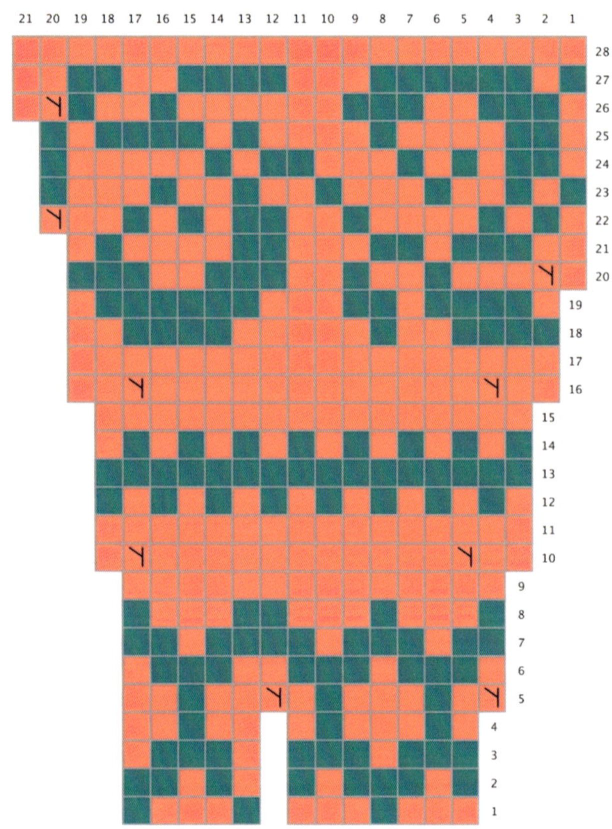

Mustersatz zu Beginn = 12 Maschen

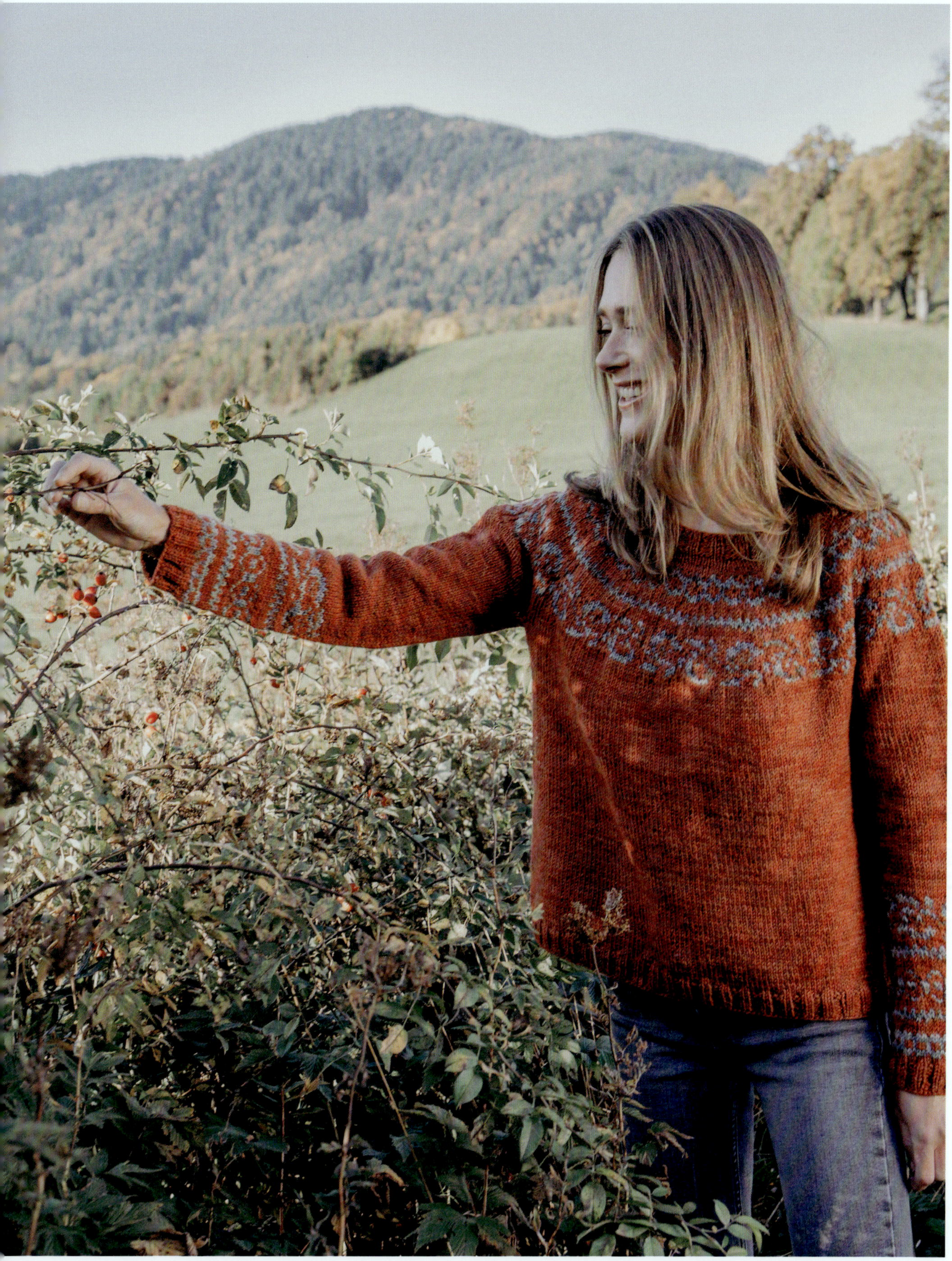

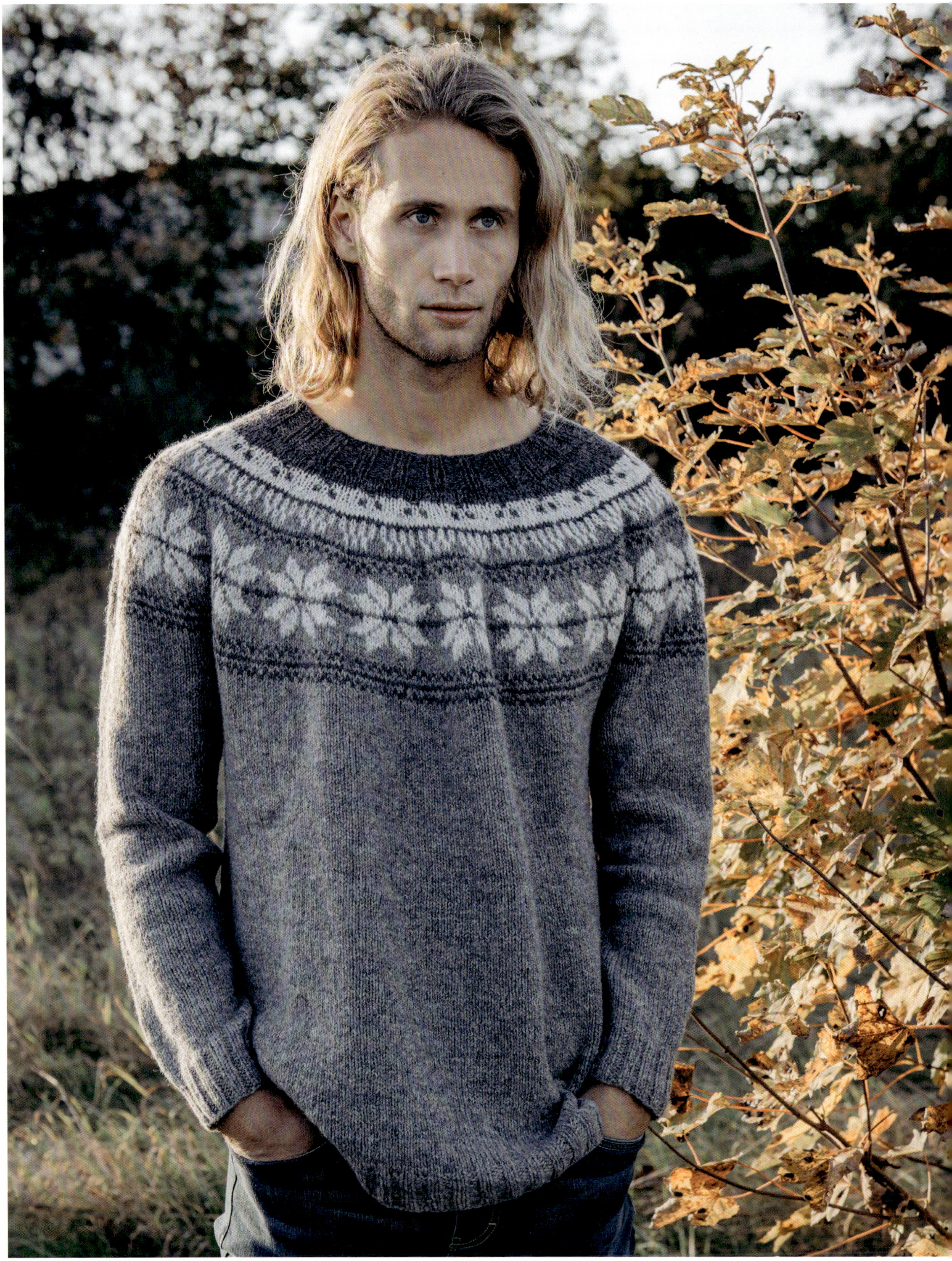

LÁRUS

Pullover mit Jacquardmuster

Loose Fit

Unser Model trägt Größe XL

GRÖSSE

S, M, L, XL

Mehrweite von mindestens 18 cm

HINWEIS: Die Angaben für die einzelnen Größen stehen von der kleinsten bis zur größten Größe hintereinander, jeweils durch Schrägstriche getrennt. Steht nur eine Angabe, gilt diese für alle Größen.

Brustumfang: 107/116/124/130 cm

Ärmelbreite: 17/17,5/18/18,5 cm

MATERIAL

- Rauwerk Merino im 100-g-Strang (100 % Merinowolle, LL 300 m/100 g) in Graphit, 400/400/500/500 g, in Obsidian und Quarz, je 100 g

HINWEIS: Die Banderolen überprüfen und nur Stränge der gleichen Farbpartie verwenden. Der Materialverbrauch kann von Person zu Person variieren.

- 2 Rundstricknadeln 3,0 mm, 40 cm und 80 cm lang
- 2 Rundstricknadeln 3,5 mm, 60 cm und 80 cm lang
- 2 Rundstricknadeln 4,0 mm, 60 cm und 80 cm lang
- Nadelspiele 3,0 mm, und 3,5 mm
- Wollnadel zum Vernähen der Fäden
- Maschenmarkierer

MASCHENPROBE

Glatt rechts mit einer Fb und Nd 3,5 mm:
19 M und 30 R = 10 cm x 10 cm

HINWEIS: Weil jeder unterschiedlich strickt, sollte eine Probe des mehrfarbigen Jacquardmusters gemacht werden, um herauszufinden, ob eine Nd-Stärke größer oder kleiner nötig ist, um die oben angegebene M-Probe beizubehalten. Dabei empfiehlt sich Nd-Stärke 4,0 mm.

FARBAUFTEILUNG

HF: Graphit (Grau)

KF 1: Obsidian (Dunkelgrau)

KF 2: Quarz (Hellgrau)

GRUNDMUSTER

Bündchenmuster in Runden

2 M rechts, 2 M links im Wechsel str.

Glatt rechts in Runden

Stets rechte M str.

Jacquardmuster in Runden

Alle Rd glatt rechts nach dem jeweiligen Zählmuster str. Den Mustersatz stets wdh.

Zählmuster 1: Mustersatz von 6 M. Die 1.–5. Rd 1x str.

Zählmuster 2: Mustersatz von 8 M zu Beginn. Die 1.–6. Rd 1x str. In der 5. Rd wie gezeichnet zun.

Zählmuster 3: Mustersatz von 15 M zu Beginn. Die 1.–31. Rd 1x str. In der 3., 8. und 13. Rd wie gezeichnet zun.

HINWEIS: Die Fäden nach max. jeder 3. M einweben. Die KF liegt jeweils unten am Finger, also vorn.

TIPP

Lesen Sie die Anleitung zuerst in Ruhe durch und markieren Sie sich alle Angaben der Größe, die Sie stricken möchten. So haben Sie beim Stricken gleich die entsprechenden Zahlen markiert und müssen nicht lange suchen.

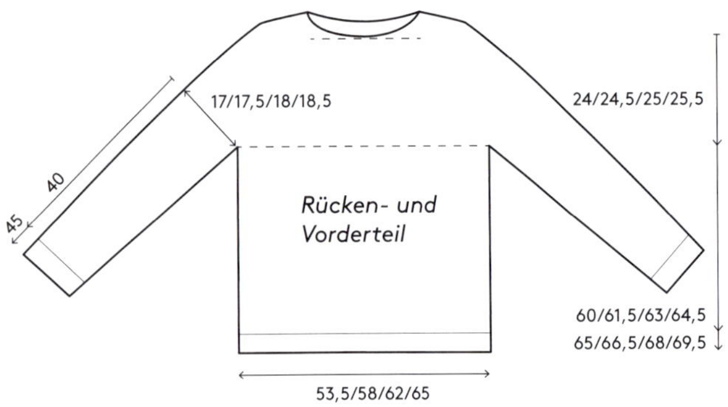

SO GEHT'S:

Mit der kurzen Rundstrick-Nd 3,0 mm 88/88/92/92 M in der KF 1 anschl. Die Arbeit zur Rd schließen und den Rd-Beginn (hintere Mitte) mit einem MM kennzeichnen. 12 Rd im Bündchenmuster str.

Zur kurzen Rundstrick-Nd 3,5 mm wechseln. Weiter in KF 1 str.

Die 1. Zun-Rd für alle Größen arbeiten:

1. Zun-Rd: * 2 M rechts, 1 M linksgeneigt aus dem QF zun, ab * stets wdh (= 132/132/138/138 M).

Nun werden verkürzte R gestrickt:

1. R (Hin-R): Vom Rd-Beginn (hintere Mitte) 44/46/48/50 M rechts str, Arbeit wenden.

2. R (Rück-R): DM, bis zur hinteren Mitte links str, nochmals 44/46/48/50 M links str, Arbeit wenden.

3. R (Hin-R): DM, bis 3 M nach der letzten DM rechts str, dabei die DM als 1 M rechts abstr, Arbeit wenden.

4. R (Rück-R): DM, bis 3 M nach der letzten DM links str, die DM als 1 M links abstr, Arbeit wenden.

Die letzten beiden R (3. und 4. R) 1x wdh, es werden insgesamt 3 DM je Seite gearbeitet.

2 Rd alle M rechts str, dabei in der 1. Rd die DM als 1 M abstr.

Zur kurzen Rundstrick-Nd 4,0 mm wechseln.

Das Jacquardmuster nach Zählmuster 1 str. Den Mustersatz von 6 M 22x/22x/23x/23x str (= 132/132/138/138 M).

Nun die 2. und 3. Zun-Rd in KF 2 (Hellgrau) wie folgt arbeiten:

Größe S:

2. Zun-Rd: * 3 M rechts, 1 M linksgeneigt aus dem QF zun, ab * stets wdh (= 176 M).

3. Zun-Rd: * 11 M rechts, 1 M linksgeneigt aus dem QF zun, ab * stets wdh (= 192 M).

Größe M:

2. Zun-Rd: * 2 M rechts, 1 M linksgeneigt aus dem QF zun, ab * stets wdh (= 198 M).

3. Zun-Rd: 4 M rechts, 10x [19 M rechts, 1 M linksgeneigt aus dem QF zun], 4 M rechts (= 208 M).

Größe L:

2. Zun-Rd: * 3 M rechts, 1 M linksgeneigt aus dem QF zun, ab * stets wdh (= 184 M).

3. Zun-Rd: * 6 M rechts, 20x [4 M rechts, 1 M linksgeneigt aus dem QF zun], 6 M rechts, ab * 1x wdh (= 224 M).

Größe XL:

2. Zun-Rd: * 2 M rechts, 1 M linksgeneigt aus dem QF zun, ab * stets wdh (= 207 M).

3. Zun-Rd: 4 M rechts, 33x [6 M rechts, 1 M linksgeneigt aus dem QF zun], 5 M rechts (= 240 M).

Das Jacquardmuster nach Zählmuster 2 str. Den Mustersatz von zu Beginn 8 M 24x/26x/28x/30x pro Rd arbeiten (= 192/208/224/240 M). Die 1.–6. Rd 1x str, dabei in der 5. Rd wie gezeichnet zun. Es werden nun pro Rd 24/26/28/30 Mustersätze zu je 9 M gestrickt (= 216/234/252/270 M).

Die 3. Zun-Rd für Größe S, M und L in der HF arbeiten wie folgt:

Größe S:

3. Zun-Rd: * 24 M rechts, 1 M linksgeneigt aus dem QF zun, ab * stets wdh (= 225 M).

Größe M:

3. Zun-Rd: * 39 M rechts, 1 M linksgeneigt aus dem QF zun, ab * stets wdh (= 240 M).

Größe L:

3. Zun-Rd: * 84 M rechts, 1 M linksgeneigt aus dem QF zun, ab * stets wdh (= 255 M).

Größe XL:

1 Rd ohne Zun str (= 270 M).

Das Jacquardmuster nach Zählmuster 3 str. Den Mustersatz von zu Beginn 15 M 15x/16x/17x/18x pro Rd arbeiten (= 225/240/255/270 M). Die 1.–31. Rd 1x str. In der 3., 8. und 13. Rd wie gezeichnet zun. Nach der 13. Rd werden 15/16/17/18 Mustersätze zu je 20 M pro Rd gestrickt (= 300/320/340/360 M). Während der Zun zur langen Rundstrick-Nd 4,0 mm wechseln.

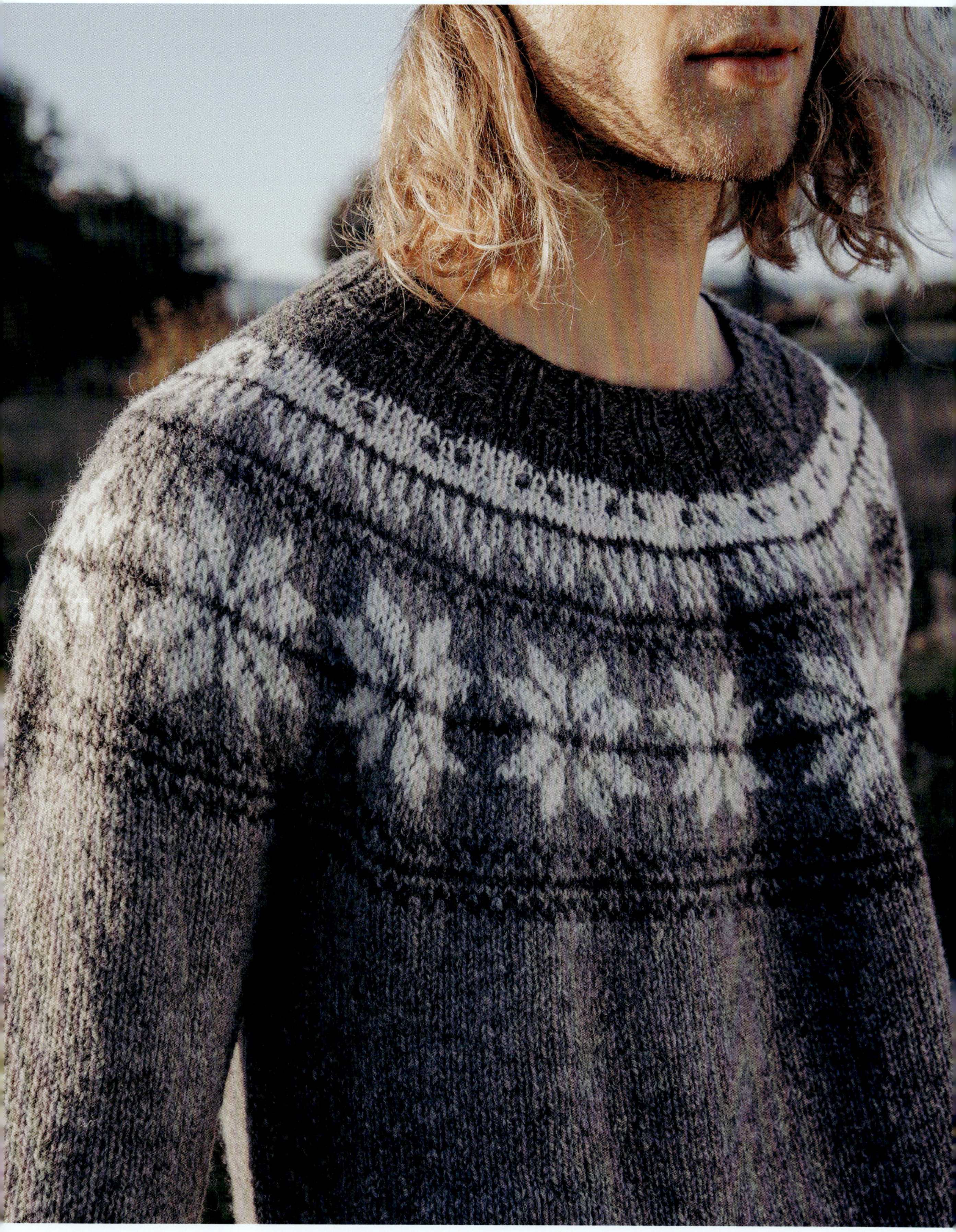

Nach Abschluss des Jacquardmusters zu Rundstrick-Nd 3,5 mm wechseln und ggf. glatt rechts in der HF weiterstr, bis eine Gesamthöhe ab Anschlag vordere Mitte von 24/24,5/25/25,5 cm erreicht ist. Dann die M wie folgt für Ärmel und Body aufteilen:

Von der hinteren Mitte 47/51/55/59 M rechts str für das Rückenteil, 56/58/60/62 M für den Ärmel stilllegen, 5 M dazu anschl, MM setzen (= neuer Rd-Beginn), 5 M dazu anschl, 94/102/110/118 M rechts str für das Vorderteil, 56/58/60/62 M für den Ärmel stilllegen, 10 M dazu anschl, 47/51/55/59 M M rechts str für das Rückenteil bis hintere Mitte.

Je Ärmel sind 56/58/60/62 M + 10 M = 66/68/70/72 M vorhanden. Für Vorder- und Rückenteil sind je 94/102/110/118 M + 20 M vorhanden = Body gesamt = 208/224/240/256 M.

Weiter mit Rundstrick-Nd 3,5 mm in der HF glatt rechts str, bis der Body ab Ärmel 36/37/38/39 cm misst. Nun zur langen Rundstrick-Nd 3,0 mm wechseln und 5 cm im Bündchenmuster str. Alle M elastisch abk.

ÄRMEL (2X)

HINWEIS: Um Löcher zu vermeiden, empfiehlt es sich, an jeder Seite des Armausschnitts 1 M zusätzlich aufzufassen. In der folgenden Rd die beiden zusätzlichen M mit der jeweiligen Ärmel-M zusstr, um wieder auf die richtige M-Zahl zu kommen.

Die stillgelegten 56/58/60/62 Ärmel-M auf das Nd-Spiel 3,5 mm nehmen und weiter in der HF glatt rechts str: Für den Armausschnitt in der Mitte der dazu angeschlagenen M des Bodys beginnend 5 M (+ 1 M siehe Hinweis) für den Ärmel herausstr, die Ärmel-M rechts str, aus den dazu angeschlagenen M des Bodys 5 M (+ 1 M siehe Hinweis) für den Ärmel herausstr, MM setzen (= Rd-Beginn); in der folgenden Rd wie oben beschrieben die beiden zusätzlichen M zusstr (= 66/68/70/72 M).

Für die Ärmelschrägung bei 8 cm ab Ärmelbeginn die 1. Abn-Rd wie folgt arbeiten: 2 M rechts, 2 M rechts zusstr, rechts str bis 4 M vor MM, 2 M rechts überzogen zusstr, 2 M rechts (= 2 M abgenommen = 64/66/68/70 M).

Diese Abn-Rd 7x/8x/7x/8x in jeder 11./10./11./10. Rd wdh (= 50/50/54/54 M).

Weiter glatt rechts in Rd str, bis der Ärmel ca. 40 cm oder 5 cm weniger als die gewünschte Länge misst. Zu Nd-Spiel 3,0 mm wechseln und 5 cm im Bündchenmuster in der HF str. Alle M elastisch abk.

FERTIGSTELLUNG

Alle Fäden sauber vernähen. Den Pullover von links vorsichtig in Form stecken und unter feuchten Tüchern trocknen lassen.

ZÄHLMUSTER 1

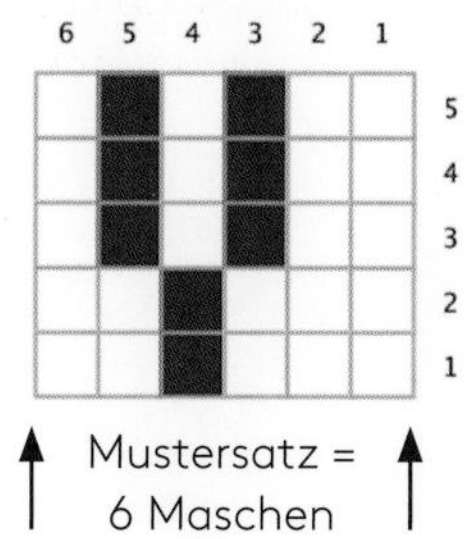

ZÄHLMUSTER 2

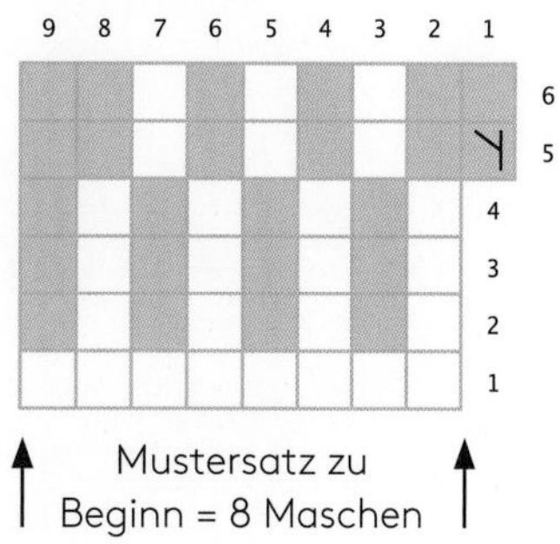

= KF 2: Hellgrau

ZÄHLMUSTER 3

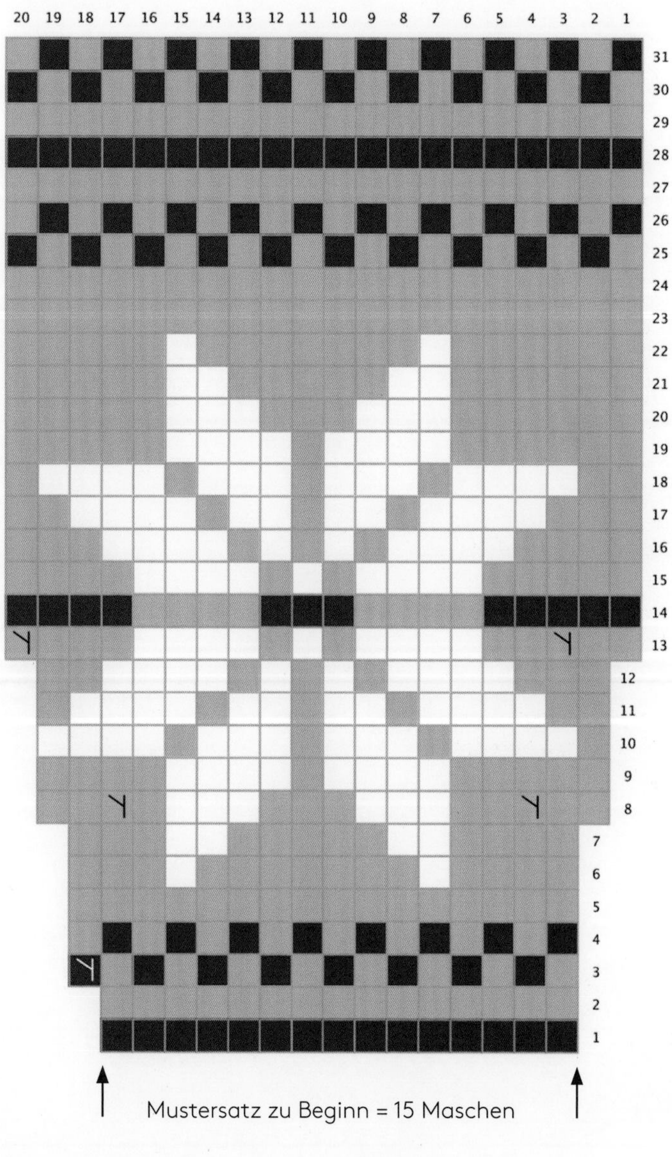

LEGENDE

= HF: Grau

= KF 1: Dunkelgrau

= KF 2: Hellgrau

= 1 M linksgeneigt aus dem QF zun

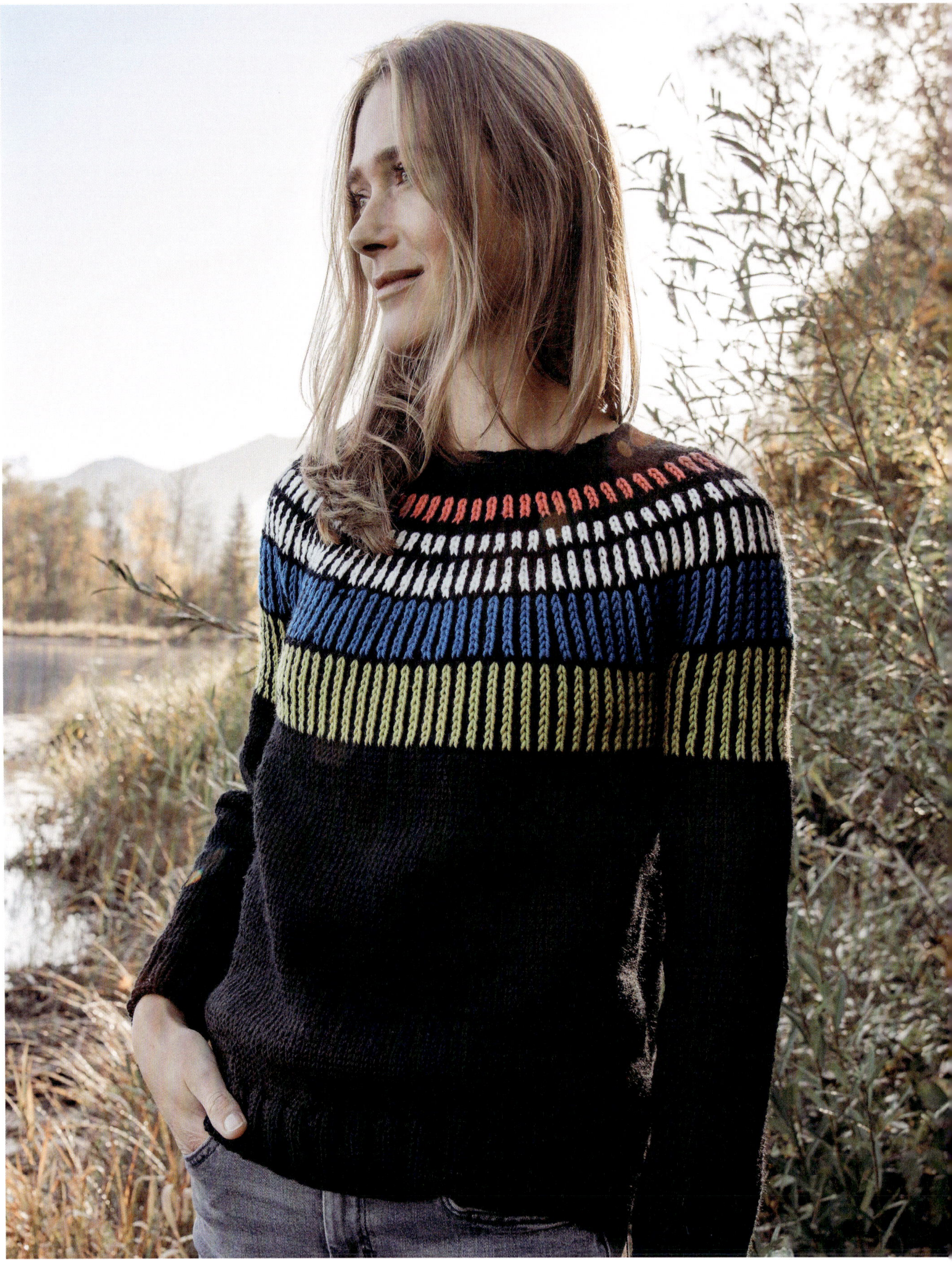

SÓLEY

Pullover mit Jacquardmuster

Regular Fit

Unser Model trägt Größe S

GRÖSSE

S, M, L, XL

Mehrweite von ca. 14 cm

HINWEIS: Die Angaben für die einzelnen Größen stehen von der kleinsten bis zur größten Größe hintereinander, jeweils durch Schrägstriche getrennt. Steht nur eine Angabe, gilt diese für alle Größen.

Brustumfang: 101/107/115/121 cm

Ärmelbreite: 15/16,5/17/18 cm

MATERIAL

- Lana Grossa Bingo (100 % Schurwolle, LL 80 m/50 g) in Schwarz (Fb 24), 550/600/650/700 g, in Purpurrot (Fb 726), Rohweiß (Fb 05), Blaupetrol (Fb 727) und Kiwigrün (Fb 728), je 50 g

HINWEIS: Die Banderolen überprüfen und nur Knäuel der gleichen Farbpartie verwenden. Der Materialverbrauch kann von Person zu Person variieren.

- 2 Rundstricknadeln 4,0 mm, 40 cm und 60 cm lang
- 2 Rundstricknadeln 6,0 mm, 60 cm und 80 cm lang
- Nadelspiele 3,5 mm, 4,0 mm und 6,0 mm
- Wollnadel zum Vernähen der Fäden
- Maschenmarkierer

MASCHENPROBE

Glatt rechts mit einer Fb und Nd 4,0 mm:
16 M und 22 R = 10 cm x 10 cm

HINWEIS: Weil jeder unterschiedlich strickt, sollte eine Probe des mehrfarbigen Jacquardmusters gemacht werden, um herauszufinden, ob eine Nd-Stärke größer oder kleiner nötig ist, um die oben angegebene M-Probe beizubehalten. Dabei empfiehlt sich Nd-Stärke 6,0 mm.

FARBAUFTEILUNG

HF: Schwarz

KF 1: Purpurrot

KF 2: Rohweiß

KF 3: Blaupetrol

KF 4: Kiwigrün

GRUNDMUSTER

Bündchenmuster in Runden

2 M rechts, 2 M links im Wechsel str.

Glatt rechts in Runden

Stets rechte M str.

Passenmuster in Runden

Alle Rd glatt rechts nach dem Zählmuster str. Den Mustersatz von zu Beginn 10 M stets wdh. Die 1.–33. Rd 1x str (Anleitung beachten). In der 5., 10., 16. und 26. Rd wie gezeichnet zun.

HINWEIS: Die Fäden nach max. jeder 3. M einweben. Die KF liegt jeweils unten am Finger, also vorn.

TIPP

Lesen Sie die Anleitung zuerst in Ruhe durch und markieren Sie sich alle Angaben der Größe, die Sie stricken möchten. So haben Sie beim Stricken gleich die entsprechenden Zahlen markiert und müssen nicht lange suchen.

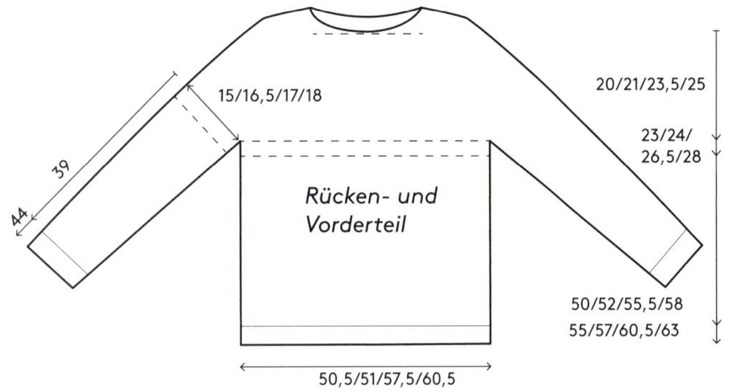

SO GEHT'S:

Mit Nd-Spiel 4,0 mm 64/64/68/68 M in der HF anschl. Die Arbeit zur Rd schließen und den Rd-Beginn (hintere Mitte) mit einem MM kennzeichnen. 6 Rd im Bündchenmuster str.

Zur kurzen Rundstrick-Nd 4,0 mm wechseln. Wie folgt str und die ersten Zun arbeiten:

Größe S und M:

1. Zun-Rd: * 2 M rechts, 1 M linksgeneigt aus dem QF zun, ab * stets wdh (= 96 M).

3 Rd glatt rechts str.

Größe L und XL:

1. Zun-Rd: * 2 M rechts, 1 M linksgeneigt aus dem QF zun, ab * stets wdh (= 102 M).

1 Rd glatt rechts str.

2. Zun-Rd: 1 M rechts, 1 M linksgeneigt aus dem QF zun, 25x [4 M rechts, 1 M linksgeneigt aus dem QF zun], 1 M rechts (= 128 M).

Nun werden verkürzte R gestrickt:

1. R (Hin-R): Vom Rd-Beginn (hintere Mitte) 32/34/36/38 M rechts str, Arbeit wenden.

2. R (Rück-R): DM, bis zur hinteren Mitte links str, nochmals 32/34/36/38 M links str, Arbeit wenden.

3. R (Hin-R): DM, bis 3 M nach der letzten DM rechts str, dabei die DM als 1 M rechts abstr, Arbeit wenden.

4. R (Rück-R): DM, bis 3 M nach der letzten DM links str, die DM als 1 M links abstr, Arbeit wenden.

Die letzten beiden R (3. und 4. R) 1x wdh, es werden insgesamt 3 DM je Seite gearbeitet.

Dann 2 Rd alle M rechts str, dabei in der 1. Rd die DM als 1 M abstr.

Nun wie folgt die 2. bzw. 3. Zun-Rd arbeiten:

Größe S:

2. Zun-Rd: 1 M linksgeneigt aus dem QF zun, 32x [3 M rechts, 1 M linksgeneigt aus dem QF zun], 1 M linksgeneigt aus dem QF zun (= 130 M).

Größe M:

2. Zun-Rd: 4 M rechts, 44x [2 M rechts, 1 M linksgeneigt aus dem QF zun], 4 M rechts (= 140 M).

Größe L:

3. Zun-Rd: 1 M rechts, 1 M linksgeneigt aus dem QF zun, 21x [6 M rechts, 1 M linksgeneigt aus dem QF zun], 1 M rechts (= 150 M).

Größe XL:

3. Zun-Rd: * 4 M rechts, 1 M linksgeneigt aus dem QF zun, ab * stets wdh (= 160 M).

Zur kurzen Rundstrick-Nd 6,0 mm wechseln.

Das Passenmuster nach dem Zählmuster str. Den Mustersatz von zu Beginn 10 M 13x/14x/15x/16x pro Rd arbeiten (= 130/140/150/160 M). Die 1.–33. Rd 1x str. In der 5., 10., 16. und 26. Rd wie gezeichnet zun. Nach der 26. Rd werden 13/14/15/16 Mustersätze zu je 18 M pro Rd gestrickt (= 234/252/270/288 M). Bei Bedarf zur langen Rundstrick-Nd 6,0 mm wechseln. GLEICHZEITIG bei einer Gesamthöhe ab Anschlag vordere Mitte von 20/21/23,5/25 cm die M wie folgt für Ärmel und Body aufteilen:

Von der hinteren Mitte 37/40/43/46 M rechts für das Rückenteil, 42/46/49/52 M für den Ärmel stilllegen, 3 M dazu anschl (dabei dem Passenmuster weiter folgen), MM setzen (= neuer Rd-Beginn), 3 M dazu anschl (dabei dem Passenmuster weiter folgen), 75/80/86/92 M rechts für das Vorderteil, 42/46/49/52 M für den Ärmel stilllegen, 6 M dazu anschl (dabei dem Passenmuster weiter folgen), 38/40/43/46 M rechts für das Rückenteil bis hintere Mitte.

Je Ärmel sind 42/46/49/52 M + 6 M = 48/52/55/58 M vorhanden. Für Vorder- und Rückenteil sind je 75/80/86/92 M + 12 M vorhanden = Body gesamt = 162/172/184/196 M.

Zur kurzen Rundstrick-Nd 6,0 mm wechseln. Mit der HF und KF 4 weitere 3 cm im Passenmuster str, dann KF 4 abtrennen. Weiter mit Nd 4,0 mm in der HF glatt rechts str, bis der Body ab Ärmel 30/31/32/33 cm misst. Dann zur langen Rundstrick-Nd 3,5 mm wechseln und 5 cm im Bündchenmuster str. Alle M elastisch abk.

ÄRMEL (2X)

HINWEIS: Um Löcher zu vermeiden, an jeder Seite des Armausschnitts 1 M zusätzlich in der Farbe der danebenliegenden Ärmel-M auffassen. Außerdem die neuen M abwechselnd mit der HF und KF 4 im Passenmuster auffassen. In der folgenden Rd die beiden zusätzlichen M mit der jeweiligen Ärmel-M zusstr, um wieder auf die richtige M-Zahl zu kommen.

Die stillgelegten 42/46/49/52 Ärmel-M auf das Nd-Spiel 6,0 mm nehmen und weiter im Passenmuster mit der HF und KF 4 str: Für den Armausschnitt in der Mitte der dazu angeschlagenen M des Bodys beginnend 3 M (+ 1 M siehe Hinweis) für den Ärmel herausstr, die Ärmel-M rechts str, aus den dazu angeschlagenen M des Bodys 3 M (+ 1 M siehe Hinweis) für den Ärmel herausstr, MM setzen (= Rd-Beginn); in der folgenden Rd wie oben beschrieben die beiden zusätzlichen M zusstr (= 48/52/55/58 M); dabei zugleich in der 1. Rd zum Anpassen der M-Zahl für für Größe L 1 M zun und für Größe XL verteilt 2 M zun (= 48/52/56/60 M).

Nun weiter im Passenmuster mit der HF und KF 4 str, bis die Ärmelpasse auf der gleichen Höhe ist wie die Bodypasse. Dann die KF 4 abtrennen.

Weiter mit Nd-Spiel 4,0 mm in der HF glatt rechts str.

Für die Ärmelschrägung bei 8 cm ab Ärmelbeginn die 1. Abn-Rd wie folgt arbeiten: 2 M rechts, 2 M rechts zusstr, rechts str bis 4 M vor MM, 2 M rechts überzogen zusstr, 2 M rechts (= 2 M abgenommen = 46/50/54/58 M).

Diese Abn-Rd 3x/5x/5x/7x in jeder 22./13./13./9. Rd wdh (= 40/40/44/44 M).

Weiter glatt rechts in Rd str, bis der Ärmel ca. 39 cm oder 5 cm weniger als die gewünschte Länge misst. Nun zu Nd-Spiel 3,5 mm wechseln und 5 cm im Bündchenmuster in der HF str. Alle M elastisch abk.

FERTIGSTELLUNG

Alle Fäden sauber vernähen. Den Pullover von links vorsichtig in Form stecken und unter feuchten Tüchern trocknen lassen.

ZÄHLMUSTER PASSE

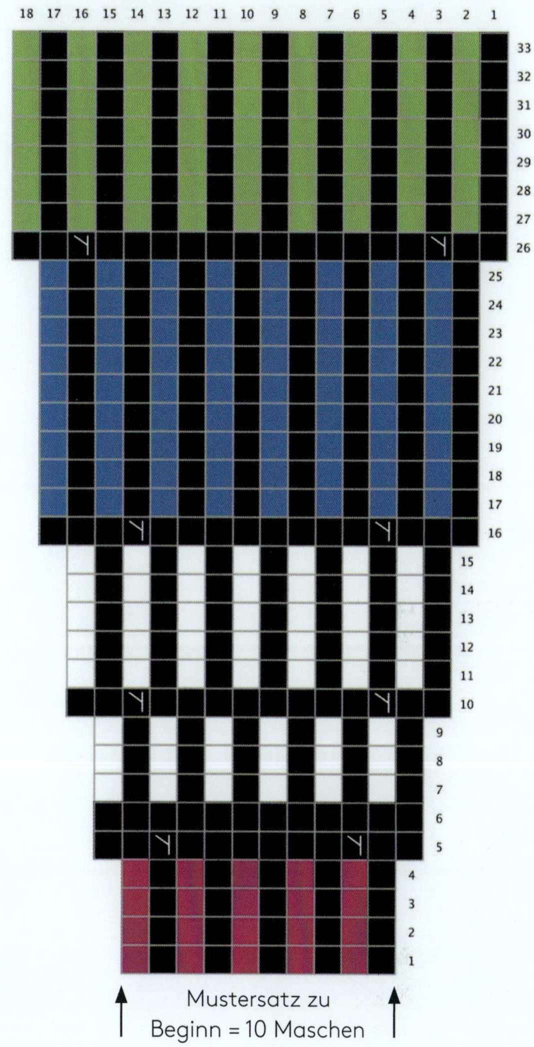

Mustersatz zu Beginn = 10 Maschen

LEGENDE

- = HF: Schwarz
- = KF 1: Purpurrot
- = KF 2: Rohweiß
- = KF 3: Blaupetrol
- = KF 4: Kiwigrün
- = 1 M linksgeneigt aus dem QF zun

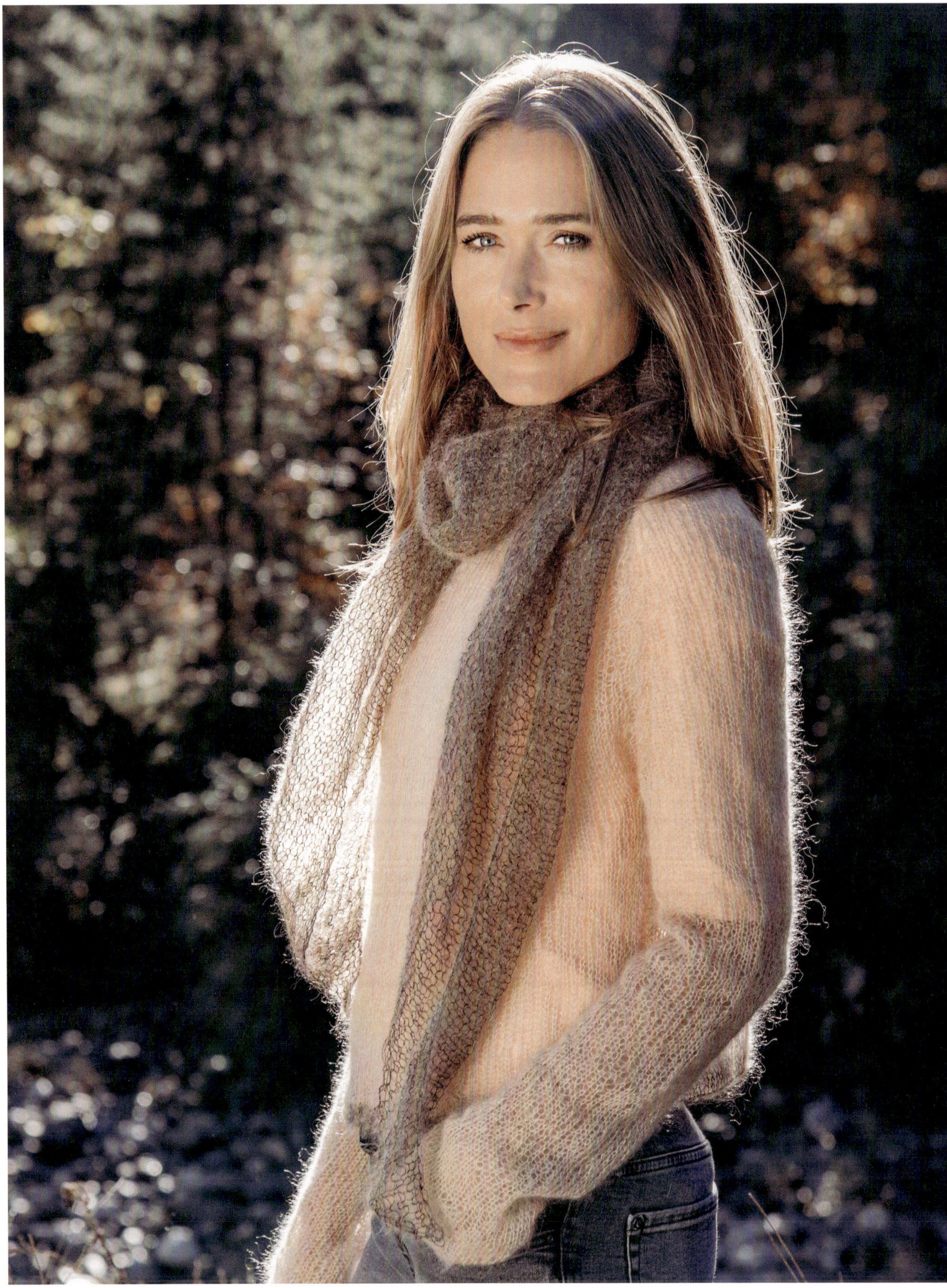

VALA

Pullover mit Zopfmuster

Regular Fit
Unser Model trägt Größe S

GRÖSSE

S, M, L, XL

Mehrweite von ca. 14 cm

HINWEIS: Die Angaben für die einzelnen Größen stehen von der kleinsten bis zur größten Größe hintereinander, jeweils durch Schrägstriche getrennt. Steht nur eine Angabe, gilt diese für alle Größen.

Brustumfang: 102/110/118/125 cm

Ärmelbreite: 15,5/16/17/17,5 cm

MATERIAL

- Isager Silk Mohair (75 % Super Kid Mohair, 25 % Seide, LL 212 m/25 g) in Nude (Fb 6), 75/75/100/125 g, und in Braun (Fb 7), Rest

HINWEIS: Die Banderolen überprüfen und nur Knäuel der gleichen Farbpartie verwenden. Der Materialverbrauch kann von Person zu Person variieren.

- 2 Rundstricknadeln 4,5 mm, 40 cm und 80 cm lang
- Nadelspiel 4,5 mm
- Hilfs- oder Zopfnadel
- Wollnadel zum Vernähen der Fäden
- Maschenmarkierer

MASCHENPROBE

Im Zopfmuster mit Nd 4,5 mm:
16 M und 26 R = 10 cm x 10 cm

FARBAUFTEILUNG

HF: Nude

KF: Braun

GRUNDMUSTER

Glatt rechts in Runden

Stets rechte M str.

Zopfmuster

In allen Rd nach der jeweiligen Strickschrift str.

Strickschrift 1: Den Mustersatz von 20 M stets wdh. Die 1.–12. Rd 1x str, dabei in der 12. Rd wie gezeichnet zun.

Strickschrift 2: Den Mustersatz von zu Beginn 24 M stets wdh. Die 1.–6. Rd wie in der Anleitung angegeben wdh. Dabei stets die Zun in der 6. Rd arb (= es werden 4 M je Mustersatz zugenommen). Die M-Zahl der Glatt-rechts-Bereiche zwischen den Zöpfen vergrößert sich entsprechend (nicht in der Strickschrift gezeichnet).

TIPP

Lesen Sie die Anleitung zuerst in Ruhe durch und markieren Sie sich alle Angaben der Größe, die Sie stricken möchten. So haben Sie beim Stricken gleich die entsprechenden Zahlen markiert und müssen nicht lange suchen.

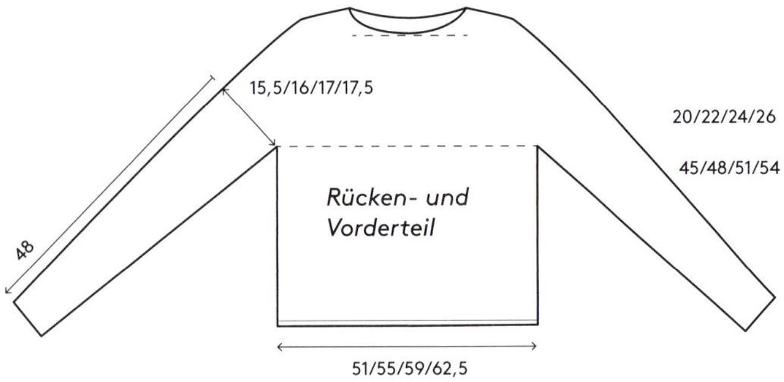

SO GEHT'S:

Mit der kurzen Rundstrick-Nd 4,5 mm 80/80/100/100 M in der HF anschl. Die Arbeit zur Rd schließen und den Rd-Beginn (hintere Mitte) mit einem MM kennzeichnen.

Im Zopfmuster nach Strickschrift 1 str. Den Mustersatz von 20 M 4x/4x/5x/5x pro Rd arbeiten. Die 1.–12. Rd 1x str, dabei in der 12. Rd wie gezeichnet zun (= 96/96/120/120 M).

Nun weiter im Zopfmuster nach Strickschrift 2 str. Den Mustersatz von zu Beginn 24 M 4x/4x/5x/5x pro Rd arbeiten. Die 1.–6. Rd stets wdh. Dabei stets die Zun in der 6. Rd arb (= es werden 4 M je Mustersatz zugenommen). Die Glatt-rechts-Bereiche zwischen den Zöpfen vergrößern sich entsprechend (4 M – 6 M – 8 M – 10 M usw.).

GLEICHZEITIG im ersten Höhenrapport des Zopfmusters in der 3. Rd der Strickschrift 2 wie folgt verkürzte R str, dabei die Zöpfe mustergemäß arbeiten:

1. R (Hin-R): Vom Rd-Beginn (hintere Mitte) 27/27/36/36 M rechts str, Arbeit wenden.

2. R (Rück-R): DM, bis zur hinteren Mitte links str, nochmals 27/27/36/36 M links str, Arbeit wenden.

3. R (Hin-R): DM, bis 3 M vor der letzten DM str, Arbeit wenden.

4. R (Rück-R): DM, bis 3 M vor letzter DM str, Arbeit wenden.

Die letzten beiden R (3. und 4. R) 1x wdh, es werden insgesamt 3 DM je Seite gearbeitet.

Dann 1 Rd alle M rechts str, dabei die DM als 1 M abstr.

Die 1–6. Rd des Zopfmusters nach Strickschrift 2 insgesamt 9x/10x/11x/12x arbeiten (= 240/256/272/288 M).

GLEICHZEITIG bei einer Gesamthöhe von 20/22/24/26 cm ab Anschlag wieder in einer 3. Rd des Höhenrapports für die Formgebung verkürzte R str:

1. R (Hin-R): Vom Rd-Beginn (hintere Mitte) 80/84/88/92 M rechts, Arbeit wenden.

2. R (Rück-R): DM, bis zur hinteren Mitte links str, nochmals 80/84/88/92 M links str, Arbeit wenden.

3. R (Hin-R): DM, bis 5 M nach der letzten DM str, dabei die DM als 1 M rechts abstr. Arbeit wenden.

4. R (Rück-R): DM, bis 5 M nach der letzten DM str, dabei die DM als 1 M links abstr. Arbeit wenden.

Die letzten beiden R (3. und 4. R) 1x wdh, es werden insgesamt 3 DM je Seite gearbeitet.

Dann 1 Rd alle M rechts str, die DM dabei als 1 M abstr.

In der folgenden Rd die M wie folgt für Ärmel und Body aufteilen:

Von der hinteren Mitte 38/41/44/47 M rechts str für das Rückenteil, 44/46/48/50 M für den Ärmel stilllegen, 3 M dazu anschl, MM setzen (= neuer Rd-Beginn), 3 M dazu anschl, 76/82/88/94 M rechts str für das Vorderteil, 44/46/48/50 M für den Ärmel stilllegen, 6 M dazu anschl, 38/41/44/47 M rechts str für das Rückenteil bis hintere Mitte.

Je Ärmel sind 44/46/48/50 M + 6 M = 50/52/54/56 M vorhanden. Für Vorder- und Rückenteil sind je 76/82/88/94 M + 12 M vorhanden = Body gesamt = 164/176/188/200 M.

Weiter im Zopfmuster str (dabei die neu aufgenommenen Ärmel-M glatt rechts abstr), bis der Body ab Ärmel 24/25/26/27 cm misst. Zur KF wechseln und 4 Rd glatt rechts str. Dann alle M elastisch abk.

ÄRMEL (2X)

HINWEIS: Um Löcher zu vermeiden, empfiehlt es sich, an jeder Seite des Armausschnitts 1 M zusätzlich aufzufassen. In der folgenden Rd die beiden zusätzlichen M mit der jeweiligen Ärmel-M zusstr, um wieder auf die richtige M-Zahl zu kommen.

Die stillgelegten 44/46/48/50 Ärmel-M auf das Nd-Spiel 4,5 mm aufnehmen: Für den Armausschnitt in der Mitte der dazu angeschlagenen M des Bodys beginnend 3 M (+ 1 M siehe Hinweis) für den Ärmel herausstr, die Ärmel-M rechts str, aus den dazu angeschlagenen M des Bodys 3 M (+ 1 M siehe Hinweis) für den Ärmel herausstr, MM setzen (= Rd-Beginn); in der folgenden Rd wie oben beschrieben die beiden zusätzlichen M zusstr (= 50/52/54/56 M).

Weiter glatt rechts str. Für die Ärmelschrägung bei 8 cm ab Ärmelbeginn die 1. Abn-Rd wie folgt arbeiten: 2 M rechts, 2 M rechts zusstr, rechts str bis 4 M vor MM, 2 M rechts überzogen zusstr, 2 M rechts (= 48/50/52/54 M).

Diese Abn-Rd noch 6x in jeder 16. Rd wdh
(= 36/38/40/42 M).

Weiter glatt rechts in Rd str, bis der Ärmel ca. 48 cm oder die gewünschte Länge misst. Dann alle M elastisch abk.

FERTIGSTELLUNG

Alle Fäden sauber vernähen. Den Pullover von links vorsichtig in Form stecken und unter feuchten Tüchern trocknen lassen.

STRICKSCHRIFT 1

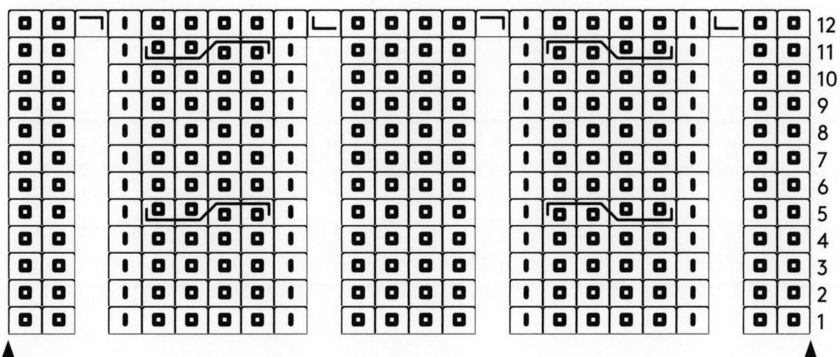

Mustersatz = 20 Maschen

STRICKSCHRIFT 2

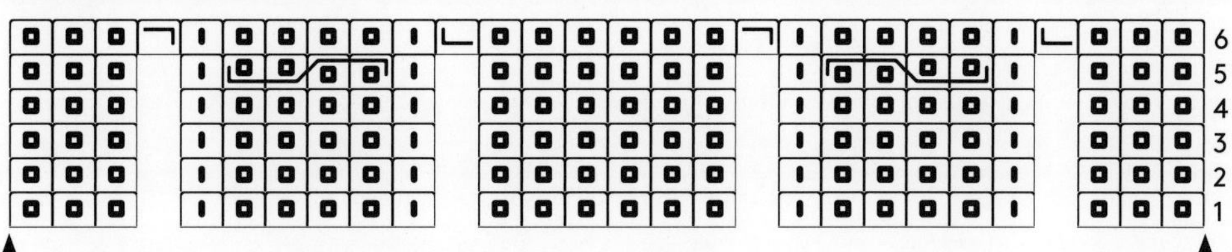

Mustersatz zu Beginn = 24 Maschen

LEGENDE

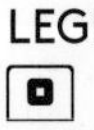 = 1 M rechts

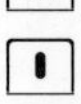 = 1 M links

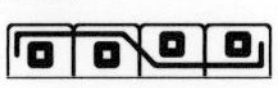 = 4 M nach links verkreuzen: 2 M auf eine Hilfs-Nd vor die Arbeit legen, 2 M rechts str, dann die M der Hilfs-Nd rechts str

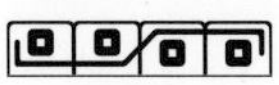 = 4 M nach rechts verkreuzen: 2 M auf eine Hilfs-Nd hinter die Arbeit legen, 2 M rechts str, dann die M der Hilfs-Nd rechts str

 = 1 M linksgeneigt aus dem QF zun

 = 1 M rechtsgeneigt aus dem QF zun

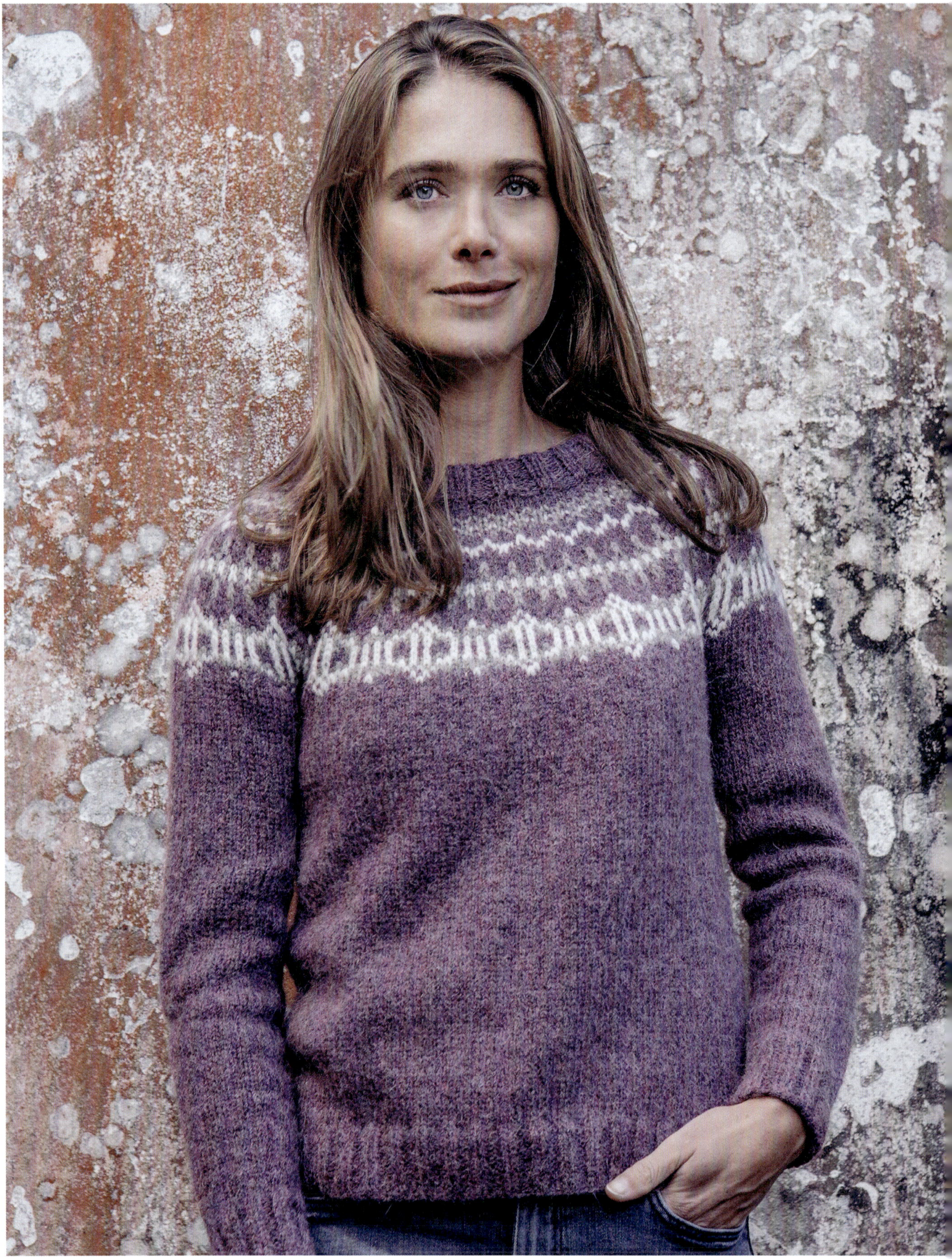

ÁSTHILDUR

Pullover mit Jacquardmuster

Slim Fit

Unser Model trägt Größe S

GRÖSSE

S, M, L, XL

Mehrweite von maximal 6 cm

HINWEIS: Die Angaben für die einzelnen Größen stehen von der kleinsten bis zur größten Größe hintereinander, jeweils durch Schrägstriche getrennt. Steht nur eine Angabe, gilt diese für alle Größen.

Brustumfang: 91/102/108/114 cm

Ärmelbreite: 14/15,5/16/16,5 cm

MATERIAL

- Lana Grossa Alta Moda Alpaca (90 % Alpaka, 5 % Schurwolle, 5 % Polyamid, LL 140 m/50 g) in Brombeer/Grau meliert (Fb 20), 350/400/450/500 g, in Rohweiß (Fb 14) und Grau/Beige meliert (Fb 15), je 50 g

HINWEIS: Die Banderolen überprüfen und nur Knäuel der gleichen Farbpartie verwenden. Der Materialverbrauch kann von Person zu Person variieren.

- 2 Rundstricknadeln 4,0 mm, 40 cm und 80 cm lang lang
- Rundstricknadel 4,5 mm, 60 cm lang
- 2 Rundstricknadeln 6,0 mm, 60 cm und 80 cm lang
- Nadelspiele 4,0 mm und 4,5 mm
- Wollnadel zum Vernähen der Fäden
- Maschenmarkierer

MASCHENPROBE

Glatt rechts mit einer Fb und Nd 4,5 mm:
20 M und 28 R = 10 cm x 10 cm

HINWEIS: Weil jeder unterschiedlich strickt, sollte eine Probe des mehrfarbigen Jacquardmusters gemacht werden, um herauszufinden, ob eine Nd-Stärke größer oder kleiner nötig ist, um die oben angegebene M-Probe beizubehalten. Dabei empfiehlt sich Nd-Stärke 6,0 mm.

FARBAUFTEILUNG

HF: Brombeer/Grau meliert

KF 1: Rohweiß

KF 2: Grau/Beige meliert

GRUNDMUSTER

Bündchenmuster in Runden

2 M rechts, 2 M links im Wechsel str.

Glatt rechts in Runden

Stets rechte M str.

Jacquardmuster in Runden

Alle Rd glatt rechts nach dem jeweiligen Zählmuster str. Den Mustersatz stets wdh.

Zählmuster 1: Mustersatz von 6 M. Die 1.–5. Rd 1x str.

Zählmuster 2: Mustersatz von 8 M zu Beginn. Die 1.–4. Rd 1x str. In der 3. Rd wie gezeichnet zun.

Zählmuster 3: Mustersatz von 12 M zu Beginn. Die 1.–21. Rd 1x str. In der 7. und 13. Rd wie gezeichnet zun.

HINWEIS: Die Fäden nach max. jeder 3. M einweben. Die KF liegt jeweils unten am Finger, also vorn.

TIPP

Lesen Sie die Anleitung zuerst in Ruhe durch und markieren Sie sich alle Angaben der Größe, die Sie stricken möchten. So haben Sie beim Stricken gleich die entsprechenden Zahlen markiert und müssen nicht lange suchen.

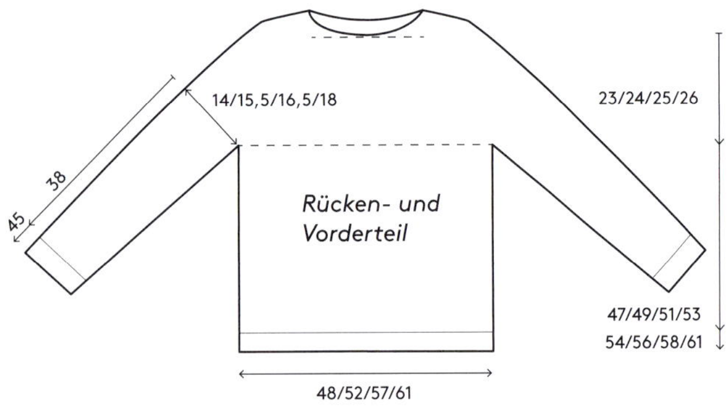

SO GEHT'S:

Mit der kurzen Rundstrick-Nd 4,0 mm 96/96/100/100 M in der HF anschl. Die Arbeit zur Rd schließen und den Rd-Beginn (hintere Mitte) mit einem MM kennzeichnen. 8 cm im Bündchenmuster str.

Nun die 1. Zun-Rd arbeiten wie folgt:

Größe S und M:

1. Zun-Rd: 3 M rechts, 30x [3 M rechts, 1 M linksgeneigt aus dem QF zun], 3 M rechts (= 126 M).

Größe L und XL:

1. Zun-Rd: 2 M rechts, 32x [3 M rechts 1 M linksgeneigt aus dem QF zun], 2 M rechts (= 132 M).

Nun werden verkürzte R gestrickt:

1. R (Hin-R): Vom Rd-Beginn (hintere Mitte) 40/42/44/46 M rechts, Arbeit wenden.

2. R (Rück-R): DM, bis hintere Mitte links str, nochmals 40/42/44/46 M links str, Arbeit wenden.

3. R (Hin-R): DM, bis 3 M nach der letzten DM rechts str, dabei die DM als 1 M rechts abstr, Arbeit wenden.

4. R (Rück-R): DM, bis 3 M nach der letzten DM links str, dabei die DM als 1 M links abstr, Arbeit wenden.

Die letzten beiden R (3. und 4. R) 1x wdh, es werden insgesamt 3 DM je Seite gearbeitet.

2 Rd alle M rechts str, dabei in der 1. Rd die DM als 1 M abstr.

Das Jacquardmuster nach Zählmuster 1 str. Den Mustersatz von 6 M 21x/21x/22x/22x pro Rd str (= 126/126/132/132 M).

Anschließend die 2. und 3. Zun-Rd in der HF arbeiten:

Größe S:

2. Zun-Rd: 1 M rechts, 31x [4 M rechts, 1 M linksgeneigt aus dem QF zun, 1 M rechts (= 157 M).

3. Zun-Rd: 1 M rechts, 3x [52 M rechts, 1 M linksgeneigt aus dem QF zun] (= 160 M).

Größe M:

2. Zun-Rd: * 2 M rechts, 1 M linksgeneigt aus dem QF zun, ab * stets wdh (= 189 M).

3. Zun-Rd: * 63 M rechts, 1 M linksgeneigt aus dem QF zun, ab * stets wdh (= 192 M).

Größe L:

2. Zun-Rd: * 2 M rechts, 1 M linksgeneigt aus dem QF zun, ab * stets wdh (= 198 M).

3. Zun-Rd: 4 M rechts, 10x [19 M rechts, 1 M linksgeneigt aus dem QF zun], 4 M rechts (= 208 M).

Größe XL:

2. Zun-Rd: * 2 M rechts, 1 M linksgeneigt aus dem QF zun, ab * stets wdh (= 198 M).

3. Zun-Rd: 8 M rechts, 26x [7 M rechts, 1 M linksgeneigt aus dem QF zun], 8 M rechts (= 224 M).

Zur kurzen Rundstrick-Nd 6,0 mm wechseln.

Das Jacquardmuster nach Zählmuster 2 str. Den Mustersatz von 8 M zu Beginn pro Rd 20x/24x/26x/28x arbeiten. Die 1.–4. Rd 1x str. In der 3. Rd wie gezeichnet zun. In der 4. Rd werden 20/24/26/28 Mustersätze von je 9 M gestrickt (= 180/216/234/252 M).

Anschließend die 4. Zun-Rd für Größe S, M und L in der HF arbeiten:

Größe S:

4. Zun-Rd: 6 M rechts, 24x [7 M rechts, 1 M linksgeneigt aus dem QF zun], 6 M rechts (= 204 M).

Größe M:

4. Zun-Rd: * 18 M rechts, 1 M linksgeneigt aus dem QF zun, ab * stets wdh (= 228 M).

Größe L:

4. Zun-Rd: * 39 M rechts, 1 M linksgeneigt aus dem QF zun, ab * stets wdh (= 240 M).

Größe XL:

1 Rd glatt rechts ohne Zun in der HF str.

Das Jacquardmuster nach Zählmuster 3 str. Den Mustersatz von 12 M zu Beginn pro Rd 17x/19x/20x/21x arbeiten (= 204/228/240/252 M). Die 1.–21. Rd 1x str. In der 7. und 13. Rd wie gezeichnet zun. Nach der 13. Rd werden 17/19/20/21 Mustersätze von je 16 M gestrickt (= 272/304/320/336 M). Bei Bedarf zur langen Rundstrick-Nd 6,0 mm wechseln.

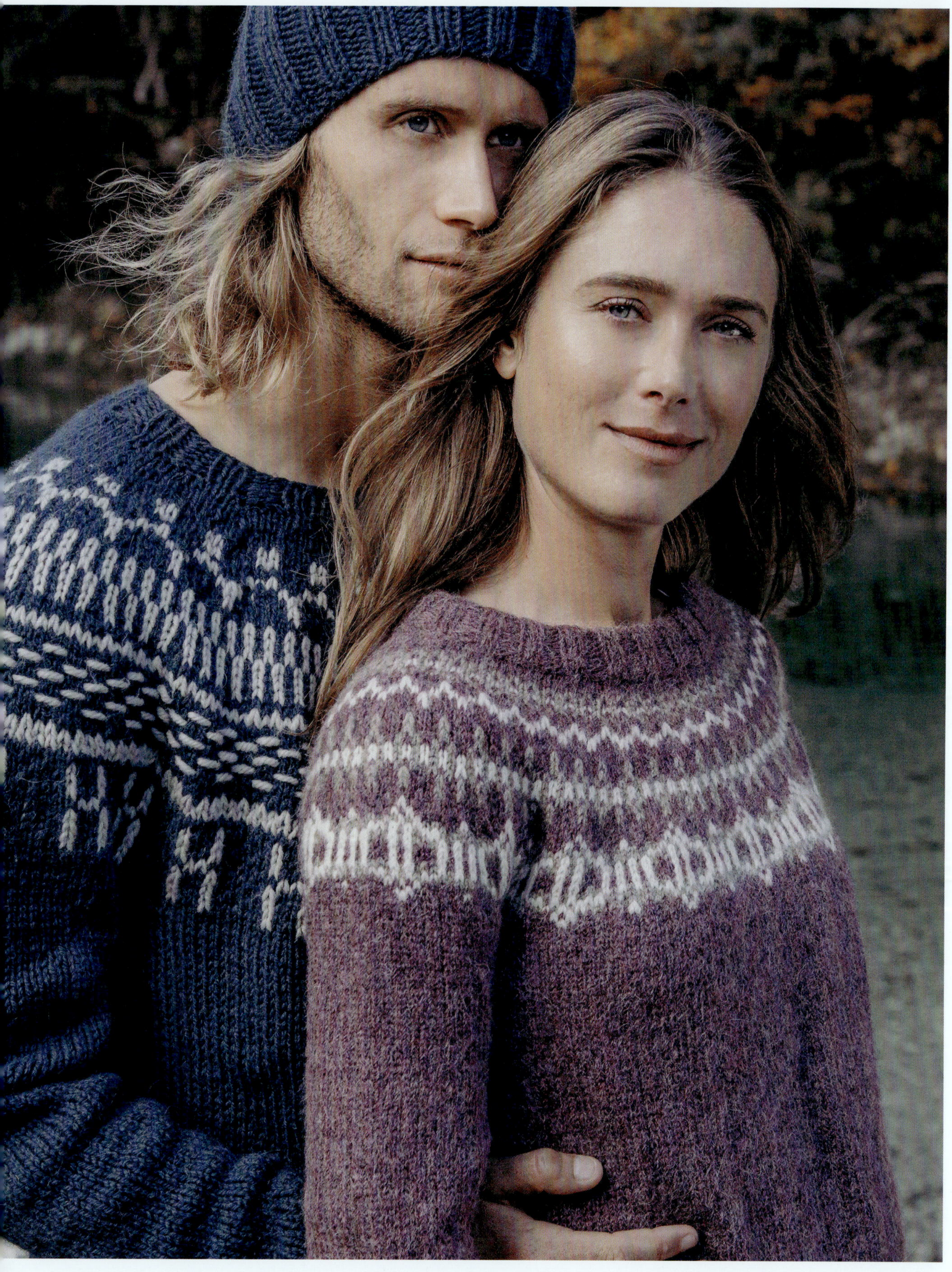

Nach Abschluss des Jacquardmusters zu Rundstrick-Nd 4,5 mm wechseln und ggf. glatt rechts in der HF str, bis eine Gesamthöhe ab Anschlag vordere Mitte von 22/23/25/27 cm erreicht ist. Dann die M wie folgt für Ärmel und Body aufteilen: Von der hinteren Mitte 43/48/51/54 M rechts für das Rückenteil, 50/56/58/60 M für den Ärmel stilllegen, 3 M dazu anschl, MM setzen (= neuer Rd-Beginn), 3 M dazu anschl, 86/96/102/108 M für das Vorderteil, 50/56/58/60 M für den Ärmel stilllegen, 6 M dazu anschl, 43/48/51/54 M rechts für das Rückenteil bis hintere Mitte.

Je Ärmel sind 50/56/58/60 M + 6 M = 56/62/64/66 M vorhanden. Für Vorder- und Rückenteil sind je 86/96/102/108 M + 12 M vorhanden = Body gesamt = 184/204/216/228 M.

Weiter mit Rundstrick-Nd 4,5 mm in der HF glatt rechts str, bis der Body ab Ärmel 32/33/34/35 cm misst. Nun zur langen Rundstrick-Nd 4,0 mm wechseln und 5 cm im Bündchenmuster str. Alle M elastisch abk.

ÄRMEL (2X)

HINWEIS: Um Löcher zu vermeiden, empfiehlt es sich, an jeder Seite des Armausschnitts 1 M zusätzlich aufzufassen. In der folgenden Rd die beiden zusätzlichen M mit der jeweiligen Ärmel-M zusstr, um wieder auf die richtige M-Zahl zu kommen.

Die stillgelegten 50/56/58/60 Ärmel-M auf das Nd-Spiel 3,5 mm nehmen und weiter in der HF glatt rechts str: Für den Armausschnitt in der Mitte der dazu angeschlagenen M des Bodys beginnend 3 M (+ 1 M siehe Hinweis) für den Ärmel herausstr, die Ärmel-M rechts str, aus den dazu angeschlagenen M des Bodys 3 M (+ 1 M siehe Hinweis) für den Ärmel herausstr, MM setzen (= Rd-Beginn); in der folgenden Rd wie oben beschrieben die beiden zusätzlichen M zusstr (= 56/62/64/66 M).

Weiter in der HF glatt rechts str. Für die Ärmelschrägung bei 8 cm ab Ärmelbeginn die 1. Abn-Rd wie folgt arbeiten: 2 M rechts, 2 M rechts zusstr, rechts str bis 4 M vor MM, 2 M rechts überzogen zusstr, 2 M rechts (= 2 M abgenommen = 54/60/62/64 M).

Diese Abn-Rd 5x/7x/7x/8x in jeder 16./11./11./9. Rd wdh (= 44/46/48/48 M).

Nur für Größe M zum Anpassen der M-Zahl für das Bündchenmuster weitere 2 M gleichmäßig verteilt abn (44/44/48/48 M). Weiter glatt rechts in Rd str, bis der Ärmel ca. 42 cm oder 6 cm weniger als die gewünschte Länge misst. Zu Nd-Spiel 4,0 mm wechseln und 6 cm im Bündchenmuster in der HF str. Alle M elastisch abk.

FERTIGSTELLUNG

Den Kragen vorsichtig nach innen einklappen und mit einem Faden in der HF rundherum mit Überwendlingsstichen annähen. Alle Fäden sauber vernähen. Den Pullover von links vorsichtig in Form stecken und unter feuchten Tüchern trocknen lassen.

ZÄHLMUSTER 1

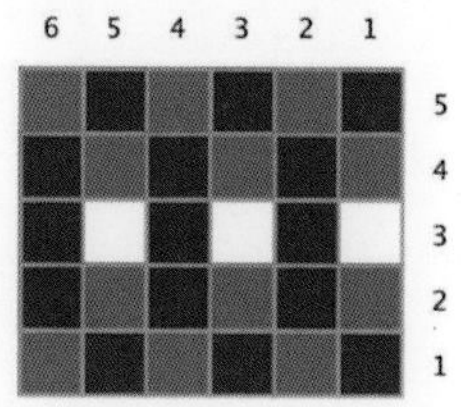

Mustersatz =
6 Maschen

ZÄHLMUSTER 2

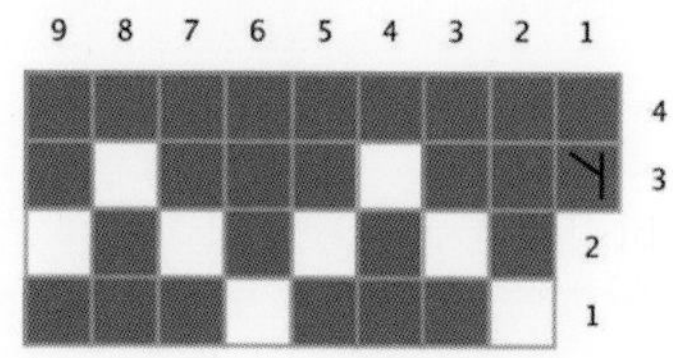

Mustersatz zu
Beginn = 8 Maschen

ZÄHLMUSTER 3

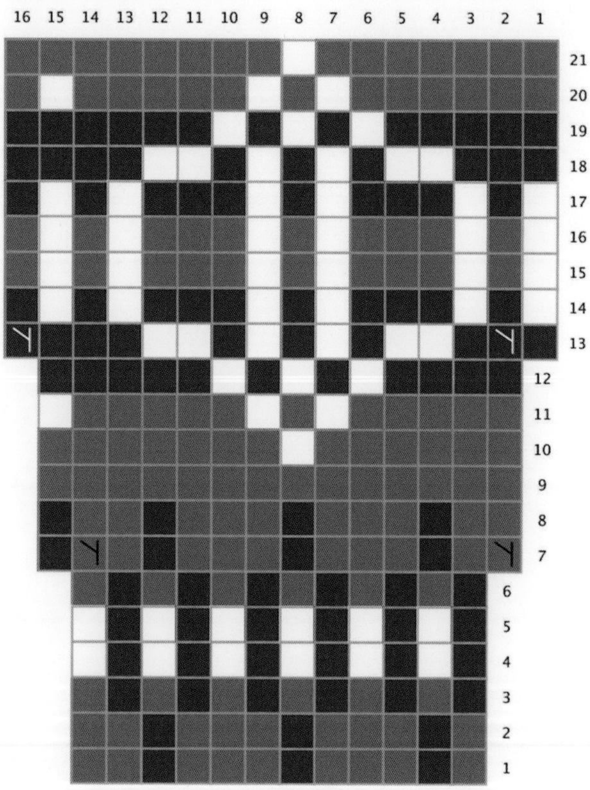

Mustersatz zu
Beginn = 12 Maschen

LEGENDE

- = HF: Brombeer/Grau meliert
- = KF 1: Rohweiß
- = KF 2: Grau/Beige meliert
- = 1 M linksgeneigt aus dem QF zun

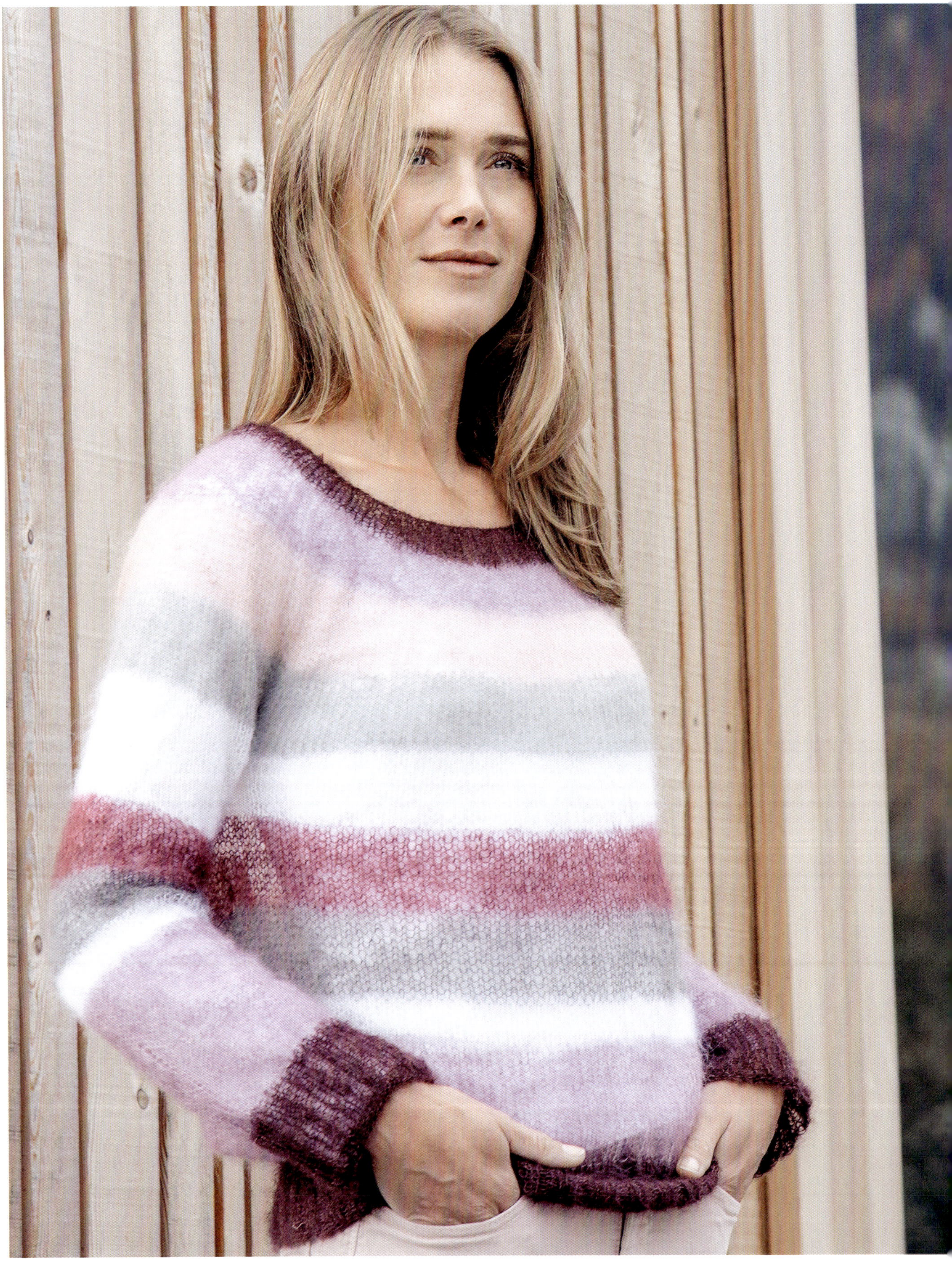

SVALA

Pullover mit Streifen

Loose Fit
Unser Model trägt Größe S

GRÖSSE

S, M, L, XL

Mehrweite von mindestens 18 cm

HINWEIS: Die Angaben für die einzelnen Größen stehen von der kleinsten bis zur größten Größe hintereinander, jeweils durch Schrägstriche getrennt. Steht nur eine Angabe, gilt diese für alle Größen.

Brustumfang: 108/114/120/126 cm

Ärmelbreite: 16,5/17,5/18,5/19 cm

MATERIAL

- Rowan Kidsilk Haze (70 % Mohair, 30 % Seide, 210 m/25 g) in Blackcurrant (Fb 641) und Dewberry (Fb 600), je 25/50/50/50 g, in Pearl (Fb 590), Steel (Fb 664), White (Fb 612), Purplicious (Fb 678), Smoke (Fb 605), je 25 g

HINWEIS: Die Banderolen überprüfen und nur Knäuel der gleichen Farbpartie verwenden. Der Materialverbrauch kann von Person zu Person variieren.

- Rundstricknadel 3,5 mm, 40 cm lang
- 2 Rundstricknadeln 4,0 mm, 40 cm und 80 cm lang
- Nadelspiele 4,0 mm und 3,5 mm
- Wollnadel zum Vernähen der Fäden
- Maschenmarkierer

MASCHENPROBE

Glatt rechts mit Nd 4,0 mm:
14 M und 26 R = 10 cm x 10 cm

FARBAUFTEILUNG

Fb 1: Blackcurrant

Fb 2: Dewberry

Fb 3: Pearl

Fb 4: Steel

Fb 5: White

Fb 6: Purplicious

Fb 7: Smoke

GRUNDMUSTER

Bündchenmuster in Runden

2 M rechts, 2 M links im Wechsel str.

Glatt rechts in Runden

Stets rechte M str.

TIPP

Lesen Sie die Anleitung zuerst in Ruhe durch und markieren Sie sich alle Angaben der Größe, die Sie stricken möchten. So haben Sie beim Stricken gleich die entsprechenden Zahlen markiert und müssen nicht lange suchen.

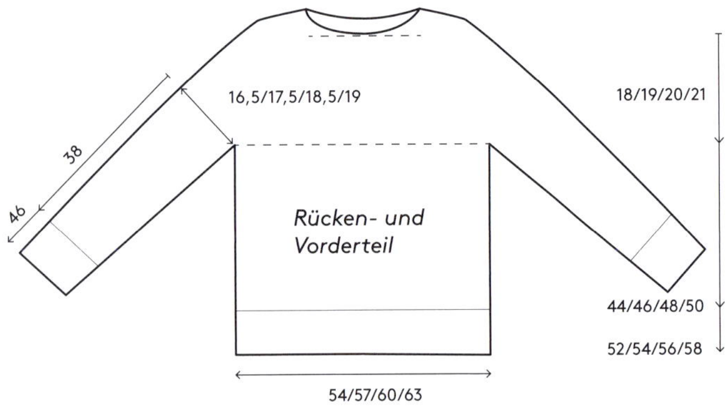

SO GEHT'S:

Mit der kurzen Rundstrick-Nd 3,5 mm 112/112/116/116 M in Fb 1 anschl. Die Arbeit zur Rd schließen und den Rd-Beginn (hintere Mitte) mit einem MM kennzeichnen. 4 cm im Bündchenmuster str.

Dann zu Fb 2 und zur kurzen Rundstrick-Nd 4,0 mm wechseln und 1 Rd glatt rechts str.

Nun die 1. Zun-Rd wie folgt arbeiten:

Größe S und M:

1. Zun-Rd: 2 M rechts, 36x [3 M rechts, 1 M linksgeneigt aus dem QF zun], 2 M rechts (= 148 M).

1 Rd glatt rechts str.

Größe L und XL:

1. Zun-Rd: * 2 M rechts, 1 M linksgeneigt aus dem QF zun, ab * stets wdh (= 174 M).

Nun werden verkürzte R gestrickt:

1. R (Hin-R): Vom Rd-Beginn (hintere Mitte) 46/48/50/52 M rechts str, Arbeit wenden.

2. R (Rück-R): DM, bis zur hinteren Mitte links str, nochmals 46/48/50/52 M links str, Arbeit wenden.

3. R (Hin-R): DM, bis 3 M nach der letzten DM rechts str, dabei die DM als 1 M rechts abstr, Arbeit wenden.

4. R (Rück-R): DM, bis 3 M nach der letzten DM links str, die DM als 1 M links abstr, Arbeit wenden.

Die letzten beiden R (3. und 4. R) 1x wdh, es werden insgesamt 3 DM je Seite gearbeitet.

Dann 1 Rd alle M rechts str, dabei die DM als 1 M abstr.

7 Rd glatt rechts str.

Dann die nächsten Zun arbeiten wie folgt:

Größe S:

2. Zun-Rd: * 4 M rechts, 1 M linksgeneigt aus dem QF zun, ab * stets wdh (= 185 M).

1 Rd glatt rechts str.

Größe M:

2. Zun-Rd: * 4 M rechts, 1 M linksgeneigt aus dem QF zun, ab * stets wdh (= 185 M).

3. Zun-Rd: 2 M rechts, 15x [12 M rechts, 1 M linksgeneigt aus dem QF zun], 3 M rechts (= 200 M).

Größe L:

2. Zun-Rd: 1 M rechts, 43x [4 M rechts, 1 M linksgeneigt aus dem QF zun], 1 M rechts (= 217 M)

3. Zun-Rd: * 31 M rechts, 1 M linksgeneigt aus dem QF zun, ab * stets wdh (= 224 M).

Größe XL:

2. Zun-Rd: * 3 M rechts, 1 M linksgeneigt aus dem QF zun, ab * stets wdh (= 232 M).

3. Zun-Rd: * 29 M rechts, 1 M linksgeneigt aus dem QF zun, ab * stets wdh (= 240 M).

Zur langen Rundstrick-Nd 4,0 mm wechseln und wie folgt die Passenstreifen str:

12 Rd glatt rechts in Fb 2.

12 Rd glatt rechts in Fb 3.

1 Rd glatt rechts in Fb 4.

Dann die nächsten Zun in Fb 4 arbeiten wie folgt:

Größe S:

3. Zun-Rd: 5 M rechts, 35x [5 M rechts, 1 M linksgeneigt aus dem QF zun], 5 M rechts (= 220 M).

Größe M:

4. Zun-Rd: * 10 M rechts, 18x [5 M rechts, 1 M linksgeneigt aus dem QF zun], ab * 1x wdh (= 236 M).

Größe L:

4. Zun-Rd: 4 M rechts, 24x [9 M rechts, 1 M linksgeneigt aus dem QF zun], 4 M rechts (= 248 M).

Größe XL:

4. Zun-Rd: * 12 M rechts, 1 M linksgeneigt aus dem QF zun, ab * stets wdh (= 260 M).

Für alle Größen 10 Rd glatt rechts in Fb 4 str.

Glatt rechts in Fb 5 weiterstr. In einer Gesamthöhe von 18/19/20/21 cm ab Anschlag für die Formgebung verkürzte R arbeiten:

1. R (Hin-R): Vom Rd-Beginn (hintere Mitte) 70/74/78/82 M rechts, Arbeit wenden.

2. R (Rück-R): DM, bis zur hinteren Mitte links str, nochmals 70/74/78/82 M links str, Arbeit wenden.

3. R (Hin-R): DM, bis 5 M nach der letzten DM rechts str, dabei die DM als 1 M rechts abstr. Arbeit wenden.

4. R (Rück-R): DM, bis 5 M nach der letzten DM links str, dabei die DM als 1 M links abstr. Arbeit wenden.

Die letzten beiden R (3. und 4. R) 1x wdh, es werden insgesamt 3 DM je Seite gearbeitet.

Dann 1 Rd alle M rechts str, die DM dabei als 1 M abstr.

In der folgenden Rd die M wie folgt für Ärmel und Body aufteilen: Von der hinteren Mitte 35/37/39/41 M rechts str für das Rückenteil, 40/44/46/48 M für den Ärmel stilllegen, 3 M dazu anschl, MM setzen (= neuer Rd-Beginn), 3 M dazu anschl, 70/74/78/82 M rechts str für das Vorderteil, 40/44/46/48 M für den Ärmel stilllegen, 6 M dazu anschl, 35/37/39/41 M rechts str für das Rückenteil bis hintere Mitte.

Je Ärmel sind 40/44/46/48 M + 6 M = 46/50/52/54 M vorhanden. Für Vorder- und Rückenteil sind je 70/74/78/82 M + 12 M vorhanden = Body gesamt = 152/160/168/176 M.

Nach 12 Rd (ab vordere Mitte) glatt rechts in Fb 5 zu Fb 6 wechseln.

12 Rd glatt rechts in Fb 6 str.

12 Rd glatt rechts in Fb 7 str.

6 Rd glatt rechts in Fb 5 str.

Glatt rechts in Fb 2 weiterstr, bis der Body ab Ärmel 26/27/28/29 cm misst. Nun zur langen Rundstrick-Nd 3,5 mm und zu Fb 1 wechseln und 8 cm im Bündchenmuster str. Alle M elastisch abk. Gesamthöhe ab Anschlag vordere Mitte: 52/54/56/58 cm.

ÄRMEL (2X)

HINWEIS: Um Löcher zu vermeiden, empfiehlt es sich, an jeder Seite des Armausschnitts 1 M zusätzlich aufzufassen. In der folgenden Rd die beiden zusätzlichen M mit der jeweiligen Ärmel-M zusstr, um wieder auf die richtige M-Zahl zu kommen.

Die stillgelegten 40/44/46/48 Ärmel-M auf das Nd-Spiel 4,0 mm aufnehmen: Mit Fb 5 für den Armausschnitt in der Mitte der dazu angeschlagenen M des Bodys beginnend 3 M (+ 1 M siehe Hinweis) für den Ärmel herausstr, die Ärmel-M rechts str, aus den dazu angeschlagenen M des Bodys 3 M (+ 1 M siehe Hinweis) für den Ärmel herausstr, MM setzen (= Rd-Beginn); in der folgenden Rd wie oben beschrieben die beiden zusätzlichen M zusstr (= 46/50/52/54 M).

Nun weiter in Fb 5 str, bis der Ärmel auf der gleichen Höhe ist wie der Body in Fb 5. Dann Fb 5 abtrennen und weiter der Streifenfolge des Bodys folgen. Den Streifen in Fb 2 dabei circa 5 cm länger str als am Body, bis der Ärmel ca. 38 cm oder 8 cm weniger als die gewünschte Länge misst. Zu Nd-Spiel 3,5 mm wechseln und 8 cm im Bündchenmuster in Fb 1 str. Alle M elastisch abk.

FERTIGSTELLUNG

Alle Fäden sauber vernähen. Den Pullover von links vorsichtig in Form stecken und unter feuchten Tüchern trocknen lassen.

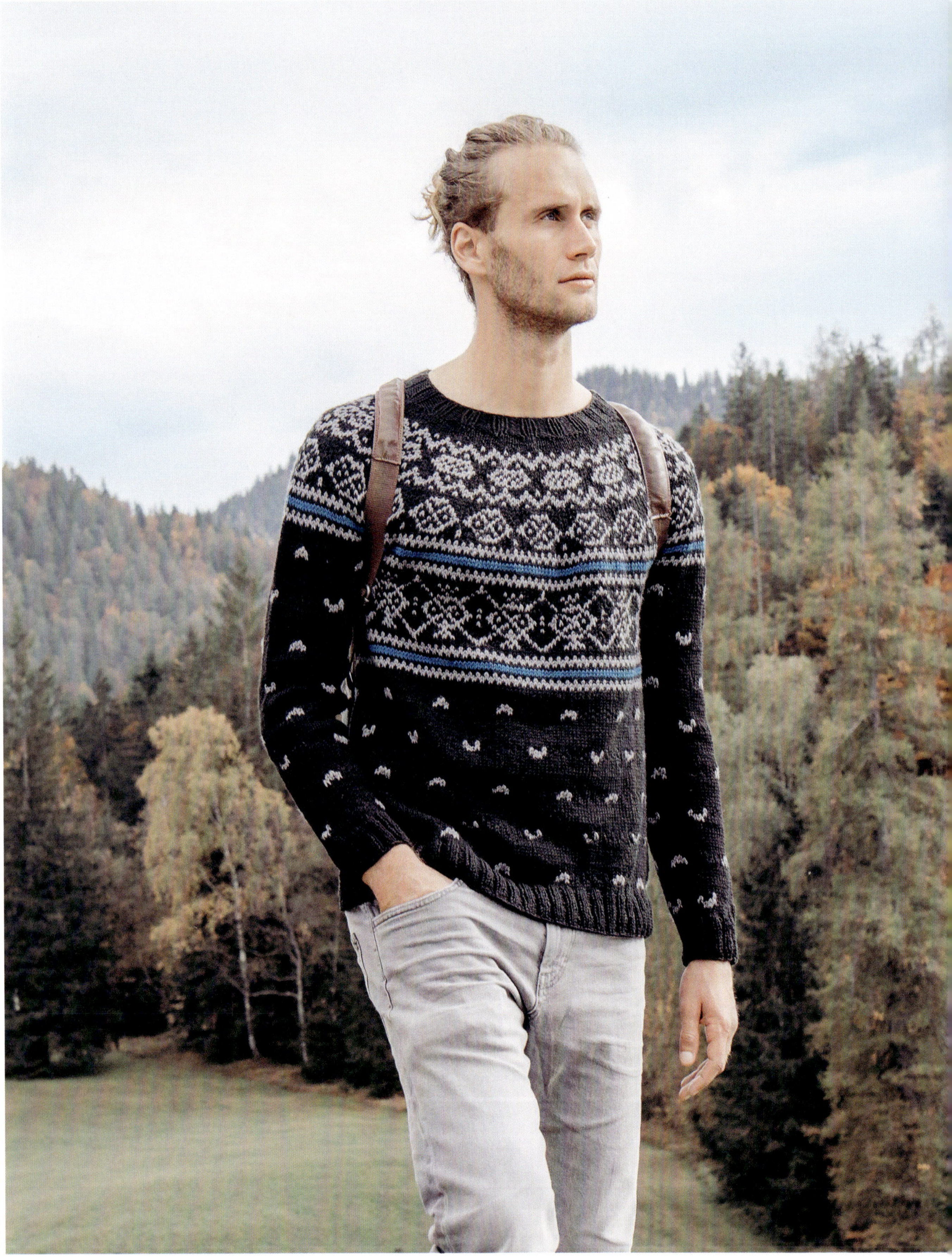

THORGEIR

Pullover mit Jacquardmuster

Regular Fit
Unser Model trägt Größe M

GRÖSSE

S, M, L, XL

Mehrweite von ca. 14 cm

HINWEIS: Die Angaben für die einzelnen Größen stehen von der kleinsten bis zur größten Größe hintereinander, jeweils durch Schrägstriche getrennt. Steht nur eine Angabe, gilt diese für alle Größen.

Brustumfang: 99/106/114/122 cm

Ärmelbreite: 15/16/17/18 cm

MATERIAL

- Lana Grossa McWool (50 % Baumwolle, 50 % Acryl, LL 100 m/50 g) in Schwarz (Fb 120), 500/550/600/650 g, in Grau (Fb 145), 100 g, und in Petrol (Fb 114), 50 g

HINWEIS: Die Banderolen überprüfen und nur Knäuel der gleichen Farbpartie verwenden. Der Materialverbrauch kann von Person zu Person variieren.

- Rundstricknadel 3,5 mm, 40 cm lang
- Rundstricknadel 4,0 mm, 60 cm lang
- 2 Rundstricknadeln 5,0 mm, 60 cm und 80 cm lang
- Nadelspiel 4,0 mm und 5,0 mm
- Wollnadel zum Vernähen der Fäden
- Maschenmarkierer

MASCHENPROBE

Glatt rechts mit einer Fb und Nd 4,0 mm:
21 M und 25 R = 10 cm x 10 cm

HINWEIS: Weil jeder unterschiedlich strickt, sollte eine Probe des zweifarbigen Jacquardmusters (Zählmuster 1) gemacht werden, um herauszufinden, ob eine Nd-Stärke größer oder kleiner nötig ist, um die oben angegebene M-Probe beizubehalten. Dabei empfiehlt sich Nd-Stärke 5,0 mm.

FARBAUFTEILUNG

HF: Schwarz

KF 1: Grau

KF 2: Petrol

GRUNDMUSTER

Bündchenmuster in Runden

2 M rechts, 2 M links im Wechsel str.

Glatt rechts in Runden

Stets rechte M str.

Jacquardmuster in Runden

Alle Rd glatt rechts nach dem jeweiligen Zählmuster str. Den Mustersatz stets wdh.

Zählmuster 1: Mustersatz von 12 M zu Beginn. Die 1.–11. Rd 1x str. In der 6. und 10. Rd wie gezeichnet zun.

Zählmuster 2: Mustersatz von 11 M zu Beginn. Die 1.–59. Rd 1x str. In der 6., 10., 14. und 15. Rd wie gezeichnet zun.

Zählmuster 3: Mustersatz von 16 M. Die 1.–26. Rd stets wdh.

TIPP

Lesen Sie die Anleitung zuerst in Ruhe durch und markieren Sie sich alle Angaben der Größe, die Sie stricken möchten. So haben Sie beim Stricken gleich die entsprechenden Zahlen markiert und müssen nicht lange suchen.

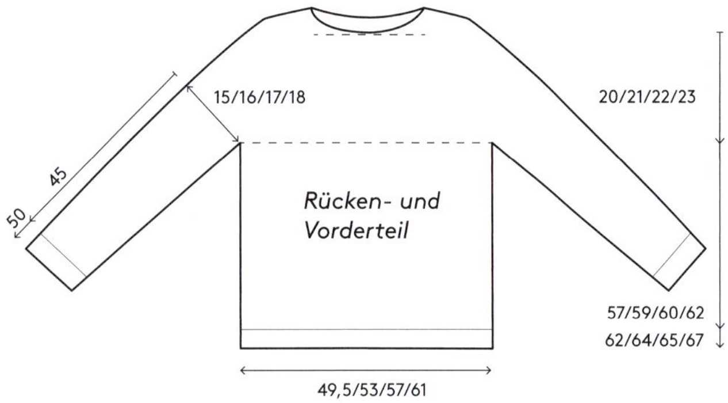

SO GEHT'S:

Mit der kurzen Rundstrick-Nd 3,5 mm 76/76/80/80 M in der HF anschl. Die Arbeit zur Rd schließen und den Rd-Beginn (hintere Mitte) mit einem MM kennzeichnen. 10 Rd im Bündchenmuster str.

Zur kurzen Rundstrick-Nd 4,0 mm wechseln und in der HF 1 Rd glatt rechts str.

Nun die ersten Zun arbeiten:

Größe S und M:

1. Zun-Rd: * 2 M rechts, 1 M linksgeneigt aus dem QF zun, ab * stets wdh (= 114 M).

2. und 3. Zun-Rd: Glatt rechts str, dabei über die beiden R gleichmäßig verteilt weitere 3 M zun (= 117 M).

Größe L und XL:

1. Zun-Rd: * 2 M rechts, 1 M linksgeneigt aus dem QF zun, ab * stets wdh (= 120 M).

1 Rd glatt rechts str.

2. Zun-Rd: * 5 M rechts, 1 M linksgeneigt aus dem QF zun, ab * stets wdh (= 144 M).

Nun werden verkürzte R gestrickt:

1. R (Hin-R): vom Rd-Beginn (hintere Mitte) 32/34/36/38 M rechts str, Arbeit wenden.

2. R (Rück-R): DM, bis zur hinteren Mitte links str, nochmals 32/34/36/38 M links str, Arbeit wenden.

3. R (Hin-R): DM, bis 3 M nach der letzten DM rechts str, dabei die DM als 1 M rechts abstr, Arbeit wenden.

4. R (Rück-R): DM, bis 3 M nach der letzten DM links str, die DM als 1 M links abstr, Arbeit wenden.

Die letzten beiden R (3. und 4. R) 1x wdh, es werden insgesamt 3 DM je Seite gearbeitet 2 Rd alle M rechts str.

Nun die nächsten Zun wie folgt arbeiten:

Größe S:

4. Zun-Rd: * 3 M rechts, 1 M linksgeneigt aus dem QF zun, ab * stets wdh (= 156 M).

5. Zun-Rd: * 13 M rechts, 1 M linksgeneigt aus dem QF zun, ab * stets wdh (= 168 M).

Größe M:

4. Zun-Rd: 1 M rechts, 58x [2 M rechts, 1 M linksgeneigt aus dem QF zun] (= 175 M).

5. Zun-Rd: * 35 M rechts, 1 M linksgeneigt aus dem QF zun, ab * stets wdh (= 180 M).

Größe L:

3. Zun-Rd: * 3 M rechts, 1 M linksgeneigt aus dem QF zun, ab * stets wdh (= 192 M).

Größe XL:

3. Zun-Rd: * 3 M rechts, 1 M linksgeneigt aus dem QF zun, ab * stets wdh (= 192 M).

4. Zun-Rd: * 16 M rechts, 1 M linksgeneigt aus dem QF zun, ab * stets wdh (= 204 M).

Zur kurzen Rundstrick-Nd 5,0 mm wechseln.

Das Jacquardmuster nach Zählmuster 1 str. Den Mustersatz von 12 M zu Beginn pro Rd 14x/15x/16x/17x arbeiten (= 168/180/192/204 M). Die 1.–11. Rd 1x str, dabei in der 6. und 10. Rd wie gezeichnet zun. Nach der 10. Rd werden pro Rd 14/15/16/17 Mustersätze zu je 14 M gestrickt (= 196/210/224/238 M).

Nun in der HF weiterstr und die nächsten Zun arbeiten:

Größe S:

6. Zun-Rd: 1 M rechts, 13x [15 M rechts, 1 M linksgeneigt aus dem QF zun] (= 209 M).

Größe M:

6. Zun-Rd: * 21 M rechts, 1 M linksgeneigt aus dem QF zun, ab * stets wdh (= 220 M).

Größe L:

4. Zun-Rd: * 32 M rechts, 1 M linksgeneigt aus dem QF zun, ab * stets wdh (= 231 M).

Größe XL:

5. Zun-Rd: 1 M rechts, 4x [59 M rechts, 1 M linksgeneigt aus dem QF zun, 1 M rechts (= 242 M).

Das Jacquardmuster nach Zählmuster 2 str. Den Mustersatz von 11 M zu Beginn pro Rd 19x/20x/21x/22x arbeiten (= 209/220/231/242 M). Die 1.–59. Rd 1x str, dabei

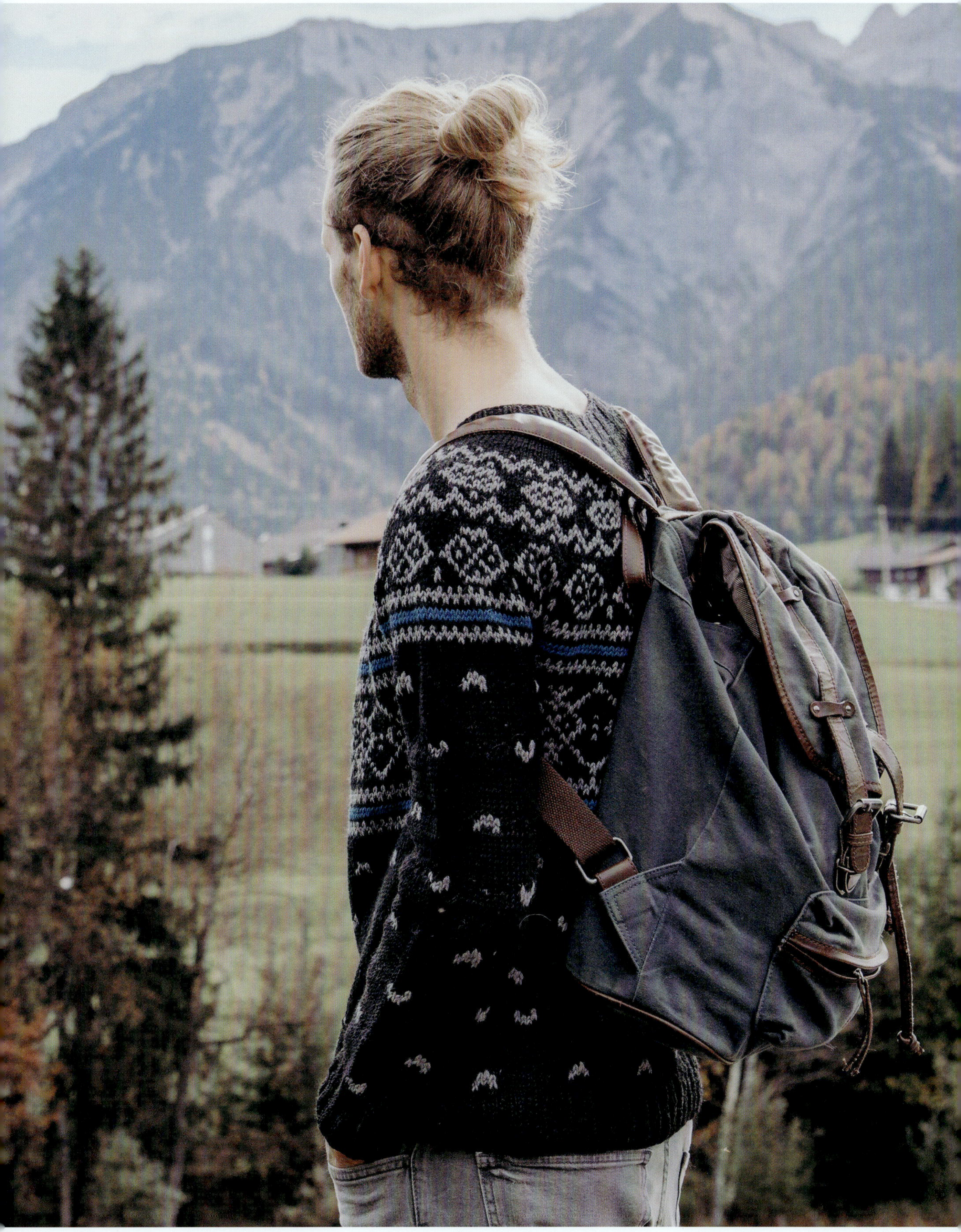

in der 6., 10., 14. und 15. Rd wie gezeichnet zun. Nach der 15. Rd werden pro Rd 19/20/21/22 Mustersätze zu je 16 M gestrickt (= 304/320/336/352 M). Bei Bedarf zur langen Rundstrick-Nd 5,0 mm wechseln.

GLEICHZEITIG in einer Gesamthöhe ab Anschlag vordere Mitte von 20/21/22/23 cm (das Zählmuster 2 sollte bis zur 24./26./28./30. Rd gearbeitet sein) in der 25./27./29./31. Rd nach Zählmuster die M wie folgt für Ärmel und Body aufteilen:

Von der hinteren Mitte M 48/51/54/57 M rechts str für das Rückenteil, 56/58/60/62 M für Ärmel stilllegen, 4/5/6/7 M dazu anschl, MM setzen (= neuer Rd-Beginn), 4/5/6/7 M dazu anschl, 96/102/108/114 M rechts str für das Vorderteil, 56/58/60/62 M für Ärmel stilllegen, 8/10/12/14 M dazu anschl, 48/51/54/57 M rechts str für das Rückenteil bis hintere Mitte.

Je Ärmel sind 56/58/60/62 M + 8/10/12/14 M = 64/68/72/76 M vorhanden.

Für Vorder- und Rückenteil sind je 96/102/108/114 M + 16/20/24/28 M vorhanden = Body gesamt = 208/224/240/256 M.

Das Jacquardmuster nach Zählmuster 2 beenden.

Nun im Jacquardmuster nach Zählmuster 3 weiterstr. Den Mustersatz von 16 M pro Rd 13x/14x/15x/16x str = 208/224/240/256 M. Die 1.–26. Rd stets wdh. Dabei empfiehlt es sich, die Rd mit Einstrickmuster hier mit Nd 4,5 mm und die Rd ohne Einstrickmuster mit Nd 4,0 mm zu arbeiten. Die KF dabei nicht in den Rd ohne Einstrickmuster einweben/mitführen, sondern diesen nur in den Muster-Rd nutzen (also über die Länge nach „unten" einweben).

Wenn der Body ab Ärmel 37/38/38/39 cm misst, nach mind. 3 Rd in der HF (ohne Einstrickmuster) die KF trennen. Weiter in der HF mit Rundstrick-Nd 3,5 mm 5 cm im Bündchenmuster str. Alle M elastisch abk.

ÄRMEL (2X)

HINWEIS: Um Löcher zu vermeiden, an jeder Seite des Armausschnitts 1 M zusätzlich in der Farbe der danebenliegenden Ärmel-M auffassen. In der folgenden Rd die beiden zusätzlichen M mit der jeweiligen Ärmel-M zusstr, um wieder auf die richtige M-Zahl zu kommen.

Die stillgelegten 56/58/60/62 Ärmel-M auf das Nd-Spiel 4,5 mm aufnehmen und das Jacquardmuster nach Zählmuster 2 beenden. Dafür in der Mitte der dazu angeschlagenen M des Bodys beginnend 8/10/12/14 M (+ 1 M siehe Hinweis) für den Ärmel herausstr, die Ärmel-M rechts str, aus den dazu angeschlagenen M des Bodys 8/10/12/14 M (+ 1 M siehe Hinweis) für den Ärmel herausstr, MM setzen (= Rd-Beginn); in der folgenden Rd wie oben beschrieben die beiden zusätzlichen M zusstr (= 64/68/72/76 M).

Das Jacquardmuster nach Zählmuster 3 str. Den Mustersatz von 16 M pro Rd 4x str, dabei für alle Größen außer Größe S jeweils mehr Mustersatz-M arbeiten. Es wird GLEICHZEITIG abgenommen, bei abnehmender M-Zahl jeweils den letzten Mustersatz am R-Ende nicht mehr komplett str. Die 1.–26. Rd stets wdh.

Dabei empfiehlt es sich, die Rd mit Einstrickmuster hier mit Nd 4,5 mm und die Rd ohne Einstrickmuster mit Nd 4,0 mm zu arbeiten. Die KF dabei nicht in den Rd ohne Einstrickmuster einweben/mitführen, sondern diesen nur in den Muster-Rd nutzen (also über die Länge nach „unten" einweben).

Für die Ärmelschrägung bei 8 cm ab Ärmelbeginn die 1. Abn-Rd wie folgt arbeiten: 2 M rechts, 2 M rechts zusstr, rechts str bis 4 M vor MM, 2 M rechts überzogen zusstr, 2 M rechts = 62/66/70/74M).

Diese Abn-Rd 7x in jeder 12. Rd wdh (= 48/52/56/60 M).

Weiter glatt rechts in Rd str, bis der Ärmel ca. 45 cm oder 5 cm weniger als die gewünschte Länge misst. Es sollten mindestens 3 Rd in der HF (ohne Einstrickmuster) gestrickt sein. Den KF trennen und weiter in der HF mit dem Nd-Spiel 3,5 mm 5 cm im Bündchenmuster str. Alle M elastisch abk.

FERTIGSTELLUNG

Alle Fäden sauber vernähen. Den Pullover von links vorsichtig in Form stecken und unter feuchten Tüchern trocknen lassen.

ZÄHLMUSTER 1

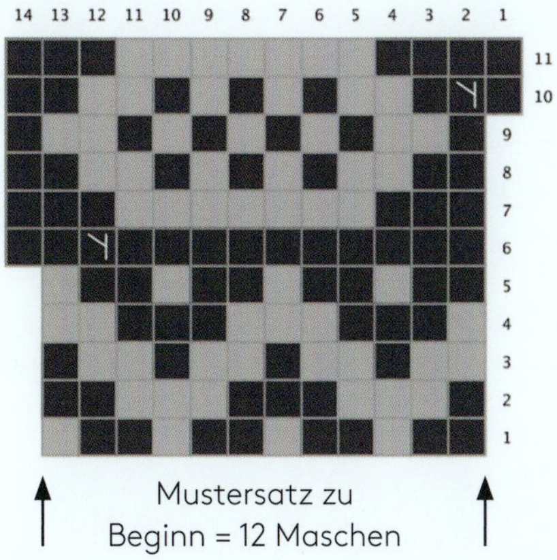

Mustersatz zu Beginn = 12 Maschen

ZÄHLMUSTER 3

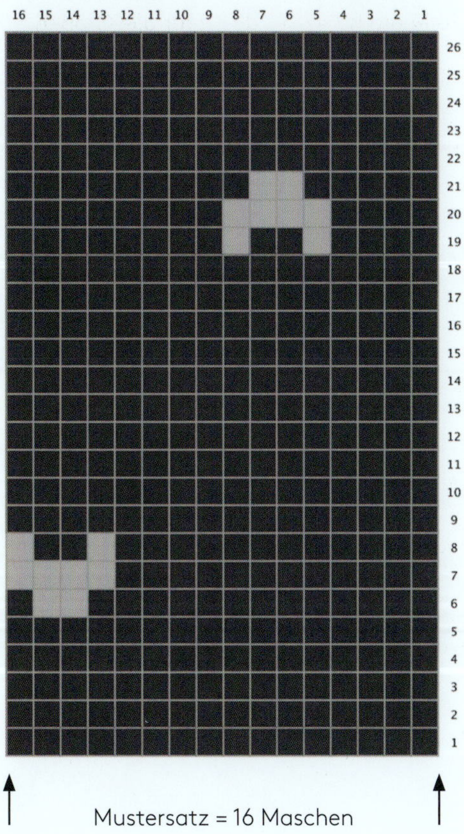

Mustersatz = 16 Maschen

ZÄHLMUSTER 2

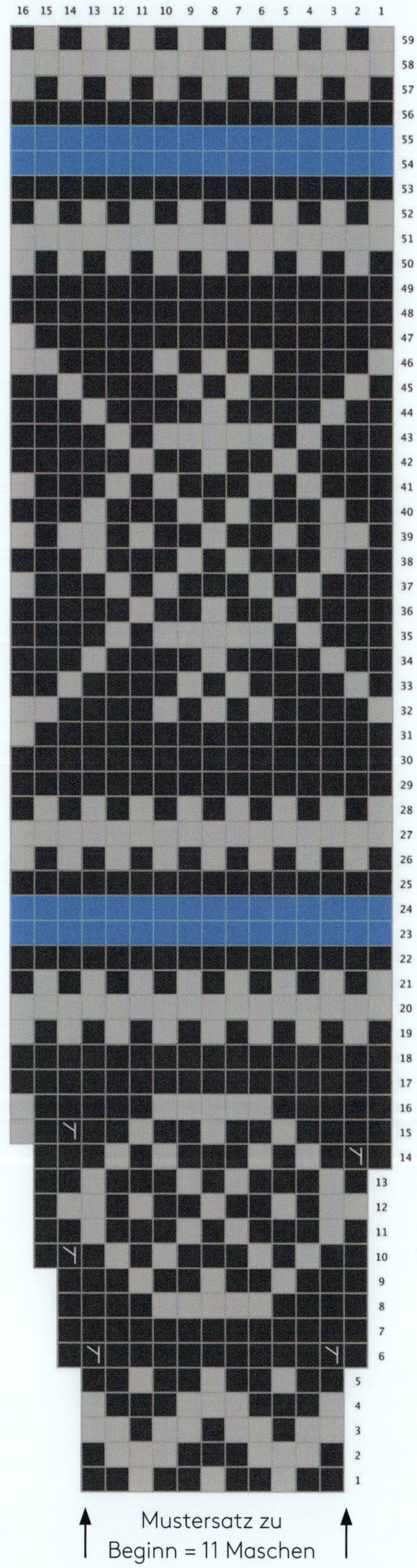

Mustersatz zu Beginn = 11 Maschen

LEGENDE

- = HF: Schwarz
- = KF 1: Grau
- = KF 2: Petrol
- = 1 M linksgeneigt aus dem QF zun

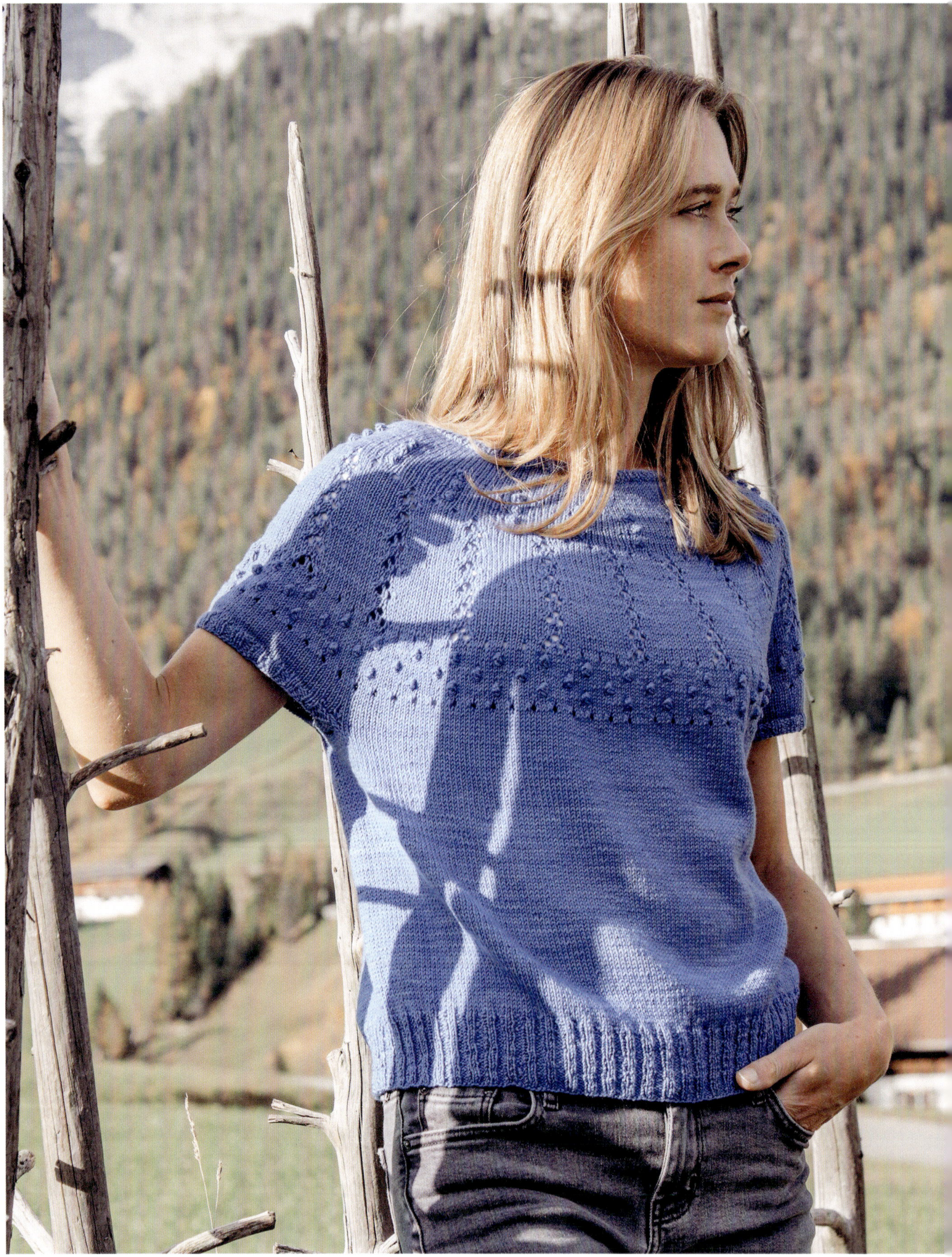

EYGLÓ

Kurzarmpullover mit Lochmuster und Noppen

Loose Fit
Unser Model trägt Größe S

GRÖSSE

S, M, L, XL

Mehrweite von mindestens 18 cm

HINWEIS: Die Angaben für die einzelnen Größen stehen von der kleinsten bis zur größten Größe hintereinander, jeweils durch Schrägstriche getrennt. Steht nur eine Angabe, gilt diese für alle Größen.

Brustumfang: 103/111/121/132 cm

Ärmelbreite: 15,5/16,75/17,5/18 cm

MATERIAL

- Rohrspatz & Wollmeise Blend im 150-g-Strang (70 % Wolle – Merino Superwash, 20 % Kaschmir, 10 % Polyamid, LL 333 m/100 g) in Himmelblau, 300/450/450/450 g

HINWEIS: Die Banderolen überprüfen und nur Stränge der gleichen Farbpartie verwenden. Der Materialverbrauch kann von Person zu Person variieren.

- Rundstricknadel 2,5 mm, 40 cm lang
- 2 Rundstricknadeln 3,0 mm, 60 cm und 80 cm lang
- Nadelspiel 3,0 mm
- Wollnadel zum Vernähen der Fäden
- Maschenmarkierer

MASCHENPROBE

Glatt rechts mit Nd 3,0 mm:
26 M und 34 R = 10 cm x 10 cm

GRUNDMUSTER

Bündchenmuster in Runden

2 M rechts, 2 M links im Wechsel str.

Glatt rechts in Runden

Stets rechte M str.

Noppenmuster

In allen Rd nach Strickschrift 1 str. Den Mustersatz von 9 M stets wdh. Die 1.–15. Rd 1x arbeiten.

Lochmuster

In allen Rd nach Strickschrift 2 str. Den Mustersatz von 12 M zu Beginn stets wdh. Die 1.–34. Rd 1x arbeiten, dabei jeweils wie gezeichnet zun (Anleitung beachten).

Noppen- und Lochmuster

In allen Rd nach Strickschrift 3 str. Den Mustersatz von 18 M stets wdh. Die 1.–15. Rd 1x arbeiten.

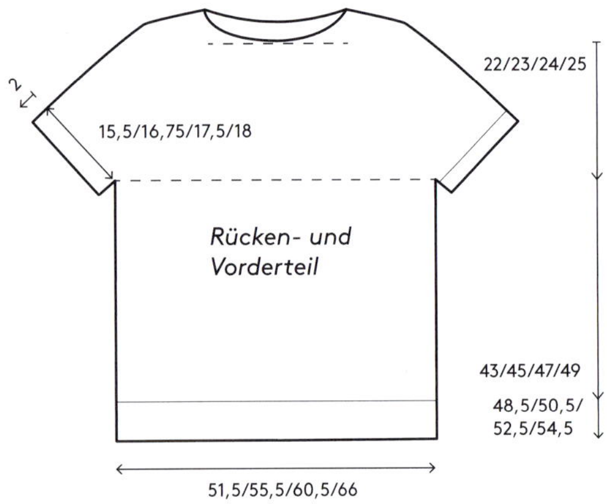

SO GEHT'S:

Mit Rundstrick-Nd 2,5 mm 136/144/144/152 M in Blau anschl. Die Arbeit zur Rd schließen und den Rd-Beginn (hintere Mitte) mit einem MM kennzeichnen. 4 Rd im Bündchenmuster str.

Zur kurzen Rundstrick-Nd 3,0 mm wechseln und wie folgt die ersten Zun arbeiten:

Größe S:

1. Zun-Rd: 2 M rechts, 1 M linksgeneigt aus dem QF zun, 33x [4 M rechts, 1 M linksgeneigt aus dem QF zun], 2 M rechts, 1 M linksgeneigt aus dem QF zun (= 171 M).

Größe M:

1. Zun-Rd: * 4 M rechts, 1 M linksgeneigt aus dem QF zun, ab * stets wdh (= 180 M).

Größe L:

1. Zun-Rd: 5 M rechts, 45x [3 M rechts, 1 M linksgeneigt aus dem QF zun], 4 M rechts (= 189 M).

Größe XL:

1. Zun-Rd: * 4 M rechts, 1 M linksgeneigt aus dem QF zun, ab * stets wdh (= 190 M).

2. Zun-Rd: 3 M rechts, 8x [23 M rechts, 1 M linksgeneigt aus dem QF zun], 3 M rechts (= 198 M).

Dann für alle Größen 3 Rd glatt rechts str.

Nun werden verkürzte R gestrickt:

1. R (Hin-R): Vom Rd-Beginn (hintere Mitte) 54/54/58/58 M rechts str, Arbeit wenden.

2. R (Rück-R): DM, bis zur hinteren Mitte links str, nochmals 54/54/58/58 M links str, Arbeit wenden.

3. R (Hin-R): DM, bis 5 M nach der letzten DM rechts str, dabei die DM als 1 M rechts abstr, Arbeit wenden.

4. R (Rück-R): DM, bis 5 M nach der letzten DM links str, dabei die DM als 1 M links abstr, Arbeit wenden.

Die letzten beiden R (3. und 4. R) 2x wdh, es werden insgesamt 4 DM je Seite gearbeitet.

Dann 1 Rd alle M rechts str, dabei die DM dabei als 1 M abstr.

Das Noppenmuster nach Strickschrift 1 arbeiten. Den Mustersatz von 9 M 19x/20x/21x/22x pro Rd str, die 1.–15. Rd 1x arbeiten.

Nach Abschluss des Noppenmusters für alle Größen die nächste Zun-Rd arbeiten wie folgt:

2./2./2./3. Zun-Rd: * 3 M rechts, 1 U, ab * stets wdh (= 228/240/252/264 M).

Nun das Lochmuster nach Strickschrift 2 arbeiten. Den Mustersatz von 12 M zu Beginn 19x/20x/21x/22x pro Rd str. Die 1.–34. Rd 1x arbeiten, dabei jeweils wie gezeichnet zun.

HINWEIS ZUR STRICKSCHRIFT (FÜR ALLE GRÖSSEN):

In der 9. Rd der Strickschrift (= **3./3./3./4. Zun-Rd**) werden pro Mustersatz 2 M zugenommen. Diese Zun erfolgen durch U, in dieser Rd werden keine M zusammengestrickt (= 19/20/21/22 Mustersätze zu je 14 M = 266/280/294/308 M).

In der 18. Rd der Strickschrift (= **4./4./4./5. Zun-Rd**) wird pro Mustersatz 1 M zugenommen. Für diese Zun wird jeweils 1 M linksgeneigt aus dem QF zugenommen (= 19/20/21/22 Mustersätze zu je 15 M = 285/300/315/330 M).

Nach Abschluss des Lochmusters die nächste Zun-Rd arbeiten:

5./5./5./6. Zun-Rd: * 3 M rechts, 1 U, ab * stets wdh (= 380/400/420/440 M).

Nun zum Anpassen der M-Zahl für das folgende Noppen- und Lochmuster in der nächsten Rd wie folgt arbeiten:

Größe S:

Nächste Rd: 2 M rechts zusstr, 85 M rechts, 2 M rechts zusstr, rechte M str bis Rd-Ende (= 378 M).

Größe M:

Nächste Rd: 4 M rechts, 14x [28 M rechts, 1 M linksgeneigt aus dem QF zun], 4 M rechts (= 414 M).

Größe L:

Nächste Rd: * 14 M rechts, 1 M linksgeneigt aus dem QF zun, ab * stets wdh (= 450 M).

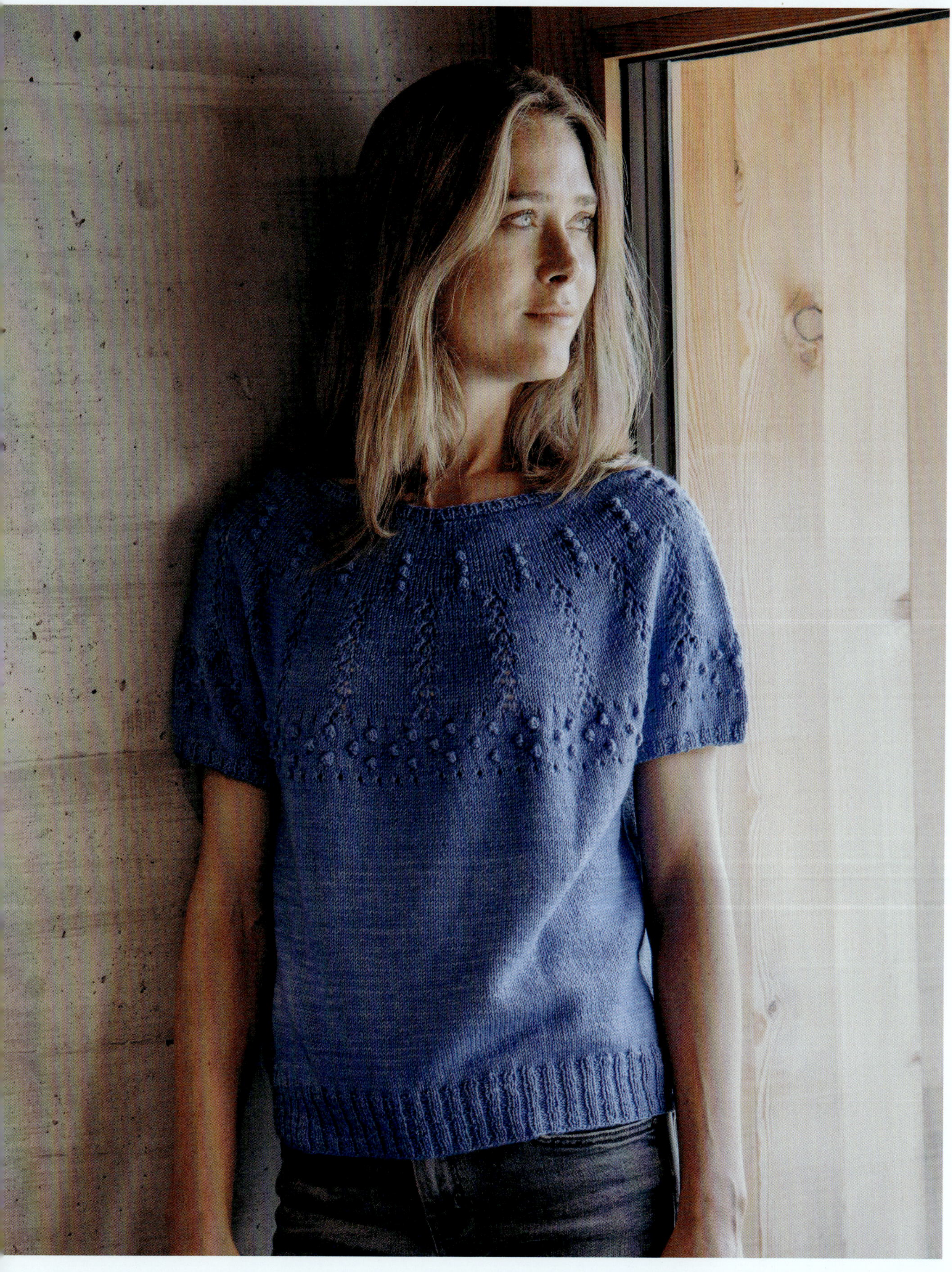

Größe XL:

Nächste Rd: * 1 M linksgeneigt aus dem QF zun, 22x [10 M rechts, 1 M linksgeneigt aus dem QF zun], ab * 1x wdh (= 486 M).

Dann für alle Größen 2 Rd glatt rechts str.

Nun das Noppen- und Lochmuster nach Strickschrift 3 arbeiten. Den Mustersatz von 18 M 21x/23x/25x/27x pro Rd str, die 1.–15. Rd 1x arbeiten.

Nach Abschluss des Noppen- und Lochmuster ggf. weiter glatt rechts str, bis eine Gesamthöhe ab Anschlag vordere Mitte von 22/23/24/25 cm erreicht ist. Dann die M wie folgt für Ärmel und Body aufteilen: Von der hinteren Mitte 61/66/73/80 M rechts str für das Rückenteil, 69/75/79/83 M für den Ärmel stilllegen, 6 M dazu anschl, MM setzen (= neuer Rd-Beginn), 6 M dazu anschl, 120/132/146/160 M rechts str für das Vorderteil, 69/75/79/83 für den Ärmel stilllegen, 12 M dazu anschl, 59/66/73/80 M rechts str bis hintere Mitte für das Rückenteil.

Je Ärmel sind 69/75/79/83 M + 12 M = 81/87/91/95 M vorhanden. Für Vorder- und Rückenteil sind je 120/132/146/160 M + 24 M vorhanden = Body gesamt = 264/288/316/344 M.

Den Body weiter glatt rechts in Rd str, bis der Body ab Ärmel 21/22/23/24 cm misst. Zu Nd 2,5 mm wechseln und 5,5 cm im Bündchenmuster str. Alle M elastisch abk.

ÄRMEL (2X)

HINWEIS: Um Löcher zu vermeiden, empfiehlt es sich, an jeder Seite des Armausschnitts 1 M zusätzlich aufzufassen. In der folgenden Rd die beiden zusätzlichen M mit der jeweiligen Ärmel-M zusstr, um wieder auf die richtige M-Zahl zu kommen.

Die stillgelegten 69/75/79/83 Ärmel-M auf das Nd-Spiel 2,5 mm aufnehmen. Für den Armausschnitt in der Mitte der dazu angeschlagenen M des Bodys beginnend 6 M (+ 1 M siehe Hinweis) für den Ärmel herausstr, die Ärmel-M rechts str, aus den dazu angeschlagenen M des Bodys 6 M (+1 M siehe Hinweis) für den Ärmel herausstr, MM setzen (= Rd-Beginn); in der folgenden Rd wie oben beschrieben die beiden zusätzlichen M zusstr (= 81/87/91/95 M).

1 Rd rechte M str, dabei die M-Zahl für das Bündchenmuster wie folgt anpassen:

Größe S:

1 M abn (= 80 M).

Größe M, L, XL:

1 M zun (= 88/92/96 M).

Nun 4 Rd im Bündchenmuster str. Dann alle M elastisch abk.

FERTIGSTELLUNG

Alle Fäden sauber vernähen. Den Pullover von links vorsichtig in Form stecken und unter feuchten Tüchern trocknen lassen.

STRICKSCHRIFT 1 – NOPPENMUSTER

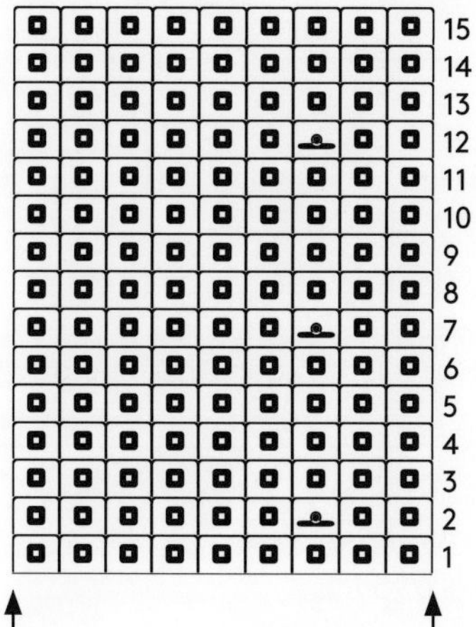

Mustersatz = 9 Maschen

STRICKSCHRIFT 2 – LOCHMUSTER

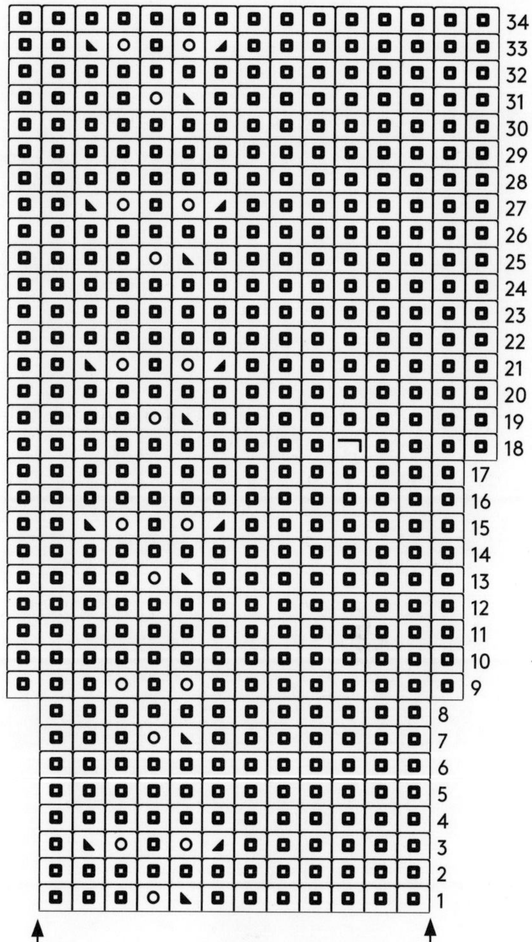

Mustersatz zu Beginn = 12 Maschen

STRICKSCHRIFT 3 – NOPPEN- UND LOCHMUSTER

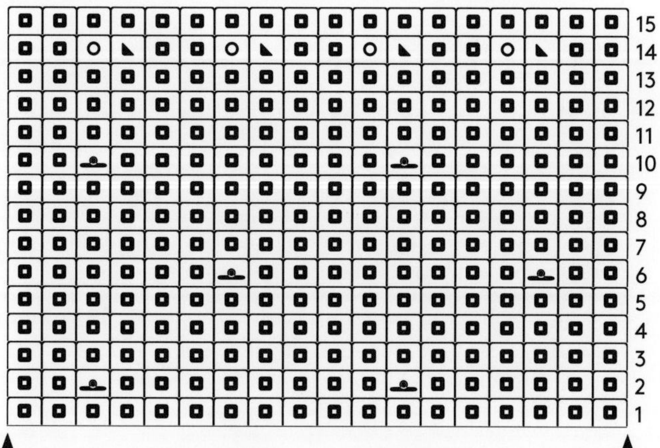

Mustersatz = 18 Maschen

LEGENDE

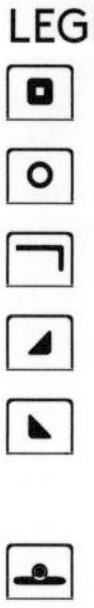

= 1 M rechts

= 1 Umschlag

= 1 M linksgeneigt aus dem QF zun

= 2 M rechts zusstr

= 2 M rechts überzogen zusstr (= 1 M abh, 1 M rechts str, dann die abgehobene M über die gestrickte ziehen)

= Noppe: Aus 1 M 4 M herausstr wie folgt: 1 M rechts, 1 M links, 1 M rechts, 1 M links. Arbeit wenden. Die 4 M links abstr. Arbeit wenden. Den Faden hinter die Arbeit legen und die ersten 3 M zusammen wie zum Linksstr abh. Nun die 4. M rechts str und dann nacheinander die 3 abgehobenen M über die gestrickte M ziehen (= 1 M).

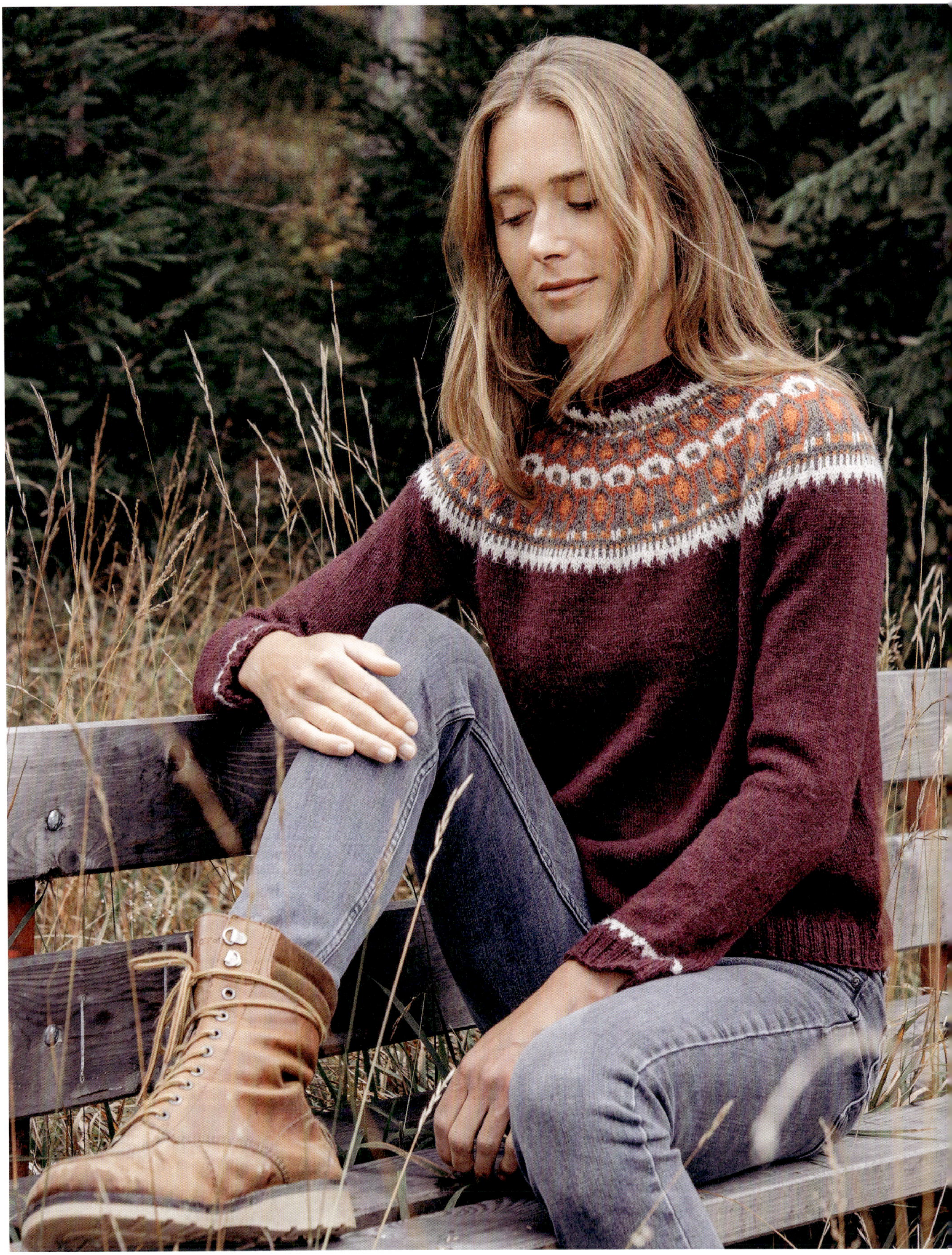

HAFRÚN

Pullover mit Jacquardmuster

Slim Fit
Unser Model trägt Größe S

GRÖSSE

S, M, L, XL

Mehrweite von ca. 6 cm

HINWEIS: Die Angaben für die einzelnen Größen stehen von der kleinsten bis zur größten Größe hintereinander, jeweils durch Schrägstriche getrennt. Steht nur eine Angabe, gilt diese für alle Größen.

Brustumfang: 91/99/105/112 cm

Ärmelbreite: 14/15/16/17,5 cm

MATERIAL

- Isager Alpaca 2 im 50-g-Strang (50 % Alpaka, 50 % Wolle, LL 250 m/50 g) in Dunkelrot (Fb 36), 250/250/300/300 g, in Weiß (Fb Eco 0), Braun (Fb Eco 7s), Orange (Fb 24) und Rostrot (Fb 21), je 50 g

HINWEIS: Die Banderolen überprüfen und nur Stränge der gleichen Farbpartie verwenden. Der Materialverbrauch kann von Person zu Person variieren.

- Rundstricknadel 2,5 mm, 40 cm lang
- 2 Rundstricknadeln 3,0 mm, 40 cm und 80 cm lang
- 2 Rundstricknadeln 4,0 mm, 60 cm und 80 cm lang
- Nadelspiele 2,5 mm, 3,0 mm und 4,0 mm
- Wollnadel zum Vernähen der Fäden
- Maschenmarkierer

MASCHENPROBE

Glatt rechts mit einer Fb und Nd 3,0 mm:
32 M und 40 R = 10 cm x 10 cm

HINWEIS: Weil jeder unterschiedlich strickt, sollte eine Probe des mehrfarbigen Jacquardmusters gemacht werden, um herauszufinden, ob eine Nd-Stärke größer oder kleiner nötig ist, um die oben angegebene M-Probe beizubehalten. Dabei empfiehlt sich Nd-Stärke 4,0 mm.

FARBAUFTEILUNG

HF: Dunkelrot

KF 1: Weiß

KF 2: Braun

KF 3: Orange

KF 4: Rostrot

GRUNDMUSTER

Bündchenmuster in Runden

2 M rechts, 2 M links im Wechsel str.

Glatt rechts in Runden

Stets rechte M str.

Jacquardmuster in Runden

Alle Rd glatt rechts nach dem Zählmuster str. Den Mustersatz von zu Beginn 6 M stets wdh. Die 1.–52. Rd 1x str, dabei in der 9., 12., 24., 30., 38., 45. und 47. Rd wie gezeichnet zun.

TIPP

Lesen Sie die Anleitung zuerst in Ruhe durch und markieren Sie sich alle Angaben der Größe, die Sie stricken möchten. So haben Sie beim Stricken gleich die entsprechenden Zahlen markiert und müssen nicht lange suchen.

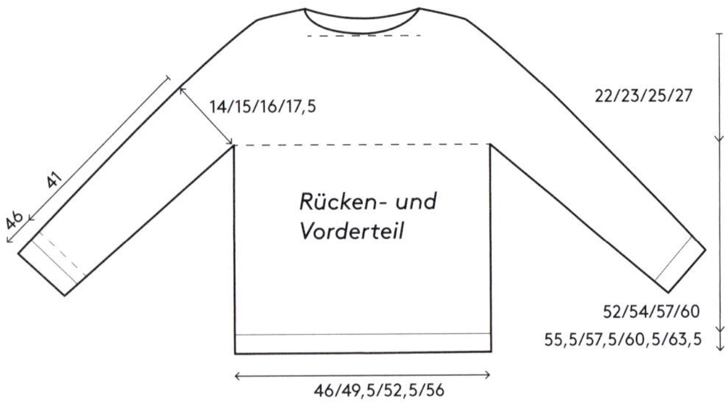

SO GEHT'S:

Mit Rundstrick-Nd 2,5 mm 120/124/124/128 M in der HF anschl. Die Arbeit zur Rd schließen und den Rd-Beginn (hintere Mitte) mit einem MM kennzeichnen. 14 Rd im Bündchenmuster str.

Zur kurzen Rundstrick-Nd 3,0 mm wechseln und 1 Rd rechte M str.

Nun werden verkürzte R gestrickt:

1. R (Hin-R): 24/26/26/30 rechts, wenden.

2. R (Rück-R): DM, links str bis zur hinteren Mitte, nochmals 24/26/26/30 links, wenden.

3. R (Hin-R): DM, rechts str bis zur hinteren Mitte, 5x [3 M rechts, 1 M linksgeneigt aus dem QF zun], rechts str bis zur DM, die DM rechts abstr, 2 M rechts, wenden (= 125/129/129/133 M).

4. R (Rück-R): DM, links str bis zur hinteren Mitte, 5x [3 M links, 1 rechtsgeneigt aus dem QF zun)], links str bis zur DM, die DM links abstr, 2 M links, wenden (= 130/134/134/138 M).

5. R (Hin-R): DM, rechts str bis zur hinteren Mitte, rechts str bis zur DM, die DM rechts abstr, 1 M rechts, wenden.

6. R (Rück-R): DM, links str bis zur hinteren Mitte, links str bis zur DM, die DM links abstr, 1 M links, wenden.

Die letzten beiden R (5. und 6. R) 2x wdh.

Nächste R (Hin-R): DM, rechts str bis zur hinteren Mitte.

1 Rd rechte M str; die DM jeweils rechts abstr.

Nun wie folgt in Rd str und die ersten Zun arbeiten:

Größe S:

1. Zun-Rd: 2 M rechts, 14x [9 M rechts, 1 M linksgeneigt aus dem QF zun], 2 M rechts (=144 M).

3 Rd glatt rechts str.

Größe M:

1. Zun-Rd: 1 M rechts, 22x [6 M rechts, 1 M linksgeneigt aus dem QF zun], 1 M rechts (= 156 M).

Größe L:

1. Zun-Rd: 1 M rechts, 31x [4 M rechts, 1 M linksgeneigt aus dem QF zun] (= 156 M).

2. Zun-Rd: 12x [13 M rechts, 1 M linksgeneigt aus dem QF zun] (= 168 M).

3 Rd glatt rechts str.

Größe XL:

1. Zun-Rd: 5 M rechts, 32x [4 M rechts, 1 M linksgeneigt aus dem QF zun], 5 M rechts (= 170 M).

2. Zun-Rd: * 17 M rechts, 1 M linksgeneigt aus dem QF zun, ab * stets wdh (= 180 M).

3 Rd glatt rechts str.

Zur kurzen Rundstrick-Nd 4,0 mm wechseln und M wie folgt einteilen:

Das Jacquardmuster nach dem Zählmuster str. Den Mustersatz von zu Beginn 6 M 24x/26x/28x/30x pro Rd arbeiten (= 144/156/168/180 M). Die 1.–52. Rd 1x str, dabei in der 9., 12., 24., 30., 38., 45. und 47. Rd wie gezeichnet zun. Es werden nun pro Rd 24/26/28/30 Mustersätze zu je 16 M gestrickt (= 384/416/448/480 M). Bei Bedarf zur langen Rundstrick-Nd 4,0 mm wechseln.

Nach Abschluss des Jacquardmusters die KF abtrennen und weiter mit der HF str, dabei zu Rundstrick-Nd 3,0 mm wechseln.

Bei einer Gesamthöhe ab Anschlag vordere Mitte von 22/23/25/27 cm die M wie folgt für Ärmel und Body aufteilen:

Von der hinteren Mitte 62/67/72/77 M rechts str für das Rückenteil, 68/74/80/86 M für den Ärmel stilllegen, 11/12/12/13 M dazu anschl, MM setzen (– neuer Rd-Beginn), 11/12/12/13 M dazu anschl, 124/134/144/154 M rechts str für das Vorderteil, 68/74/80/86 M für den Ärmel stilllegen, 22/24/24/26 M dazu anschl, 62/67/72/77 M rechts str für das Rückenteil bis hintere Mitte.

Je Ärmel sind 68/74/80/86 M + 22/24/24/26 M = 90/98/104/112 M vorhanden. Für Vorder- und Rückenteil sind je 124/134/144/154 M + 44/48/48/52 M vorhanden = Body gesamt = 292/316/336/360 M.

Weiter glatt rechts str, bis der Body ab Ärmel 30/31/32/33 cm misst. Zu Nd 2,5 mm wechseln und 14 Rd im Bündchenmuster str. Alle M elastisch abk.

ÄRMEL (2X)

HINWEIS: Um Löcher zu vermeiden, empfiehlt es sich, an jeder Seite des Armausschnitts 1 M zusätzlich aufzufassen. In der folgenden Rd die beiden zusätzlichen M mit der jeweiligen Ärmel-M zusstr, um wieder auf die richtige M-Zahl zu kommen.

Die stillgelegten 68/74/80/86 Ärmel-M auf das Nd-Spiel 3,0 mm aufnehmen. Für den Armausschnitt in der Mitte der dazu angeschlagenen M des Bodys beginnend 11/12/12/13 M (+ 1 M siehe Hinweis) für den Ärmel herausstr, die Ärmel-M rechts str, aus den dazu angeschlagenen M des Bodys 11/12/12/13 M (+ 1 M siehe Hinweis) für den Ärmel herausstr, MM setzen (= Rd-Beginn); in der folgenden Rd wie oben beschrieben die beiden zusätzlichen M zusstr (= 90/98/104/112 Ärmel-M).

Weiter glatt rechts in Rd str. Für die Ärmelschrägung bei 8 cm ab Ärmelbeginn die 1. Abn-Rd wie folgt arbeiten: 2 M rechts, 2 M rechts zusstr, rechts str bis 4 M vor MM, 2 M rechts überzogen zusstr, 2 M rechts (= 2 M abgenommen = 88/96/102/110 M).

Diese Abn-Rd noch 10x/13x/15x/18x in jeder 12./9./8./7. Rd wdh (= 68/70/72/74 M).

Weiter glatt rechts in Rd str, bis der Ärmel ca. 41 cm oder 5 cm weniger als die gewünschte Gesamtlänge misst.

Für Größe M und XL die M-Zahl für das Jacquardmuster wie folgt anpassen: 2 M rechts, 2 M rechts zusstr, rechts str bis 4 M vor MM, 2 M rechts überzogen zusstr, 2 M rechts (= 68/68/72/72 M).

Nun mit Nd-Spiel 4,0 mm die 49.–52. Rd des Zählmusters str, dabei nur über die ersten 4 M des Mustersatzes str und diese stets wdh.

Weitere 2 Rd in der HF mit Nd 3,0 mm glatt rechts str. Dann zum Nd-Spiel 2,5 mm wechseln und 14 Rd im Bündchenmuster str. Alle M elastisch abk.

FERTIGSTELLUNG

Alle Fäden sauber vernähen. Den Pullover von links vorsichtig in Form stecken und unter feuchten Tüchern trocknen lassen.

LEGENDE

- = HF: Dunkelrot
- = KF 1: Weiß
- = KF 2: Braun
- = KF 3: Orange
- = KF 4: Rostrot
- = 1 M linksgeneigt aus dem QF zun

ZÄHLMUSTER PASSE

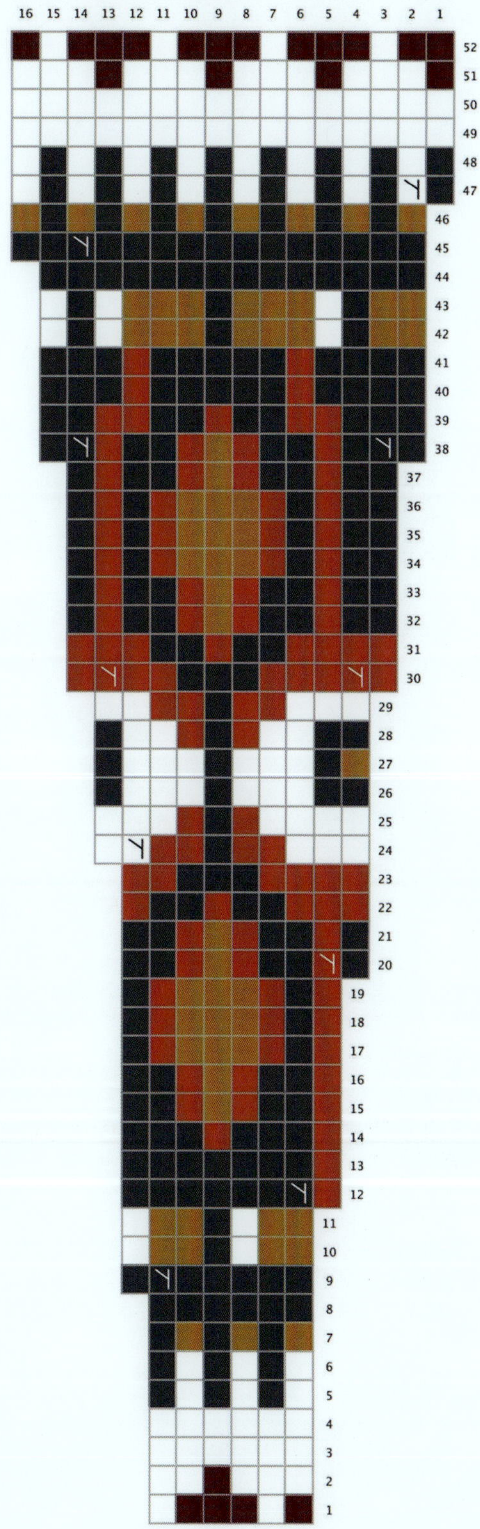

Mustersatz zu Beginn = 6 Maschen

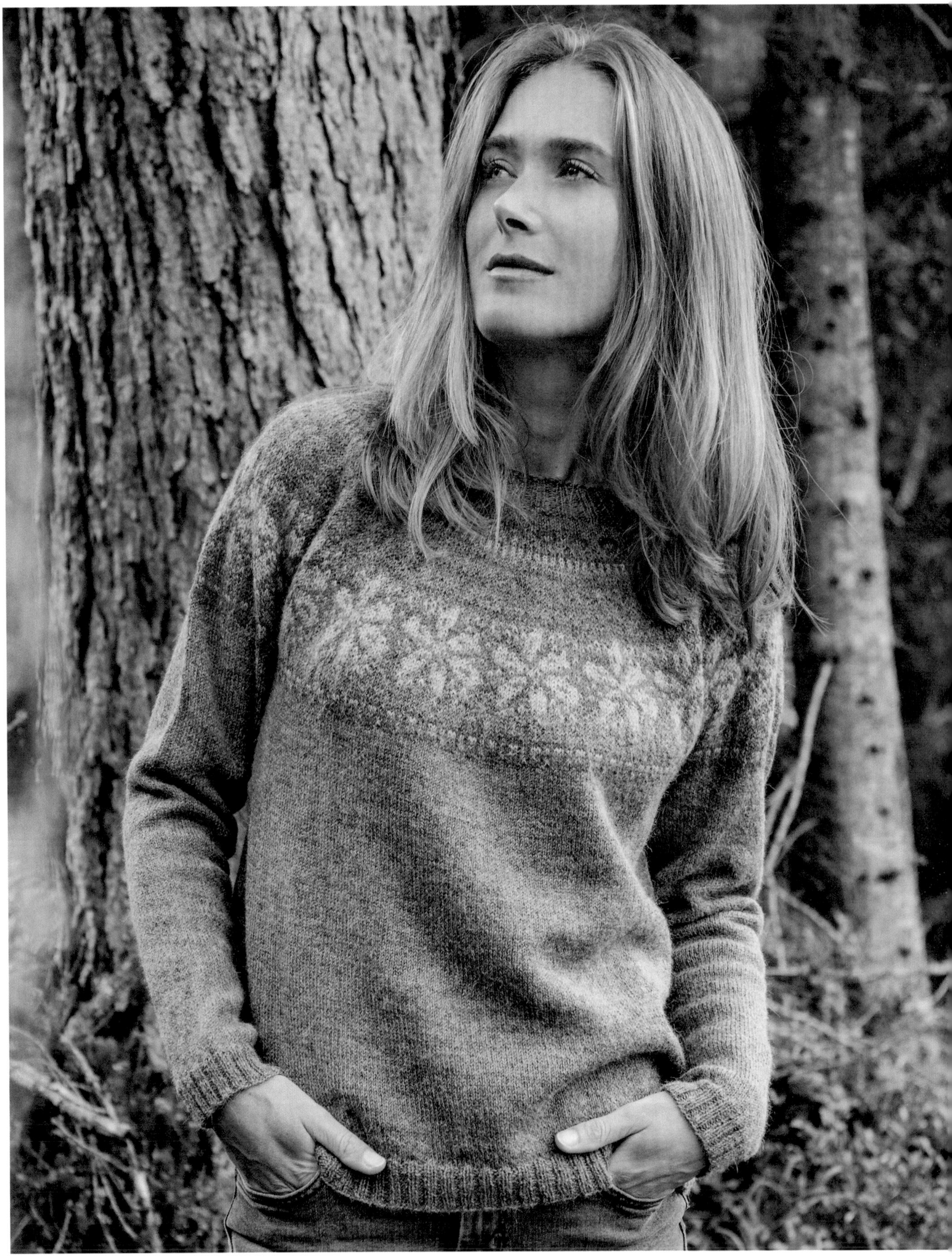

HJÖRDÍS

Pullover mit Jacquardmuster

Loose Fit
Unser Model trägt Größe M

GRÖSSE

S, M, L, XL

Mehrweite von mindestens 18 cm

HINWEIS: Die Angaben für die einzelnen Größen stehen von der kleinsten bis zur größten Größe hintereinander, jeweils durch Schrägstriche getrennt. Steht nur eine Angabe, gilt diese für alle Größen.

Brustumfang: 108/115/124/133 cm

Ärmelbreite: 16,5/17/18/18,5 cm

MATERIAL

- Isager Alpaca 2 im 50-g-Strang (50 % Alpaka, 50 % Wolle, LL 250 m/50 g) in Braun (Fb Eco 7s), 300/350/400/450 g, in Gold (Fb 59), Ocker (Fb 3), Rot (Fb 21) und in Dunkelbraun (Fb Eco 4s), je 50 g

HINWEIS: Die Banderolen überprüfen und nur Stränge der gleichen Farbpartie verwenden. Der Materialverbrauch kann von Person zu Person variieren.

- Rundstricknadel 2,5 mm, 40 cm lang
- 2 Rundstricknadeln 3,0 mm, 40 cm und 80 cm lang
- 2 Rundstricknadeln 4,0 mm, 60 cm und 80 cm lang
- Nadelspiele 2,5 mm und 3,0 mm
- Wollnadel zum Vernähen der Fäden
- Maschenmarkierer

MASCHENPROBE

Glatt rechts mit einer Fb und Nd 3,0 mm:
32 M und 40 R = 10 cm x 10 cm

HINWEIS: Weil jeder unterschiedlich strickt, sollte eine Probe des mehrfarbigen Jacquardmusters gemacht werden, um herauszufinden, ob eine Nd-Stärke größer oder kleiner nötig ist, um die oben angegebene M-Probe beizubehalten. Dabei empfiehlt sich Nd-Stärke 4,0 mm.

FARBAUFTEILUNG

HF: Braun

KF 1: Gold

KF 2: Ocker

KF 3: Rot

KF 4: Dunkelbraun

GRUNDMUSTER

Bündchenmuster in Runden

2 M rechts, 2 M links im Wechsel str.

Glatt rechts in Runden

Stets rechte M str.

Jacquardmuster in Runden

Alle Rd glatt rechts nach dem jeweiligen Zählmuster str. Den Mustersatz stets wdh.

Zählmuster 1: Mustersatz von 6 M. Die 1.–7. Rd 1x str.

Zählmuster 2: Mustersatz von 14 M zu Beginn. Die 1.–45. Rd 1x str. In der 5., 11., 19., 25. und 33. Rd wie gezeichnet zun.

Zählmuster 3: Mustersatz von 5 M. Die 1.–7. Rd 1x str.

HINWEIS: Die Fäden nach max. jeder 3. M einweben. Die KF liegt jeweils unten am Finger, also vorn.

TIPP

Lesen Sie die Anleitung zuerst in Ruhe durch und markieren Sie sich alle Angaben der Größe, die Sie stricken möchten. So haben Sie beim Stricken gleich die entsprechenden Zahlen markiert und müssen nicht lange suchen.

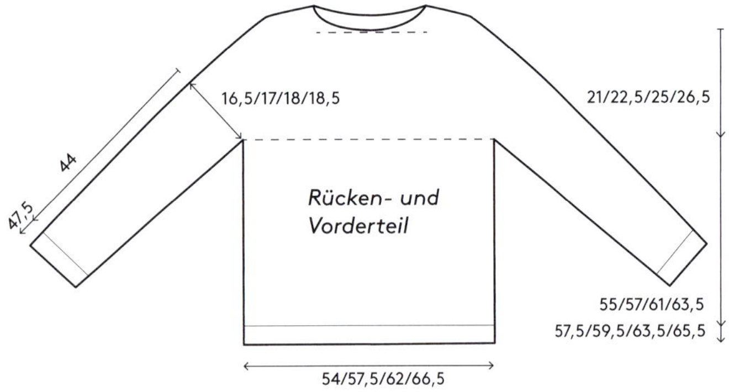

SO GEHT'S:

Mit Rundstrick-Nd 2,5 mm 124/132/140/148 M in der HF anschl. Die Arbeit zur Rd schließen und den Rd-Beginn (hintere Mitte) mit einem MM kennzeichnen. 14 Rd im Bündchenmuster str.

Zu kurzen Rundstrick-Nd 3,0 mm wechseln und 1 Rd rechte M str.

Nun die 1. Zun-Rd wie folgt arbeiten:

Größe S:

1. Zun-Rd: * 2 M rechts, 1 M linksgeneigt aus dem QF zun, ab * stets wdh (= 186 M).

Größe M:

1. Zun-Rd: * 2 M rechts, 1 M linksgeneigt aus dem QF zun, ab * stets wdh (= 198 M).

Größe L:

1. Zun-Rd: * 2 M rechts, 1 M linksgeneigt aus dem QF zun, ab * stets wdh (= 210 M).

Größe XL:

1. Zun-Rd: * 2 M rechts, 1 M linksgeneigt aus dem QF zun, ab * stets wdh (= 222 M).

Dann für alle Größen 1 Rd glatt rechts str.

Nun werden verkürzte R gestrickt:

1. R (Hin-R): Vom Rd-Beginn (hintere Mitte) 54/58/62/66 M rechts str, Arbeit wenden.

2. R (Rück-R): DM, bis zur hinteren Mitte links str, nochmals 54/58/62/66 M links str, Arbeit wenden.

3. R (Hin-R): DM, bis 3 M nach der letzten DM str, die DM rechts abstr, Arbeit wenden.

4. R (Rück-R): DM, bis 3 M nach der letzten DM str, die DM links abstr, Arbeit wenden.

Die letzten beiden R (3. und 4. R) 2x wdh, es werden insgesamt 4 DM je Seite gearbeitet.

Dann 2 Rd alle M rechts str.

Zur kurzen Rundstrick-Nd 4,0 mm wechseln.

Das Jacquardmuster nach Zählmuster 1 str. Den Mustersatz von 6 M pro Rd 31x/33x/35x/37x arbeiten (= 186/198/210/222 M). Die 1.–7. Rd 1x str.

Dann die nächsten Zun in der HF arbeiten:

Größe S:

2. Zun-Rd: 1 M linksgeneigt aus dem QF zun, * 2 M rechts, 1 M linksgeneigt aus dem QF zun, ab * stets wdh (= 280 M).

Größe M:

2. Zun-Rd: 1 M linksgeneigt aus dem QF zun, * 2 M rechts, 1 M linksgeneigt aus dem QF zun, ab * stets wdh (= 298 M).

3. Zun-Rd: 4 M rechts, 10x [29 M rechts, 1 M linksgeneigt aus dem QF zun], 4 M rechts (= 308 M).

Größe L:

2. Zun-Rd: 1 M linksgeneigt aus dem QF zun, * 2 M rechts, 1 M linksgeneigt aus dem QF zun, ab * stets wdh (= 316 M).

3. Zun-Rd: 8 M rechts, 20x [15 M rechts, 1 M linksgeneigt aus dem QF zun], 8 M rechts (= 336 M).

Größe XL:

2. Zun-Rd: 1 M linksgeneigt aus dem QF zun, * 2 M rechts, 1 M linksgeneigt aus dem QF zun, ab * stets wdh (= 334 M).

3. Zun-Rd: 2 M rechts, 30x [11 M rechts, 1 M linksgeneigt aus dem QF zun], 2 M rechts (= 364 M).

Das Jacquardmuster nach Zählmuster 2 str. Den Mustersatz von 14 M zu Beginn 20x/22x/24x/26x pro Rd arbeiten (= 280/308/336/364 M). Die 1.–45. Rd 1x str, dabei in der 5., 11., 19., 25. und 33. Rd wie gezeichnet zun. Nach der 33. Rd werden 20/22/24/26 Mustersätze zu je 23 M gestrickt (= 460/506/552/598 M).

Dann die nächsten Zun in der HF arbeiten:

Größe S:

3. Zun-Rd: * 10 M rechts, 1 M linksgeneigt aus dem QF zun, ab * stets wdh (= 506 M).

4. Zun-Rd: 3 M rechts, 4x [125 M rechts, 1 M linksgeneigt aus dem QF zun], 3 M rechts (= 510 M).

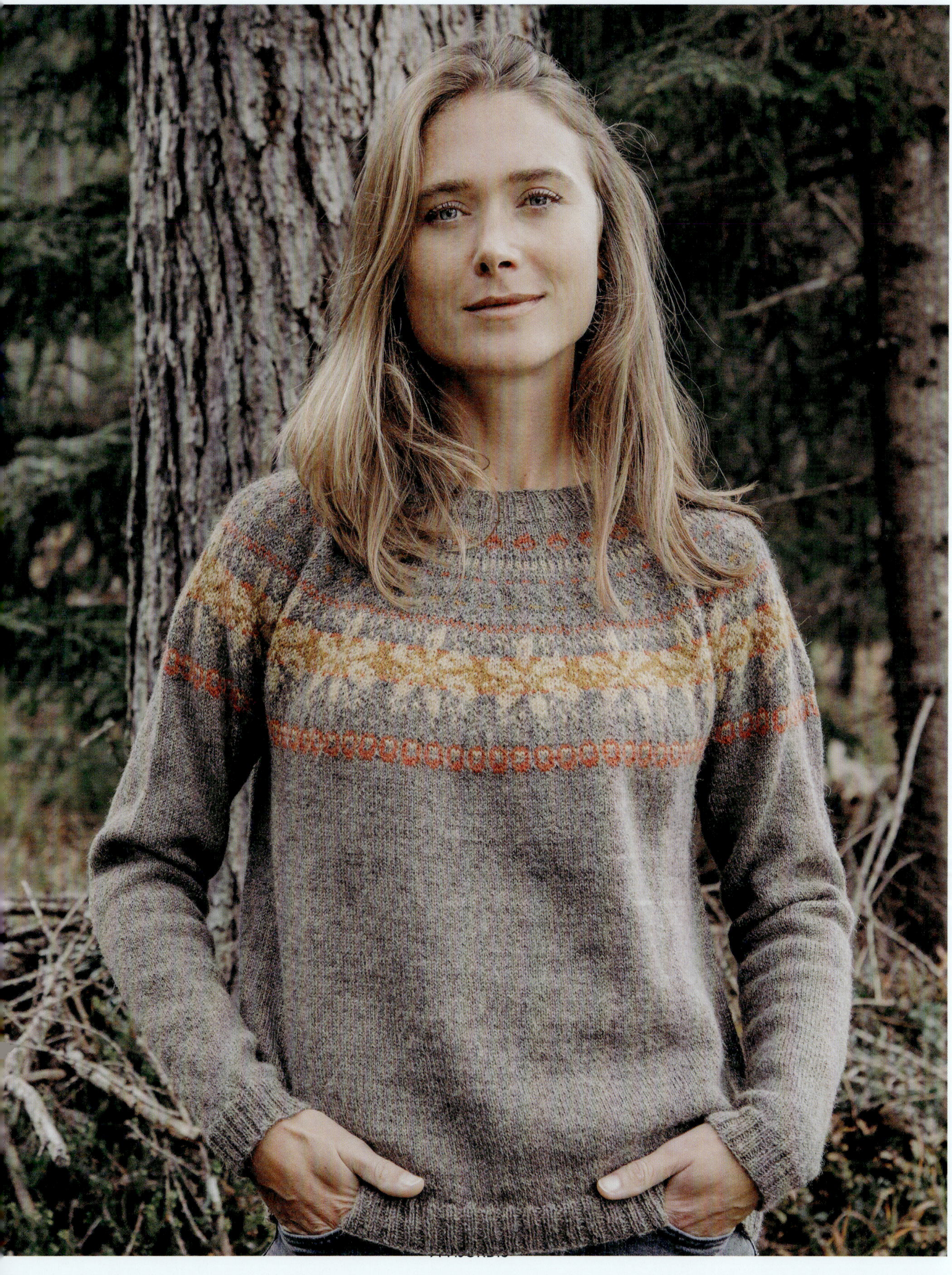

Größe M:

4. Zun-Rd: 5 M rechts, 33x [15 M rechts, 1 M linksgeneigt aus dem QF zun], 6 M rechts (= 540 M).

Größe L:

4. Zun-Rd: 6 M rechts, 18x [30 M rechts, 1 M linksgeneigt aus dem QF zun], 6 M rechts (= 570 M).

Größe XL:

4. Zun-Rd: * 299 M rechts, 1 M linksgeneigt aus dem QF zun, ab * 1 x wdh (= 600 M).

Das Jacquardmuster nach Zählmuster 3 str. Den Mustersatz von 5 M pro Rd 102x/108x/114x/120x arbeiten (= 510/540/570/600 M). Die 1.–7. Rd 1x str.

Dann die KF abtrennen und weiter mit der HF str, dabei zu Rundstrick-Nd 3,0 mm wechseln.

Bei einer Gesamthöhe ab Anschlag vordere Mitte von 21/22,5/25/26,5 cm die M wie folgt für Ärmel und Body aufteilen:

Von der hinteren Mitte 80/86/92/99 M rechts str für das Rückenteil, 94/98/100/102 M für den Ärmel stilllegen, 6/6/7/8 M dazu anschl, MM setzen (= neuer Rd-Beginn), 6/6/7/8 M dazu anschl, 162/172/185/198 M rechts für das Vorderteil, 94/98/100/102 M für den Ärmel stilllegen, 12/12/14/16 M dazu anschl, 80/86/93/99 M rechts str für das Rückenteil bis hintere Mitte.

Je Ärmel sind 94/98/100/102 M + 12/12/14/16 M = 106/110/114/118 M vorhanden. Für Vorder- und Rückenteil sind je 162/172/185/198 M + 24/24/28/32 M vorhanden = Body gesamt = 348/368/398/428 M.

Weiter glatt rechts str, bis der Body ab Ärmel 34/35/36/37 cm misst. Zu Nd 2,5 mm wechseln und 14 Rd im Bündchenmuster str. Alle M elastisch abk.

ÄRMEL (2X)

HINWEIS: Um Löcher zu vermeiden, empfiehlt es sich, an jeder Seite des Armausschnitts 1 M zusätzlich aufzufassen. In der folgenden Rd die beiden zusätzlichen M mit der jeweiligen Ärmel-M zusstr, um wieder auf die richtige M-Zahl zu kommen.

In der HF die stillgelegten 94/98/100/102 Ärmel-M auf das Nd-Spiel 3,0 mm aufnehmen. Für den Armausschnitt in der Mitte der dazu angeschlagenen M des Bodys beginnend 6/6/7/8 M (+ 1 M siehe Hinweis) für den Ärmel herausstr, die Ärmel-M rechts str, aus den dazu angeschlagenen M des Bodys 6/6/7/8 M (+ 1 M siehe Hinweis) für den Ärmel herausstr, MM setzen (= Rd-Beginn); in der folgenden Rd wie oben beschrieben die beiden zusätzlichen M zusstr (= 106/110/114/118 M).

Weiter glatt rechts in Rd str. Für die Ärmelschrägung bei 8 cm ab Ärmelbeginn die 1. Abn-Rd wie folgt arbeiten: 2 M rechts, 2 M rechts zusstr, rechts str bis 4 M vor MM, 2 M rechts überzogen zusstr, 2 M rechts (= 2 M abgenommen = 104/108/112/116 M).

Diese Abn-Rd 18x/20x/18x/20x in jeder 7./6./7./6. Rd wdh (= 68/68/76/76 M).

Weiter glatt rechts in Rd str, bis der Ärmel ca. 44 cm oder 4 cm weniger als die gewünschte Gesamtlänge misst. Zum Nd-Spiel 2,5 mm wechseln und 14 Rd im Bündchenmuster str. Alle M elastisch abk.

FERTIGSTELLUNG

Alle Fäden sauber vernähen. Den Pullover von links vorsichtig in Form stecken und unter feuchten Tüchern trocknen lassen.

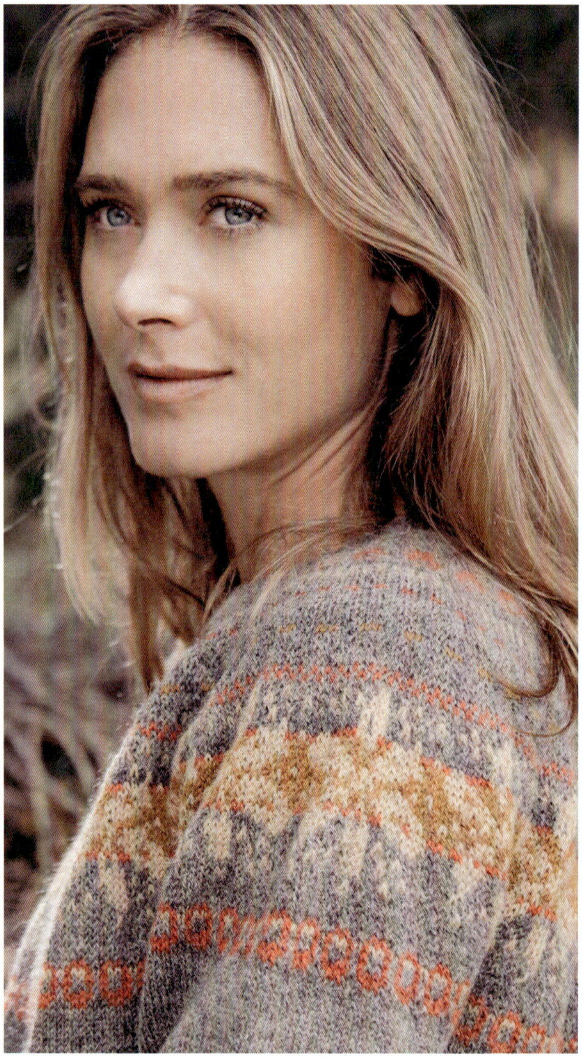

ZÄHLMUSTER 2

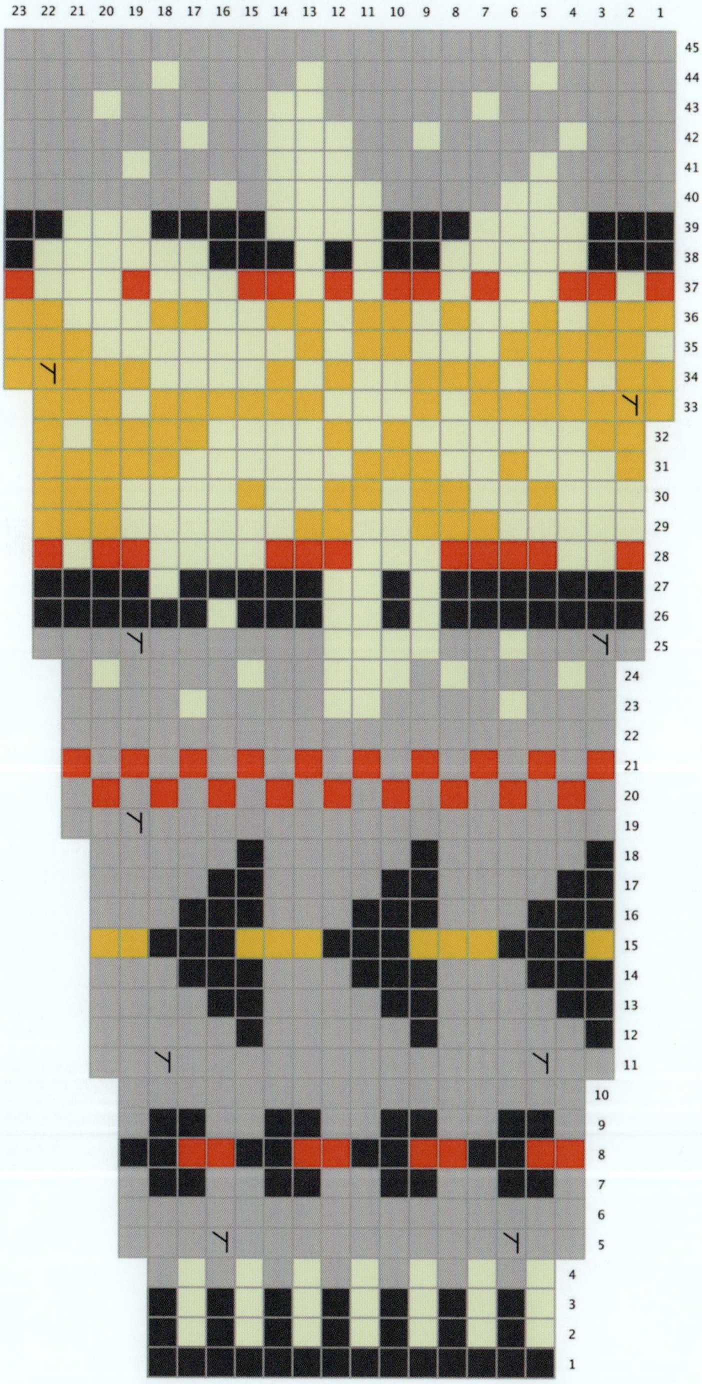

Mustersatz zu Beginn = 14 Maschen

ZÄHLMUSTER 1

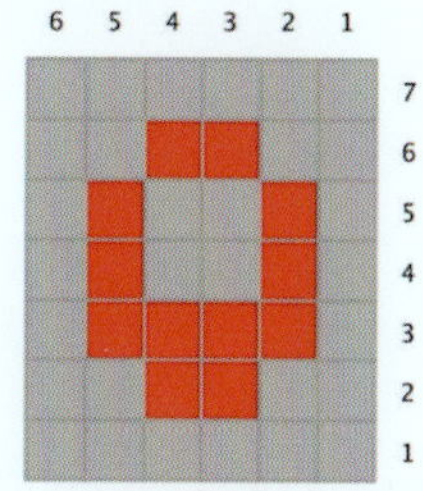

Mustersatz = 6 Maschen

ZÄHLMUSTER 3

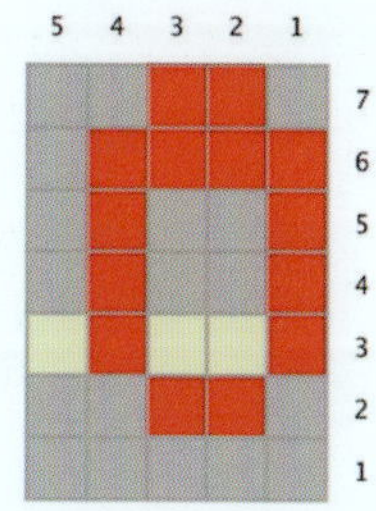

Mustersatz = 5 Maschen

LEGENDE

- = HF: Braun
- = KF 1: Gold
- = KF 2: Ocker
- = KF 3: Rot
- = KF 4: Dunkelbraun
- = 1 M linksgeneigt aus dem QF zun

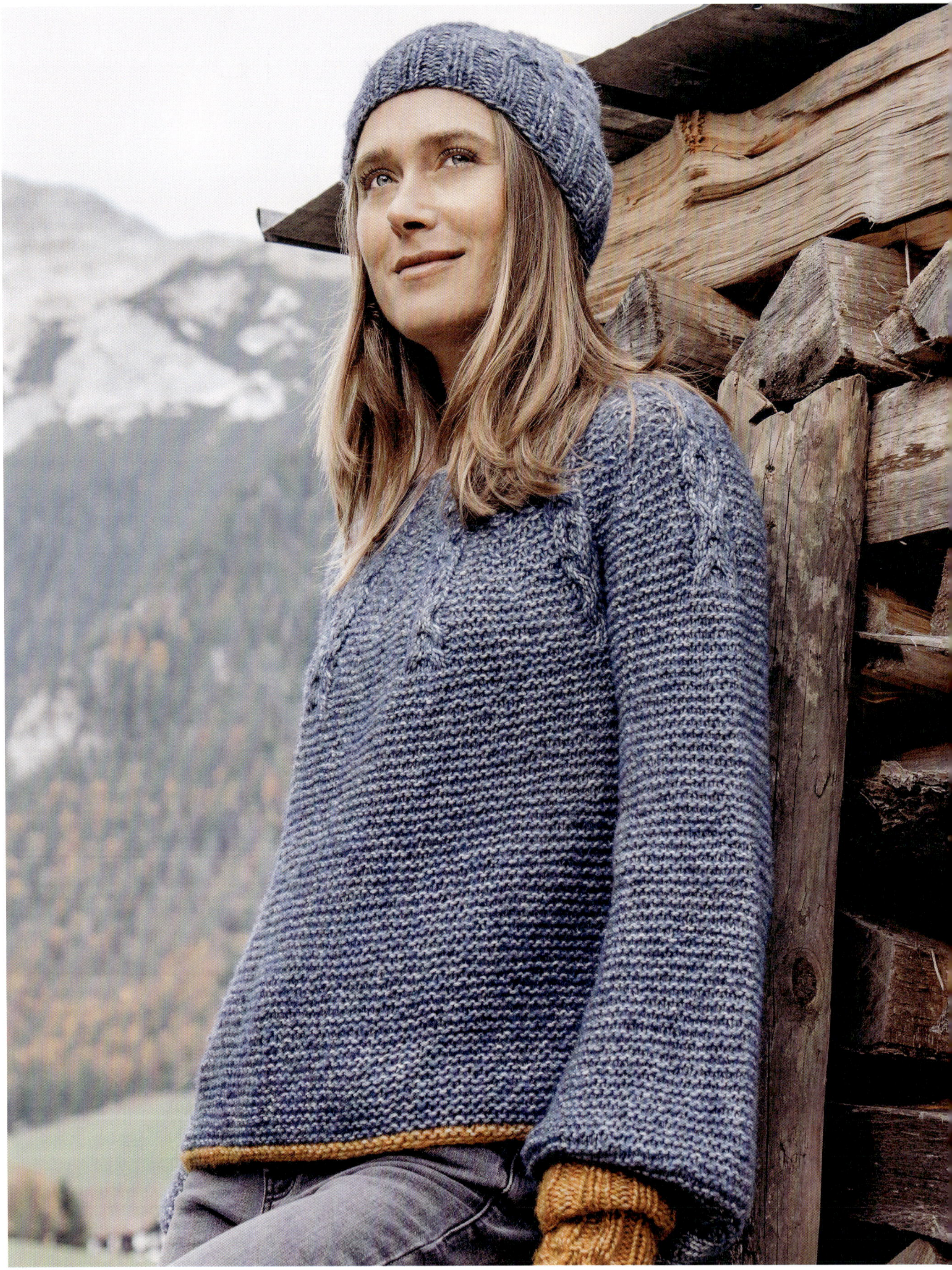

RAGNHEIDUR

Pullover mit Zopfmuster

Regular Fit
Unser Model trägt Größe S

GRÖSSE

S, M, L, XL

Mehrweite von ca. 14 cm

HINWEIS: Die Angaben für die einzelnen Größen stehen von der kleinsten bis zur größten Größe hintereinander, jeweils durch Schrägstriche getrennt. Steht nur eine Angabe, gilt diese für alle Größen.

Brustumfang: 104/110/116/121 cm

Ärmelbreite: 16/16,5/17/17,5 cm

MATERIAL

- Schachenmayr Cosy Wool (64 % Viskose, 25 % Polyacryl, 11 % Wolle, LL 100 m/50 g) in Cloud (Fb 52), 450/500/550/600 g, und in Gold (Fb 22), 50 g

HINWEIS: Die Banderolen überprüfen und nur Knäuel der gleichen Farbpartie verwenden. Der Materialverbrauch kann von Person zu Person variieren.

- Rundstricknadel 4,5 mm, 40 cm lang
- 2 Rundstricknadeln 5,0 mm, 60 cm und 80 cm lang
- Nadelspiele 4,5 mm und 5,0 mm
- Hilfs- oder Zopfnadel
- Wollnadel zum Vernähen der Fäden
- Maschenmarkierer

MASCHENPROBE

Kraus rechts mit Nd 5,0 mm:
16 M und 32 R = 10 cm x 10 cm

Kraus rechts mit Zopfmuster mit Nd 5,0 mm:
19 M und 30 R = 10 cm x 10 cm

FARBAUFTEILUNG

HF: Cloud

KF: Gold

GRUNDMUSTER

Bündchenmuster in Runden

2 M rechts, 2 M links im Wechsel str.

Kraus rechts in Runden

1. Rd: Rechte M str (= Rechts-Rd).

2. Rd: Linke M str (= Links-Rd).

Die 1. und 2. Rd stets wdh.

Zopfmuster

In allen Rd nach der Strickschrift str. Den Mustersatz von 10 M zu Beginn stets wdh. Die 1.–16. Rd wie in der Anleitung angegeben wdh.

HINWEIS: Es wird gleichzeitig zugenommen, die Zun sind nicht in der Strickschrift gezeichnet, sondern in der Anleitung angegeben.

TIPP

Lesen Sie die Anleitung zuerst in Ruhe durch und markieren Sie sich alle Angaben der Größe, die Sie stricken möchten. So haben Sie beim Stricken gleich die entsprechenden Zahlen markiert und müssen nicht lange suchen.

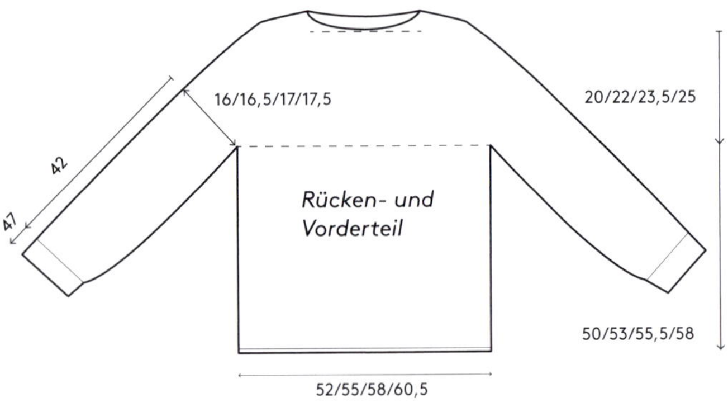

SO GEHT'S:

Mit der Rundstrick-Nd 4,5 mm 76/76/80/80 M in der HF anschl. Die Arbeit zur Rd schließen und den Rd-Beginn (hintere Mitte) mit einem MM kennzeichnen. 6 Rd im Bündchenmuster str.

Zur kurzen Rundstrick-Nd 5,0 mm wechseln. Kraus rechts str und die ersten Zun arbeiten:

Größe S und M:

1. Zun-Rd: 2 M rechts, 24x [3 M rechts, 1 M linksgeneigt aus dem QF zun], 2 M rechts (= 100 M).

Größe L und XL:

1. Zun-Rd: * 2 M rechts, 1 M linksgeneigt aus dem QF zun, ab * stets wdh (= 120 M).

2. Zun-Rd: * 12 M rechts, 1 M linksgeneigt aus dem QF zun, ab * stets wdh (= 130 M).

Nun das Zopfmuster nach der Strickschrift arbeiten. Den Mustersatz von 10 M zu Beginn pro Rd 10x/10x/13x/13x str (= 100/100/130/130 M).

Die 1.–16. Rd zunächst 1x str, dabei wie folgt zun:

Alle Größen:

5. Rd der Strickschrift = 2./2./3./3. Zun-Rd: Am Ende jedes Mustersatzes 1 M links geneigt aus dem QF zun (= 110/110/143/143 M).

Diese zugenommene M ist in der Folge die „Mittel-M".

Es werden nun in der Folge jeweils vor und nach dieser Mittel-M weitere M zugenommen. Diese zugenommenen M werden in den Folge-Rd jeweils kraus rechts gestrickt.

Die weiteren Zun im ersten Höhenrapport (= 1.–16. Rd der Strickschrift) arbeiten wie folgt:

Größe S:

9. Rd der Strickschrift: Je Mustersatz vor der Mittel-M 1 M rechtsgeneigt und nach der Mittel-M 1 M linksgeneigt aus dem QF zun (= 2 M je Mustersatz zugenommen = 130 M).

13. Rd der Strickschrift: Je Mustersatz vor der Mittel-M 1 M rechtsgeneigt und nach der Mittel-M 1 M linksgeneigt aus dem QF zun (= 2 M je Mustersatz zugenommen = 150 M).

Zur langen Rundstrick-Nd 5,0 mm wechseln.

Größe M:

9. Rd der Strickschrift: Je Mustersatz vor der Mittel-M 1 M rechtsgeneigt und nach der Mittel-M 1 M linksgeneigt aus dem QF zun (= 2 M je Mustersatz zugenommen = 130 M).

13. Rd der Strickschrift: Je Mustersatz jeweils nach der Mittel-M 1 M linksgeneigt aus dem QF zun (= 1 M je Mustersatz zugenommen = 140 M).

Zur langen Rundstrick-Nd 5,0 mm wechseln.

Größe L:

9. Rd der Strickschrift: Je Mustersatz nach der Mittel-M 1 M linksgeneigt aus dem QF zun (= 1 M je Mustersatz zugenommen = 156 M).

13. Rd der Strickschrift: Je Mustersatz vor der Mittel-M 1 M rechtsgeneigt und nach der Mittel-M 1 M linksgeneigt aus dem QF zun (= 2 M je Mustersatz zugenommen = 182 M).

Zur langen Rundstrick-Nd 5,0 mm wechseln.

Größe XL:

9. Rd der Strickschrift: Je Mustersatz vor der Mittel-M 1 M rechtsgeneigt und nach der Mittel-M 1 M linksgeneigt aus dem QF zun (= 2 M je Mustersatz zugenommen = 169 M).

13. Rd der Strickschrift: Je Mustersatz vor der Mittel-M 1 M rechtsgeneigt und nach der Mittel-M 1 M linksgeneigt aus dem QF zun (= 2 M je Mustersatz zugenommen = 195 M).

Zur langen Rundstrick-Nd 5,0 mm wechseln.

Nun den zweiten Höhenrapport (= 1.–16. Rd der Strickschrift) str, dabei wie folgt zun:

Größe S und M:

1. Rd der Strickschrift: Je Mustersatz vor der Mittel-M 1 M rechtsgeneigt und nach der Mittel-M 1 M linksgeneigt aus dem QF zun (= 2 M je Mustersatz zugenommen = 170/160 M).

5. Rd der Strickschrift: Je Mustersatz vor der Mittel-M 1 M rechtsgeneigt und nach der Mittel-M 1 M linksgeneigt aus dem QF zun (= 2 M je Mustersatz zugenommen = 190/180 M).

9. Rd der Strickschrift: Je Mustersatz vor der Mittel-M 1 M rechtsgeneigt und nach der Mittel-M 1 M linksgeneigt aus dem QF zun (= 2 M je Mustersatz zugenommen = 210/200 M).

13. Rd der Strickschrift: Je Mustersatz vor der Mittel-M 1 M rechtsgeneigt und nach der Mittel-M 1 M linksgeneigt aus dem QF zun (= 2 M je Mustersatz zugenommen = 230/220 M).

Größe L und XL:

1. Rd der Strickschrift: Je Mustersatz vor der Mittel-M 1 M rechtsgeneigt und nach der Mittel-M 1 M linksgeneigt aus dem QF zun (= 2 M je Mustersatz zugenommen = 208/221 M).

5. Rd der Strickschrift: Je Mustersatz vor der Mittel-M 1 M rechtsgeneigt und nach der Mittel-M 1 M linksgeneigt aus dem QF zun (= 2 M je Mustersatz zugenommen = 234/247 M).

9. Rd der Strickschrift: Je Mustersatz vor der Mittel-M 1 M rechtsgeneigt und nach der Mittel-M 1 M linksgeneigt aus dem QF zun (= 2 M je Mustersatz zugenommen = 260/273 M).

13. Rd der Strickschrift: Je Mustersatz nach der Mittel-M 1 M linksgeneigt aus dem QF zun (= 1 M je Mustersatz zugenommen = 273/286 M).

Ende 2. Mustersatzhöhe

Nun mit einem dritten Höhenrapport beginnen und wie folgt str:

Größe S:

1. Rd der Strickschrift: Je Mustersatz nach der Mittel-M 1 M linksgeneigt aus dem QF zun (= 240 M).

Dann im Zopfmuster gemäß Strickschrift ohne Zun weiter bis zu einer Gesamthöhe ab Anschlag vordere Mitte von ca. 20 cm str. Mit einer Rd rechte M ohne Verkreuzung enden.

Größe M:

1. Rd der Strickschrift: Je Mustersatz vor der Mittel-M 1 M rechtsgeneigt und nach der Mittel-M 1 M linksgeneigt aus dem QF zun (= 2 M je Mustersatz zugenommen = 240 M).

5. Rd der Strickschrift: Je Mustersatz vor der Mittel-M 1 M rechtsgeneigt und nach der Mittel-M 1 M linksgeneigt aus dem QF zun (= 2 M je Mustersatz zugenommen = 260 M).

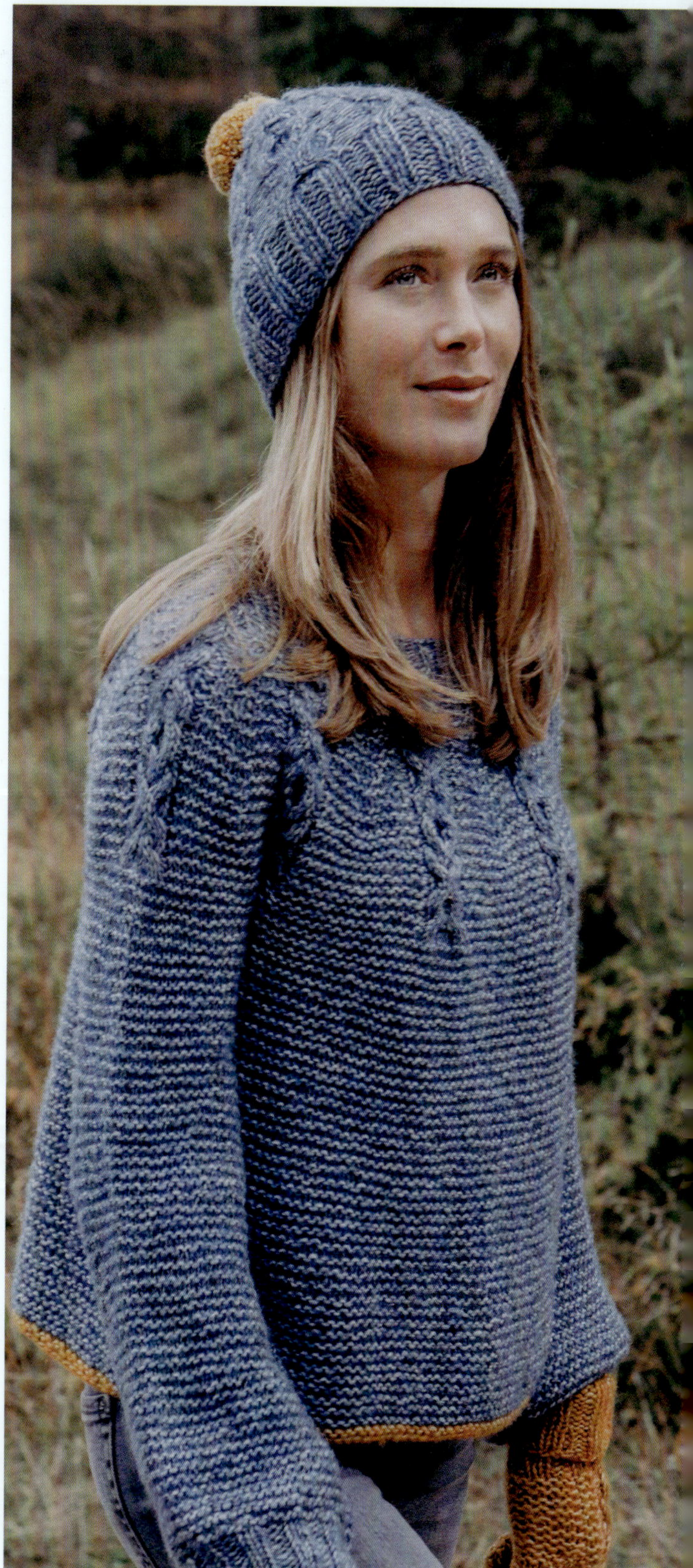

Dann im Zopfmuster gemäß Strickschrift ohne Zun weiter bis zu einer Gesamthöhe ab Anschlag vordere Mitte von ca. 22 cm str. Mit einer Rd rechte M ohne Verkreuzung enden.

Größe L:

Im Zopfmuster gemäß Strickschrift bis zu einer Gesamthöhe ab Anschlag vordere Mitte von ca. 23,5 cm str, dabei noch 1 M linksgeneigt zun (= 274 M). Mit einer Rd rechte M ohne Verkreuzung enden.

Größe XL:

Dann im Zopfmuster gemäß Strickschrift ohne Zun weiter bis zu einer Gesamthöhe ab Anschlag vordere Mitte von ca. 25 cm str. Mit einer Rd rechte M ohne Verkreuzung enden.

Dann die M wie folgt für Ärmel und Body aufteilen:

Von der hinteren Mitte 38/41/43/46 M rechts str für das Rückenteil, 44/48/50/52 M für den Ärmel stilllegen, 3 M dazu anschl, MM setzen (= neuer Rd-Beginn), 3 M dazu anschl, 76/82/87/91 M rechts str für das Vorderteil, 44/48/50/52 M für den Ärmel stilllegen, 6 M dazu anschl, 38/41/44/45 M rechts str für das Rückenteil bis hintere Mitte.

Je Ärmel sind 44/48/50/52 M + 6 M = 50/54/56/58 M vorhanden. Für Vorder- und Rückenteil sind je 76/82/87/91 M + 12 M vorhanden = Body gesamt = 164/176/186/194 M.

Weiter über alle M mit Rundstrick-Nd 5,0 mm kraus rechts arbeiten, bis der Body ab Ärmel 29/30/31/32 cm misst. Nun mit einer Rd linker M enden und die HF abtrennen. Zur KF wechseln und 1 Rd rechte M, dann 1 Rd linke M str. Dann alle M elastisch abk.

ÄRMEL (2X)

HINWEIS: Um Löcher zu vermeiden, empfiehlt es sich, an jeder Seite des Armausschnitts 1 M zusätzlich aufzufassen. In der folgenden Rd die beiden zusätzlichen M mit der jeweiligen Ärmel-M zusstr, um wieder auf die richtige M-Zahl zu kommen.

Die stillgelegten 44/48/50/52 Ärmel-M auf das Nd-Spiel 5,0 mm aufnehmen und kraus rechts str: Für den Armausschnitt in der Mitte der dazu angeschlagenen M des Bodys beginnend 3 M (+ 1 M siehe Hinweis) für den Ärmel herausstr, die Ärmel-M rechts str, aus den dazu angeschlagenen M des Bodys 3 M (+ 1 M siehe Hinweis) für den Ärmel herausstr, MM setzen (= Rd-Beginn); in der folgenden Rd wie oben beschrieben die beiden zusätzlichen M zusstr (= 50/54/56/58 M).

In 8 cm Höhe ab Ärmelbeginn in einer Rechts-Rd wie folgt die 1. Zun-Rd arbeiten:

Zun-Rd: 2 M rechts, 1 M linksgeneigt aus dem QF zun, rechte M str bis 2 M vor Rd-Ende, 1 M linksgeneigt aus dem QF zun, 2 M rechts (= 52/56/58/60 M).

Diese Zun-Rd 9x in jeder 10. Rd wdh (= 70/74/76/78 M).

Weiter kraus rechts in Rd str, bis der Ärmel ca. 42 cm oder 5 cm weniger als die gewünschte Länge misst. In der folgenden Rechts-Rd wie folgt M str: * 1 M rechts, 2 M rechts zusstr, ab * stets wdh, enden mit 1/2/1/- M rechts.

Zu Nd-Spiel 4,5 mm wechseln und 5 cm im Bündchenmuster str. Alle M elastisch abk.

FERTIGSTELLUNG

Alle Fäden sauber vernähen. Den Pullover von links vorsichtig in Form stecken und unter feuchten Tüchern trocknen lassen.

STRICKSCHRIFT ZOPFMUSTER

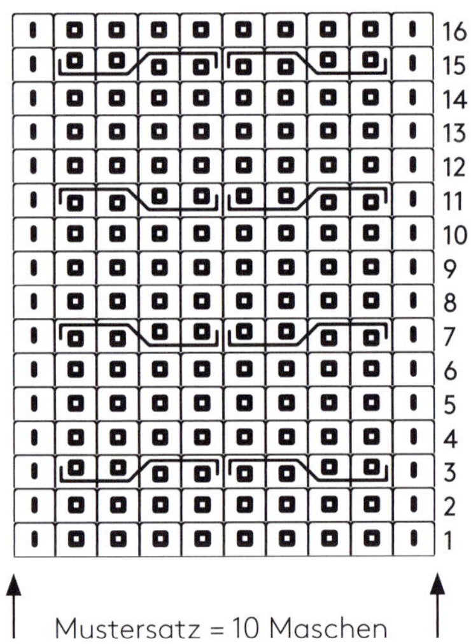

Mustersatz = 10 Maschen

LEGENDE

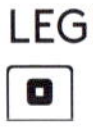 = 1 M rechts

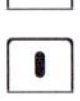 = 1 M links

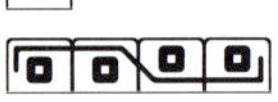 = 4 M nach links verkreuzen: 2 M auf eine Hilfs-Nd vor die Arbeit legen, 2 M rechts str, dann die M der Hilfs-Nd rechts str

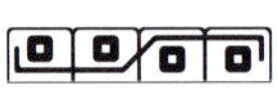 = 4 M nach rechts verkreuzen: 2 M auf eine Hilfs-Nd hinter die Arbeit legen, 2 M rechts str, dann die M der Hilfs-Nd rechts str

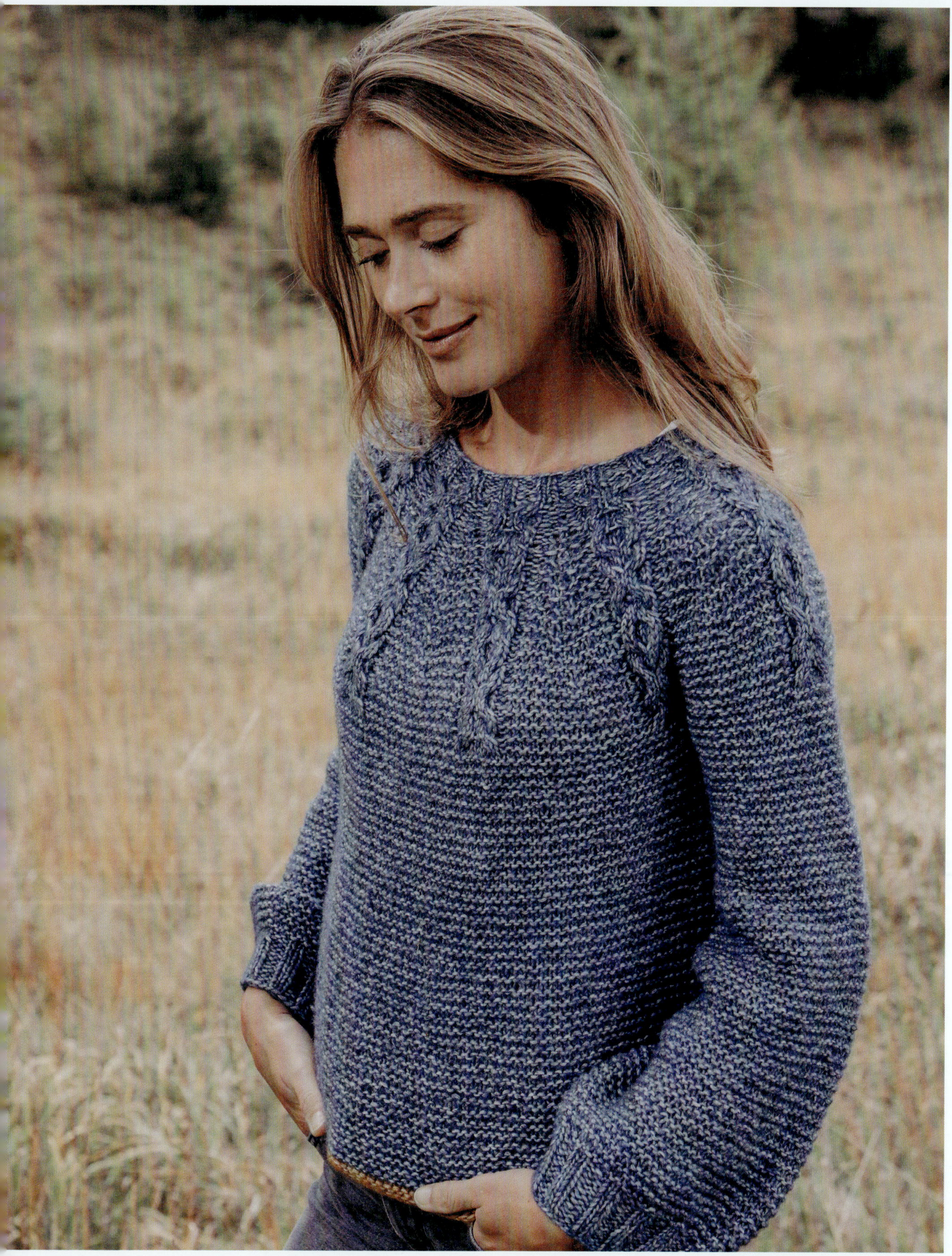

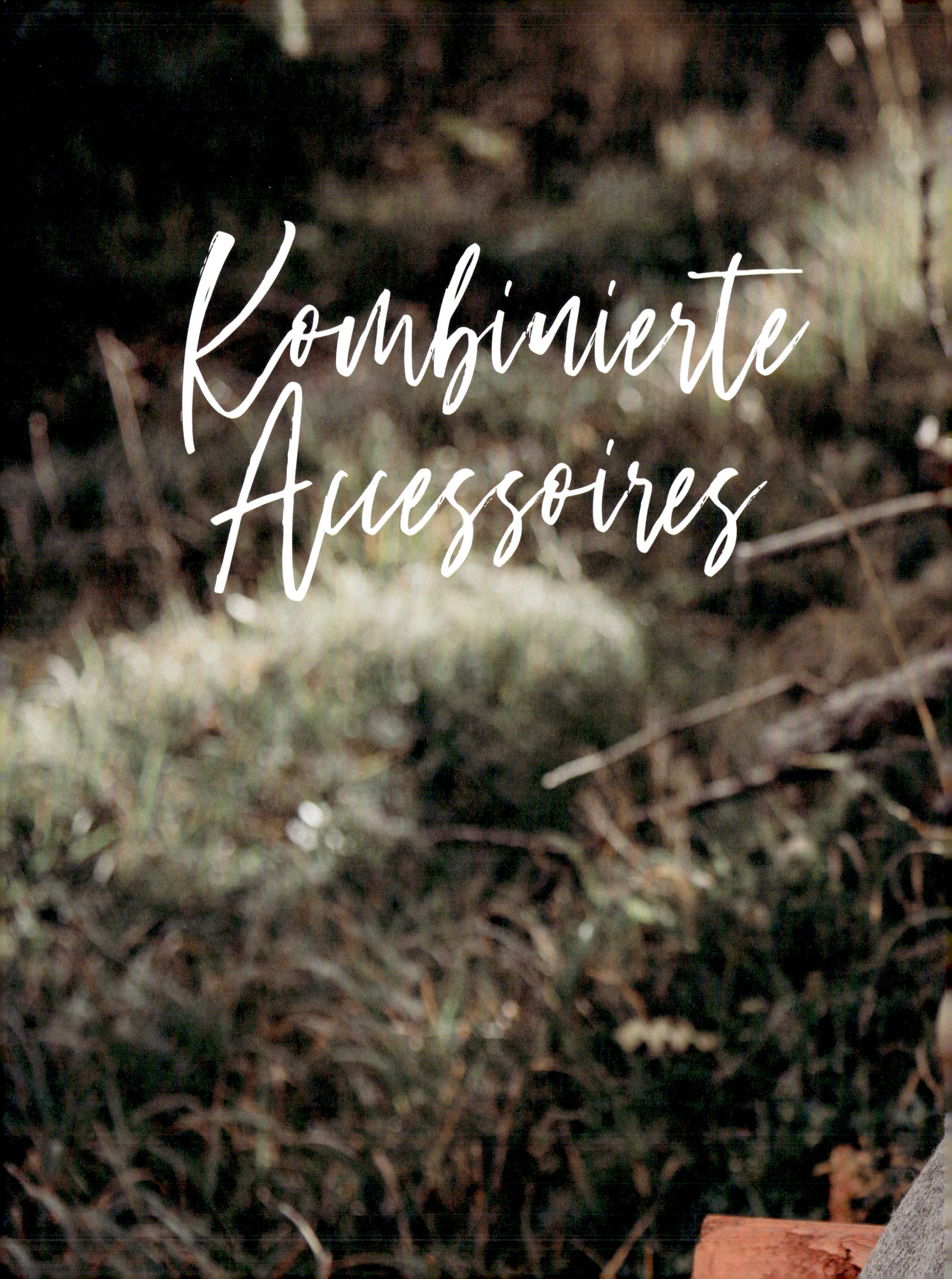

Kombinierte Accessoires

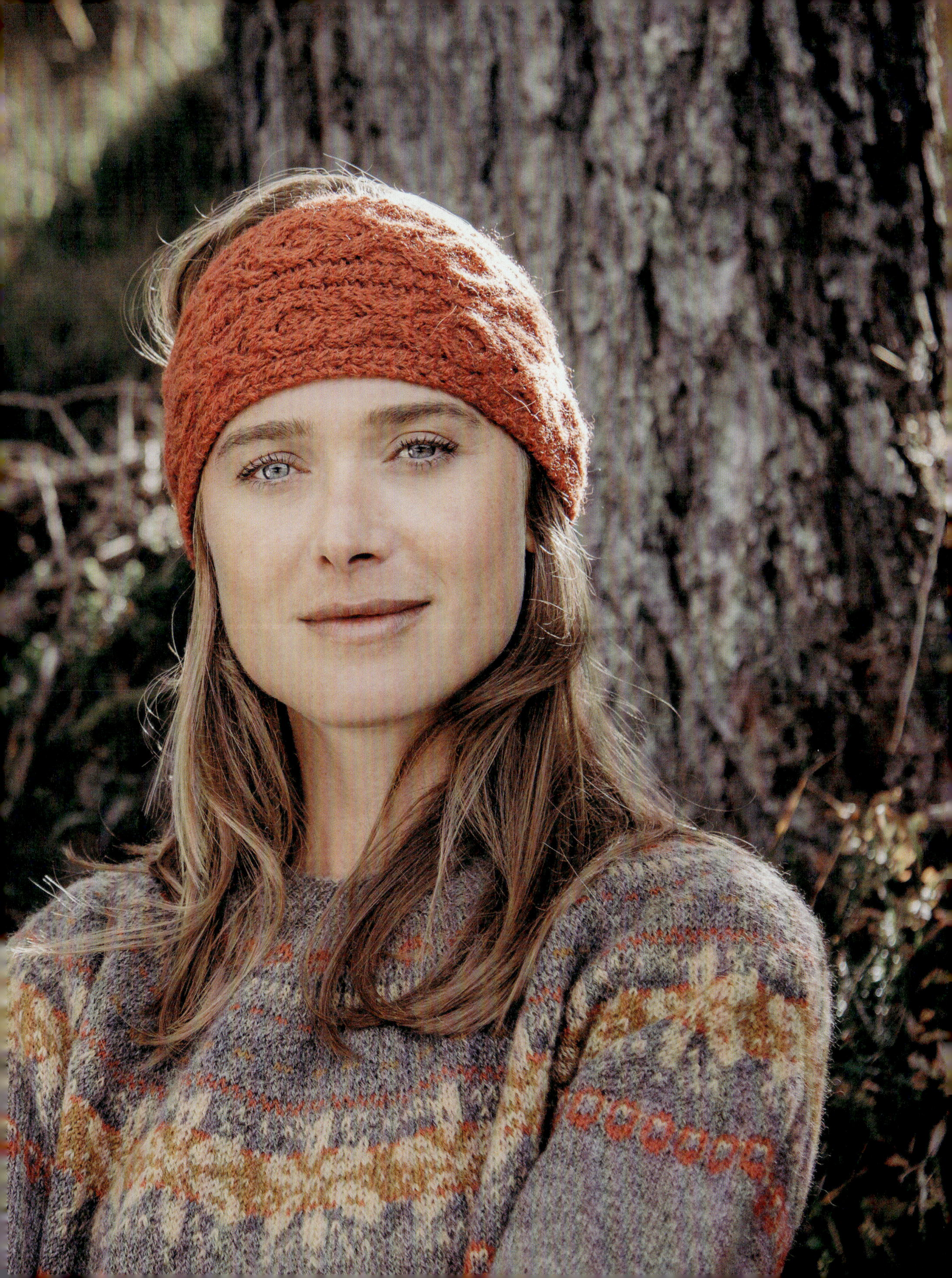

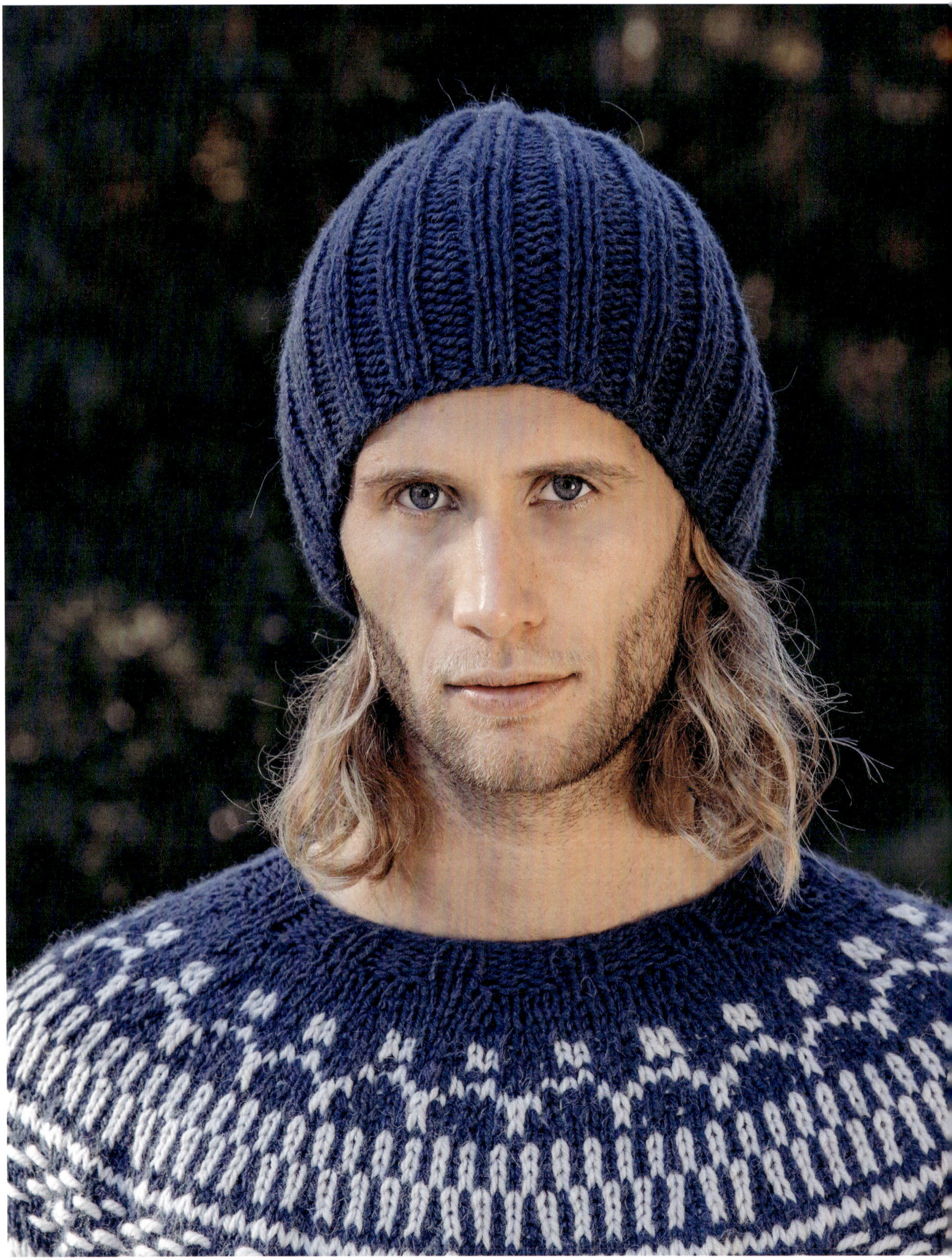

HALLDÓR

Mütze

◆◆◆

GRÖSSE

Einheitsgröße

Höhe 22 cm

MATERIAL

- ggh Norvika (30 % Norwegische Wolle, 30 % Polyacryl, 20 % Alpaka, 13 % Bio-Polyamid: Biofeel®, 7 % Polyamid, LL 65 m/50 g) in Dunkelblau (Fb 05), 100 g
- Nadelspiele 4,0 mm und 4,5 mm
- Wollnadel zum Vernähen der Fäden

MASCHENPROBE

Im Bündchenmuster mit Nd 4,5 mm:
16 M und 20 R = 10 cm x 10 cm

GRUNDMUSTER

Bündchenmuster in Runden

2 M rechts, 2 M links im Wechsel str.

SO GEHT'S:

Mit Nd-Spiel 4,0 mm 76 M anschl. Die Arbeit zur Rd schließen und den Rd-Beginn mit einem MM kennzeichnen. 8 Rd im Bündchenmuster str.

Zu Nd-Spiel 4,5 mm wechseln und weiter im Bündchenmuster arbeiten.

Bei 21 cm Gesamthöhe ab Anschlag wie folgt für die Spitze abnehmen:

1. Rd (Abn-Rd): * 2 M rechts zusstr, 2 M links, ab * stets wdh (= 57 M).

2. Rd (Abn-Rd): * 1 M rechts, 2 M links zusstr, ab * stets wdh (38 M).

3. Rd (Abn-Rd): * 1 M rechts, 1 M links, 1 M rechts, 2 M rechts zusstr, 1 M links, ab * stets wdh, enden mit 1 M rechts, 1 M links (= 32 M).

4. Rd: Alle M str, wie sie erscheinen.

Die verbleibenden M mit doppeltem Faden zusammenziehen.

FERTIGSTELLUNG

Die Fäden vernähen.

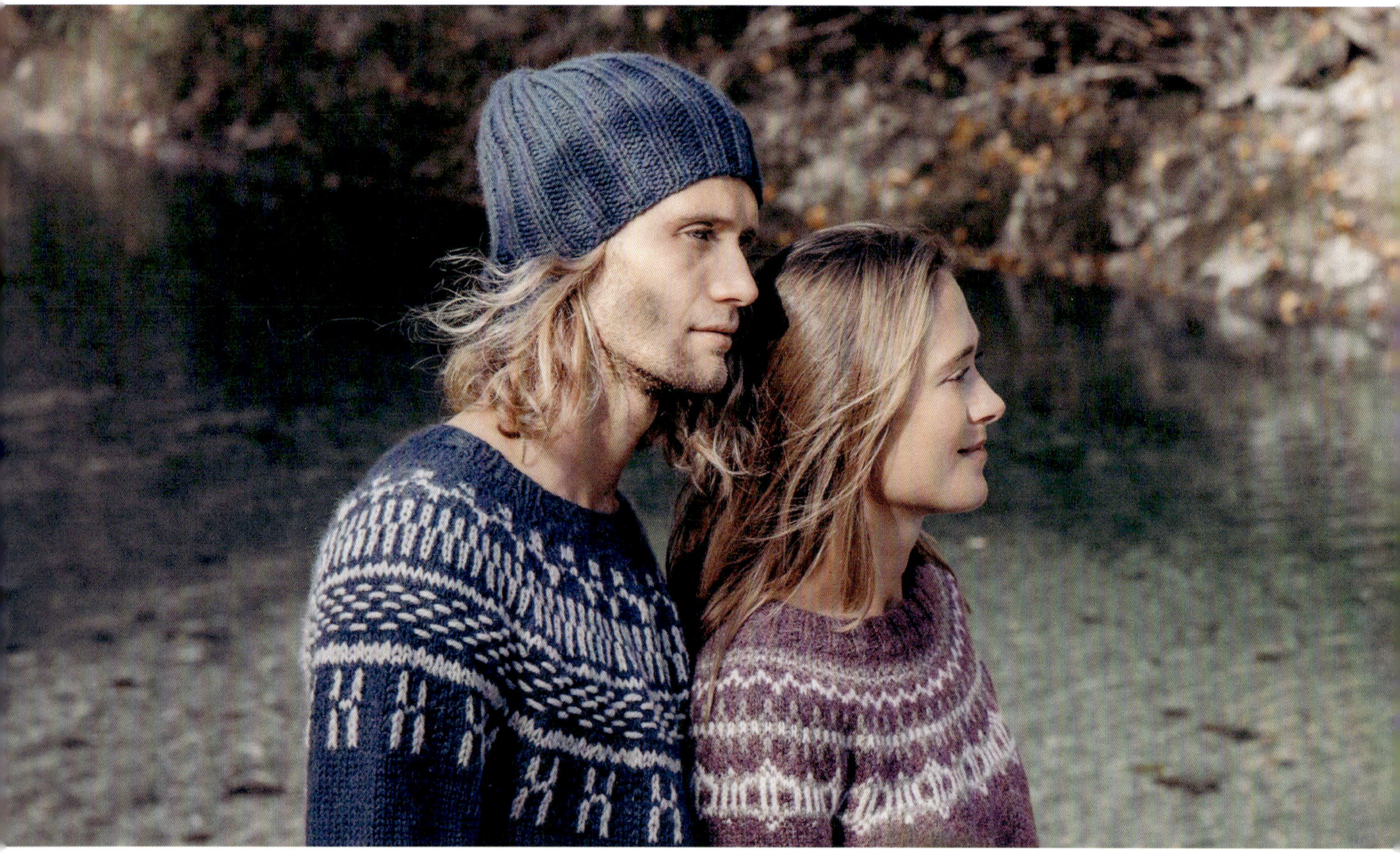

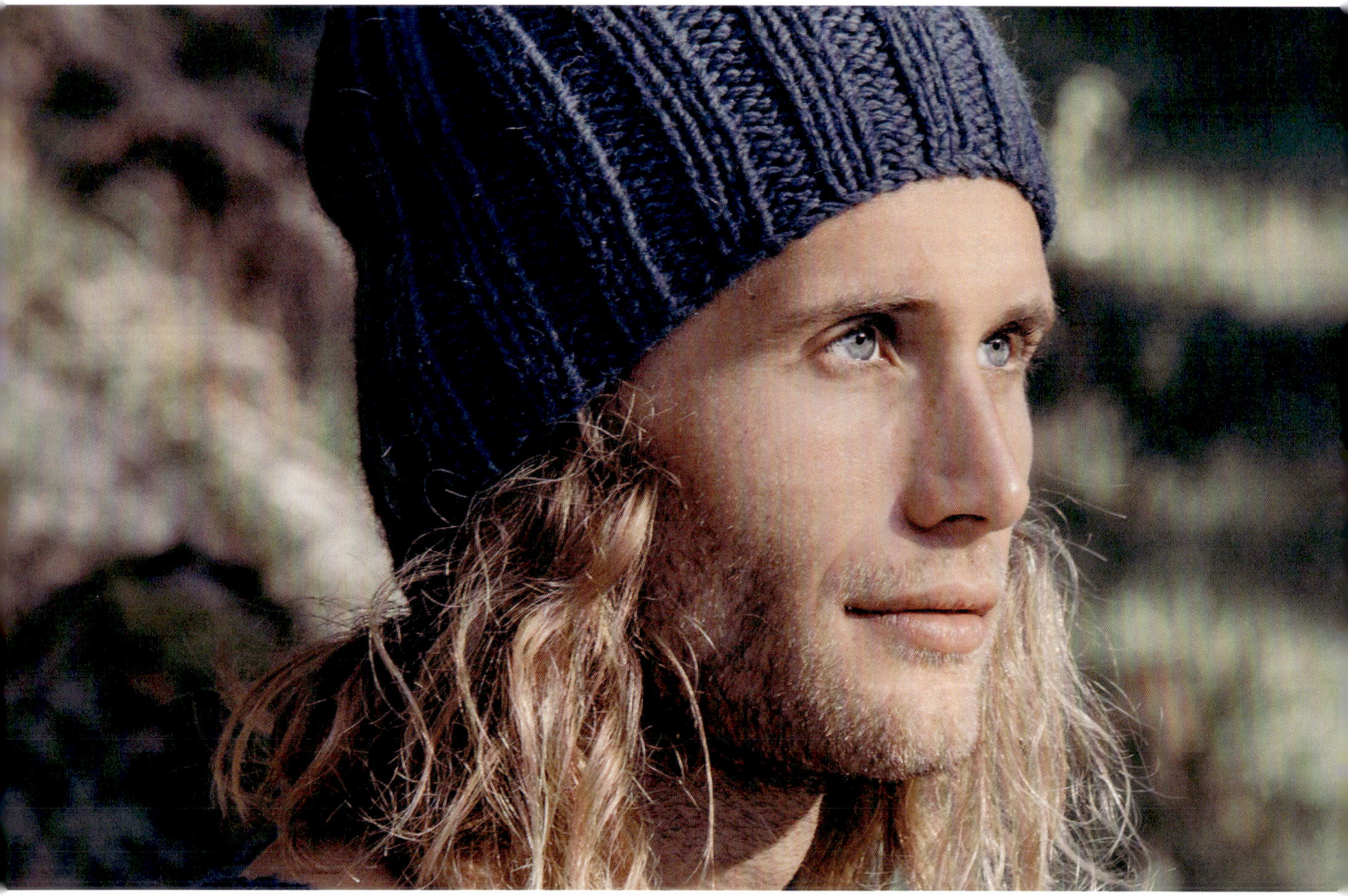

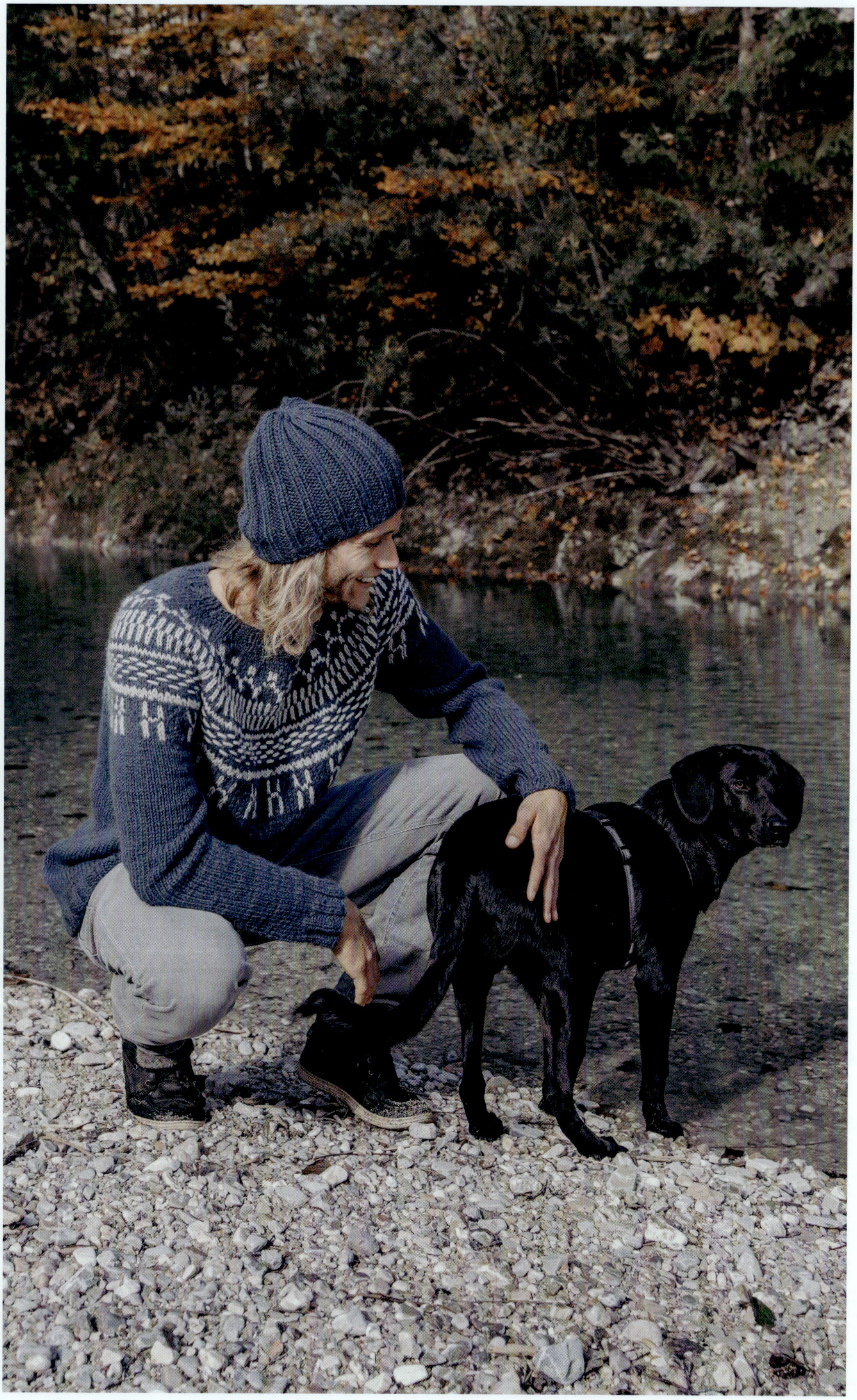
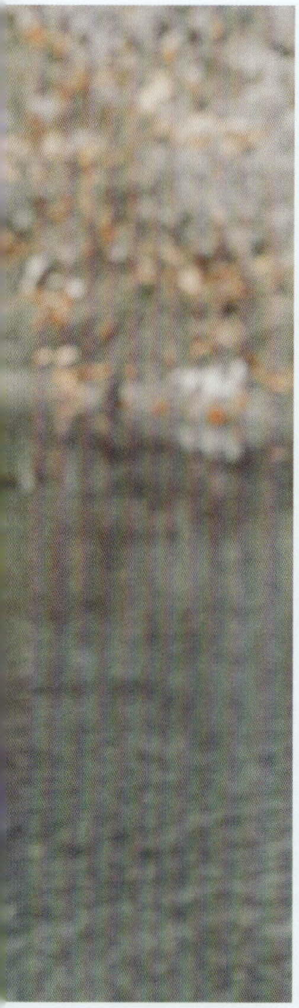

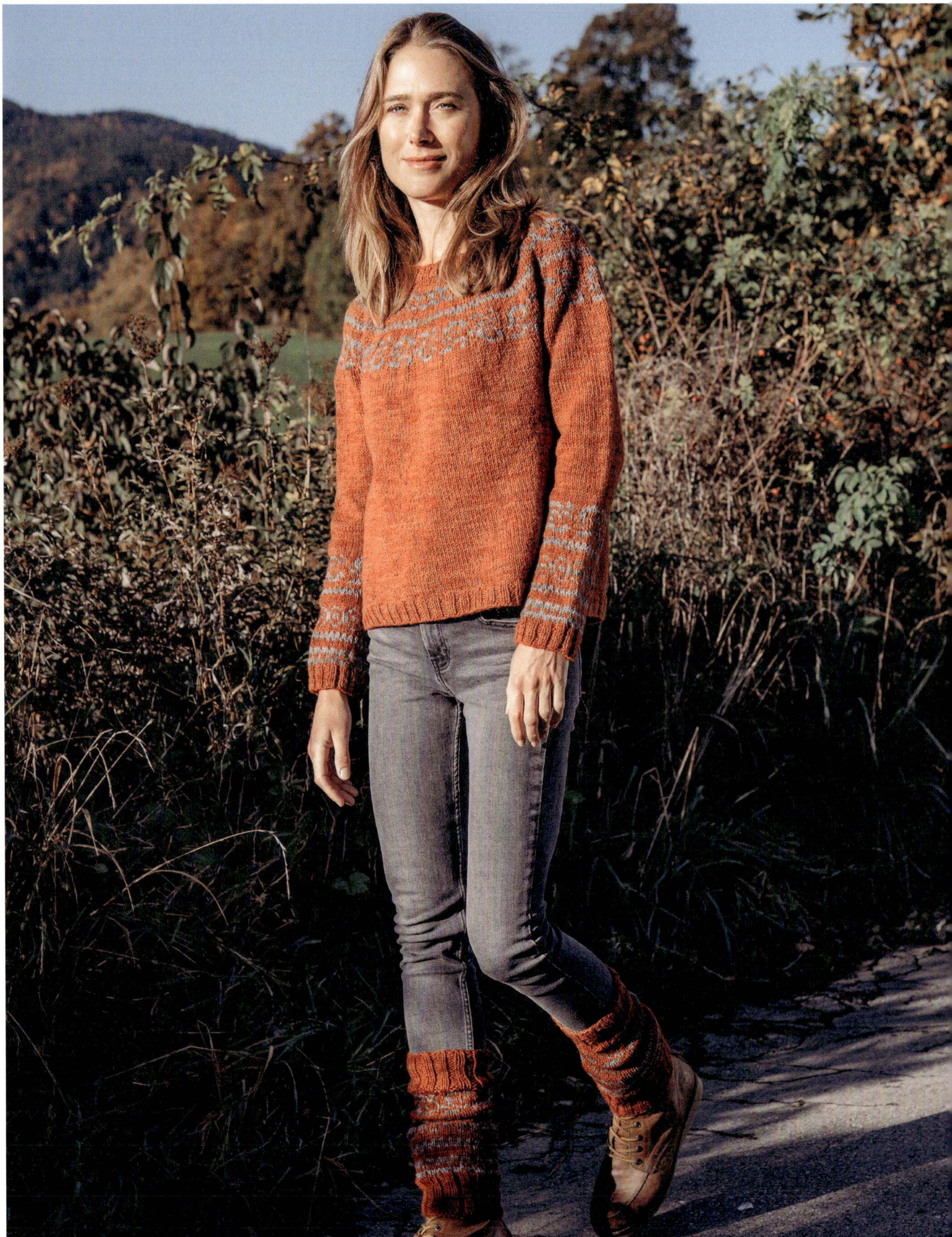

ARNA
Stulpen

◆◆◆

GRÖSSE

Einheitsgröße

Höhe 30 cm

MATERIAL

- Hey Mama Wolf Schafwolle No.03 im 100-g-Strang (100 % Bio-Schurwolle kbT, handgefärbt, LL 260 m/100 g) in Krapp und Seabird, je 100 g
- Nadelspiele 3,0 mm und 4,0 mm
- Wollnadel zum Vernähen der Fäden
- Maschenmarkierer

MASCHENPROBE

Im Jacquardmuster mit zwei Fb und Nd 4,0 mm:
19 M und 29 R = 10 cm x 10 cm

FARBAUFTEILUNG

HF: Krapp

KF: Seabird

GRUNDMUSTER

Bündchenmuster in Runden

2 M rechts, 2 M links im Wechsel str.

Glatt rechts in Runden

Stets rechte M str.

Jacquardmuster in Runden

Alle Rd glatt rechts nach dem Zählmuster str. Den Mustersatz von 18 M stets wdh. Die 1.–41. Rd 1x str.

HINWEIS: Fäden nach jeder 3. M einweben.

SO GEHT'S:

Mit Nd-Spiel 3,0 mm 52 M in der HF anschl. Die Arbeit zur Rd schließen und den Rd-Beginn mit einem MM kennzeichnen. 12 Rd im Bündchenmuster str.

Zu Nd-Spiel 4,0 mm wechseln.

1 Rd rechte M str, dabei gleichmäßig verteilt 2 M zun (= 54 M).

Das Jacquardmuster nach dem Zählmuster str. Den Mustersatz von 18 M stets wdh. Die 1.–41. Rd 1x str.

1 Rd rechts M str, dabei gleichmäßig verteilt 2 M abn (= 52 M).

Zu Nd-Spiel 3,0 mm wechseln und 12 Rd im Bündchenmuster str.

Alle M elastisch abk.

FERTIGSTELLUNG

Die Fäden vernähen.

LEGENDE

- = HF: Krapp
- = KF: Seabird
- = 1 M linksgeneigt aus dem QF zun

ZÄHLMUSTER STULPEN

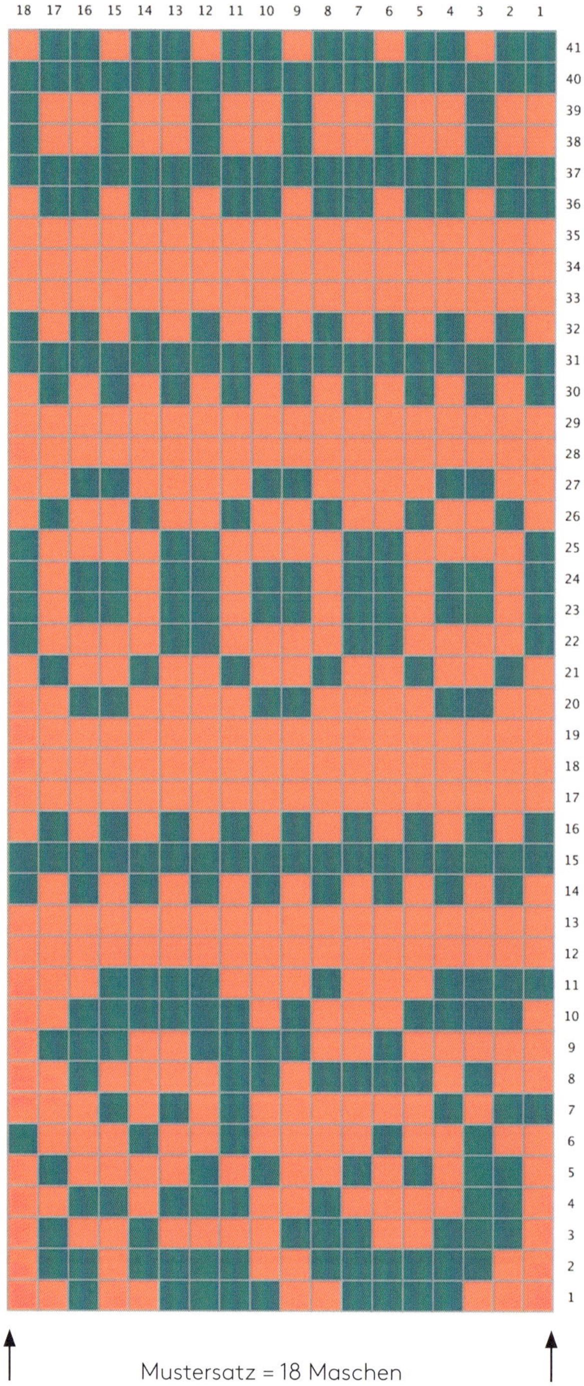

Mustersatz = 18 Maschen

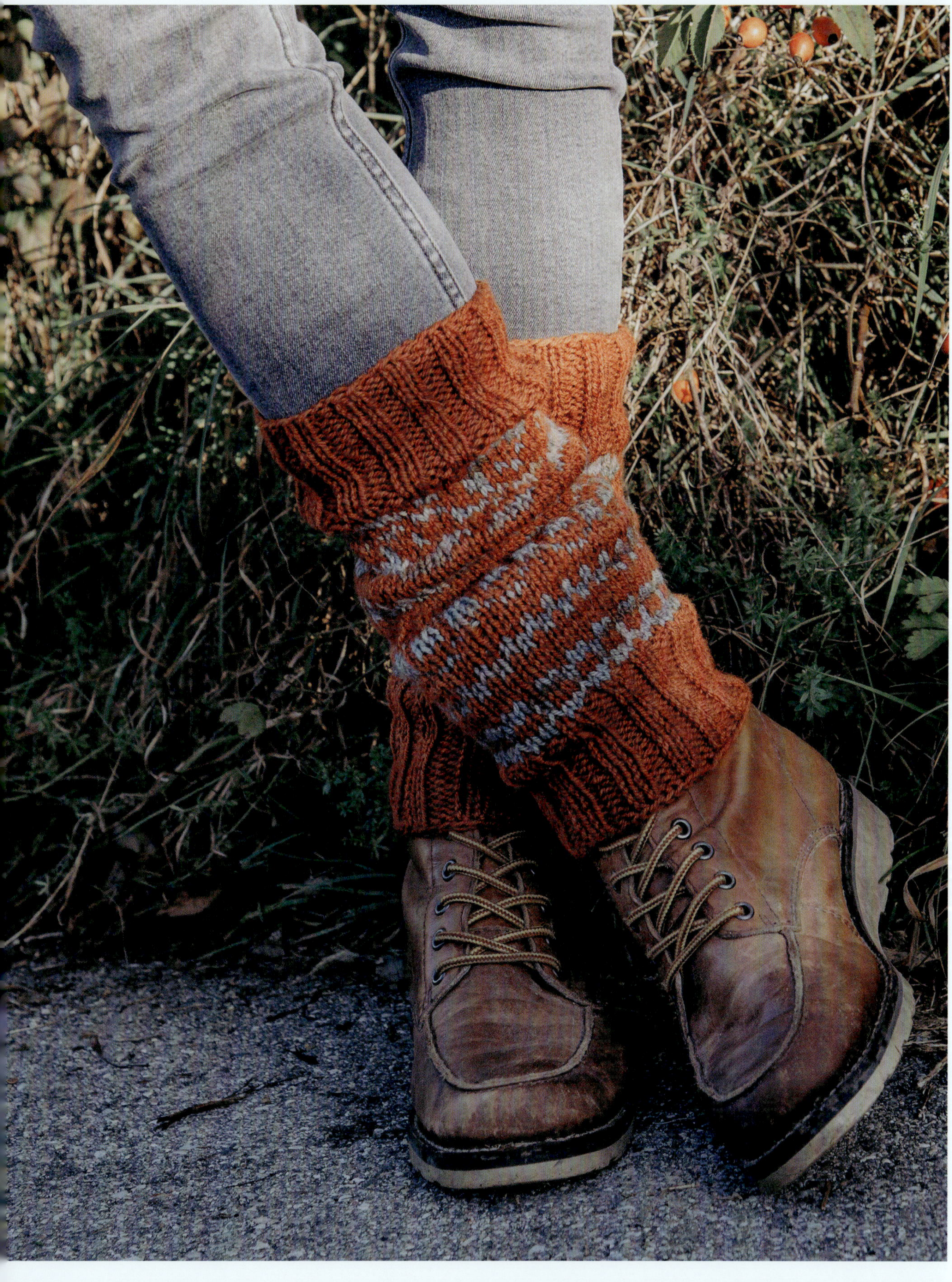

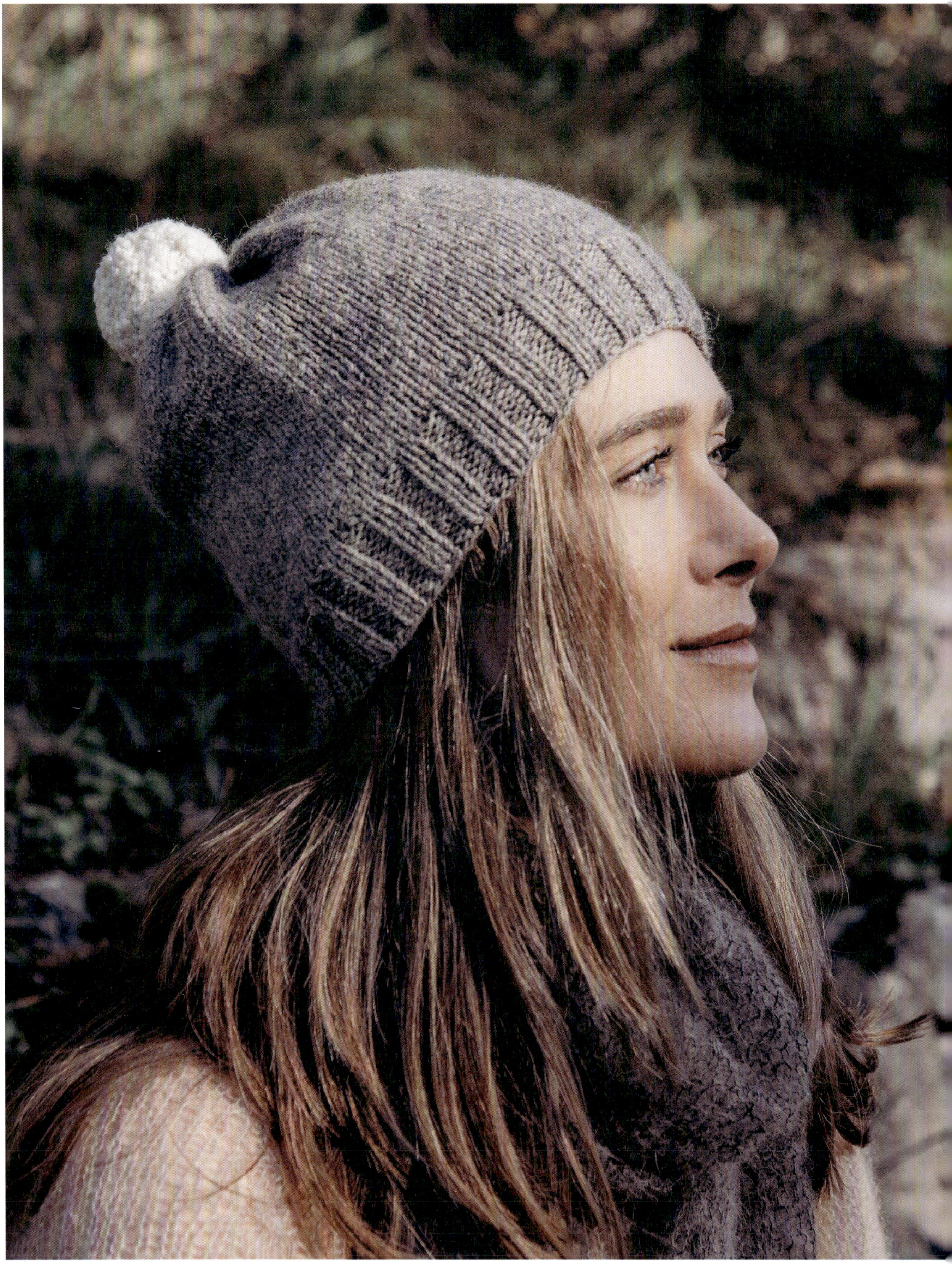

ÁSDÍS
Mütze

GRÖSSE

Einheitsgröße

Höhe 21 cm

MATERIAL

- Lana Grossa Alta Moda Alpaca (90 % Alpaka, 5 % Schurwolle, 5 % Polyamid, LL 140 m/50 g) in Grau/Beige meliert (Fb 15), 100 g, und in Rohweiß (Fb 14), 50 g
- Rundstricknadel 3,5 mm, 40 cm lang
- Rundstricknadel 4,0 mm, 40 cm lang
- Wollnadel zum Vernähen der Fäden
- Maschenmarkierer
- Pomponmaker, Ø 6 cm

MASCHENPROBE

Glatt rechts mit Nd 4,0 mm:
26 M und 30 R = 10 cm x 10 cm

FARBAUFTEILUNG

HF: Grau/Beige meliert

KF: Rohweiß

GRUNDMUSTER

Bündchenmuster in Runden

2 M rechts, 2 M links im Wechsel str.

Glatt rechts in Runden

Stets rechte M str.

SO GEHT'S:

In der HF 104 M gleichmäßig verteilt auf 4 Spiel-Nd anschl. Die Arbeit zur Rd schließen und den Rd-Beginn mit einem MM kennzeichnen. 14 Rd im Bündchenmuster str.

Zu Nd 4,0 mm wechseln und glatt rechts str.

Bei 20 cm Gesamthöhe ab Anschlag wie folgt für die Spitze abn:

1. Abn-Rd: * 8 M rechts, 2 M rechts überzogen zusstr, ab * stets wdh, enden mit 4 M rechts (= 94 M).

1 Rd glatt rechts ohne Abn str.

2. Abn-Rd: 8 M rechts, 2 M rechts überzogen zusstr, * 7 M rechts, 2 M rechts überzogen zusstr, ab * stets wdh, eden mit 3 M rechts (= 84 M).

1 Rd glatt rechts ohne Abn str.

3. Abn-Rd: 8 M rechts, 2 M rechts überzogen zusstr, * 6 M rechts, 2 M rechts überzogen zusstr, ab * wdh, enden mit 2 M rechts (= 74 M).

4. Abn-Rd: 8 M rechts, 3 M rechts überzogen zusstr, * 4 M rechts, 3 M rechts überzogen zusstr, ab * wdh (= 54 M).

Noch 1 Rd glatt rechts ohne Abn str.

Die verbleibenden M mit doppeltem Faden zusammenziehen.

FERTIGSTELLUNG

Fäden vernähen. Einen Pompon in der KF arbeiten und an der Mützenspitze festnähen.

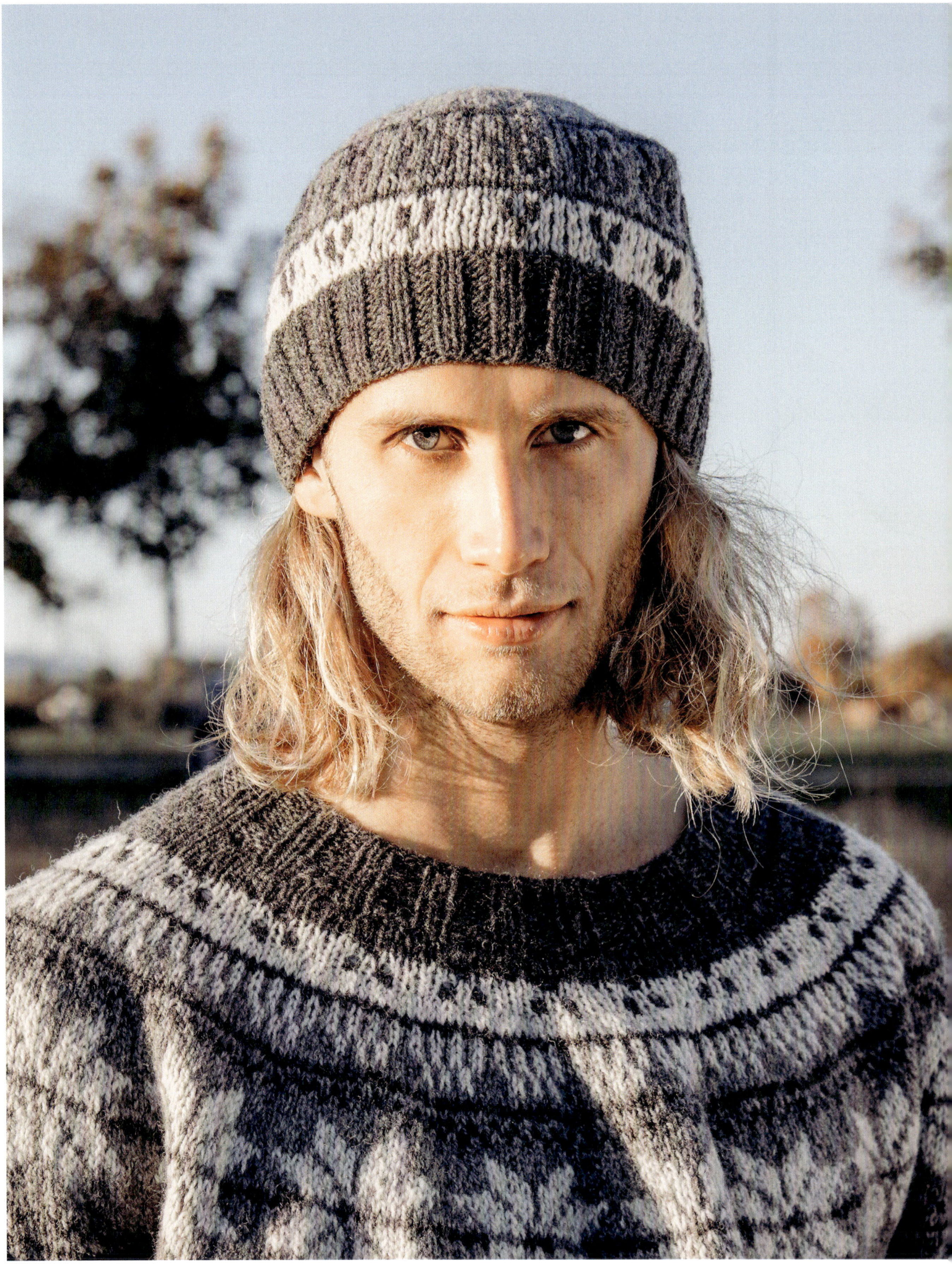

DAGUR

Mütze

GRÖSSE

Einheitsgröße

Höhe 20 cm

MATERIAL

- Rauwerk Merino im 100-g-Strang (100 % Merinowolle, LL 300 m/100 g) in Graphit, 100 g, und in Obsidian und Quarz, Reste
- Nadelspiele 3,0 mm, 3,5 mm und 4,0 mm
- Wollnadel zum Vernähen der Fäden
- Maschenmarkierer

MASCHENPROBE

Glatt rechts mit einer Fb und Nd 3,5 mm:
19 M und 30 R = 10 cm x 10 cm

HINWEIS: Weil jeder unterschiedlich strickt, sollte eine Probe des mehrfarbigen Jacquardmusters gemacht werden, um herauszufinden, ob eine Nd-Stärke größer oder kleiner nötig ist, um die oben angegebene M-Probe beizubehalten. Dabei empfiehlt sich Nd-Stärke 4,0 mm.

FARBAUFTEILUNG

HF: Graphit (Grau)

KF 1: Obsidian (Dunkelgrau)

KF 2: Quarz (Hellgrau)

GRUNDMUSTER

Bündchenmuster in Runden

2 M rechts, 2 M links im Wechsel str.

Glatt rechts in Runden

Stets rechte M str.

Jacquardmuster in Runden

Alle Rd glatt rechts nach dem Zählmuster str. Den Mustersatz von 7 M stets wdh. Die 1.–17. Rd 1x str.

HINWEIS: Die Fäden nach max. jeder 3. M einweben. Die KF liegt jeweils unten am Finger, also vorn.

SO GEHT'S:

Mit Nd-Spiel 3,0 mm 112 M in der KF 1 anschl. Die Arbeit zur Rd schließen und den Rd-Beginn mit einem MM kennzeichnen. 5 cm im Bündchenmuster str.

Zu Nd-Spiel 4,0 mm wechseln und weiter im Jacquardmuster nach dem Zählmuster Mütze arbeiten.
Den Mustersatz von 7 M pro Rd 16x arbeiten. Die 1.–17. Rd 1x str.

Nun zur HF und Nd 3,5 mm wechseln und für die Spitze wie folgt abn:

1. Abn-Rd: * 1 M rechts, 2 M rechts zusstr, 1 M rechts, ab * stets wdh (= 84 M).

4 Rd glatt rechts ohne Abn str.

2. Abn-Rd: * 1 M rechts, 2x je 2 M rechts zusstr, 1 M rechts, ab * stets wdh (= 56 M).

6 Rd glatt rechts ohne Abn str.

3. Abn-Rd: * 1 M rechts, 2 M rechts zusstr, 1 M rechts, ab * stets wdh (= 42 M).

4 Rd glatt rechts ohne Abn str.

4. Abn-Rd: * 1 M rechts, 2 M rechts zusstr, ab * stets wdh (= 28 M).

1 Rd glatt rechts ohne Abn str.

Die verbleibenden M mit doppeltem Faden zusammenziehen.

FERTIGSTELLUNG

Alle Fäden sauber vernähen.

ZÄHLMUSTER MÜTZE

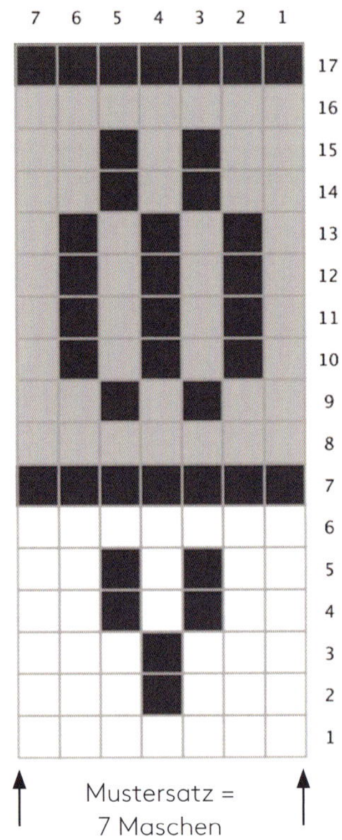

LEGENDE

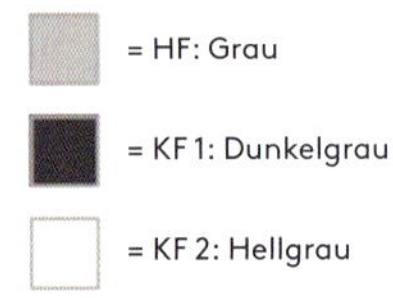

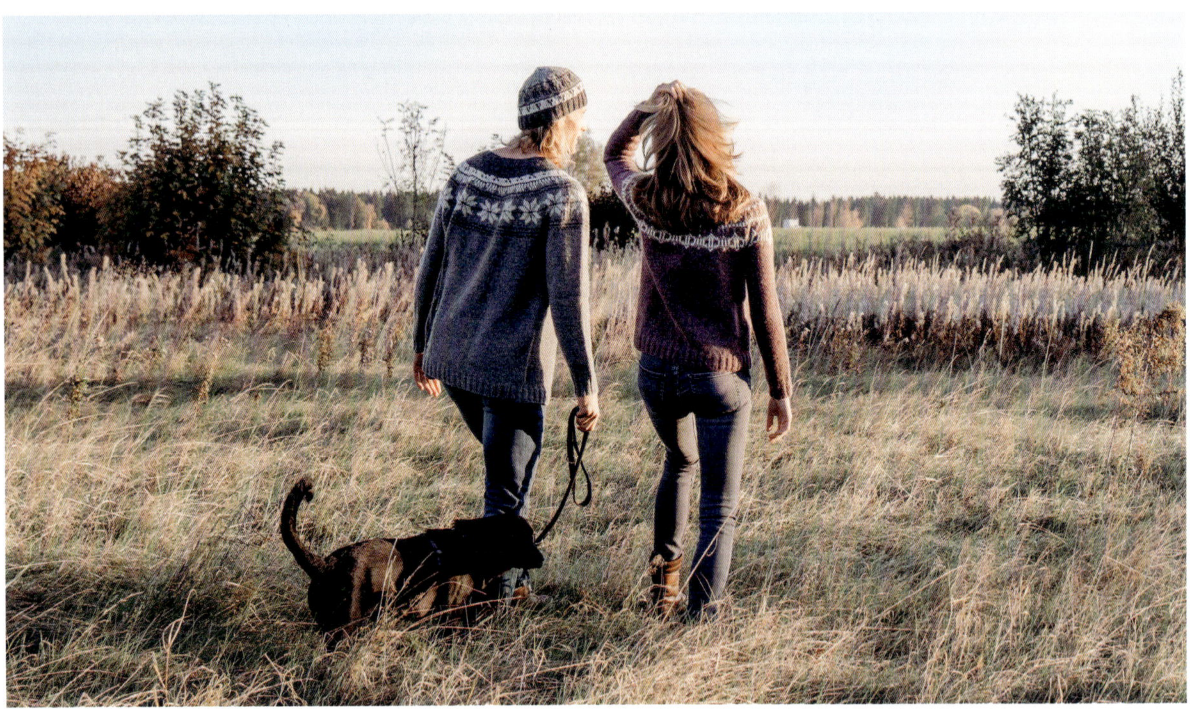

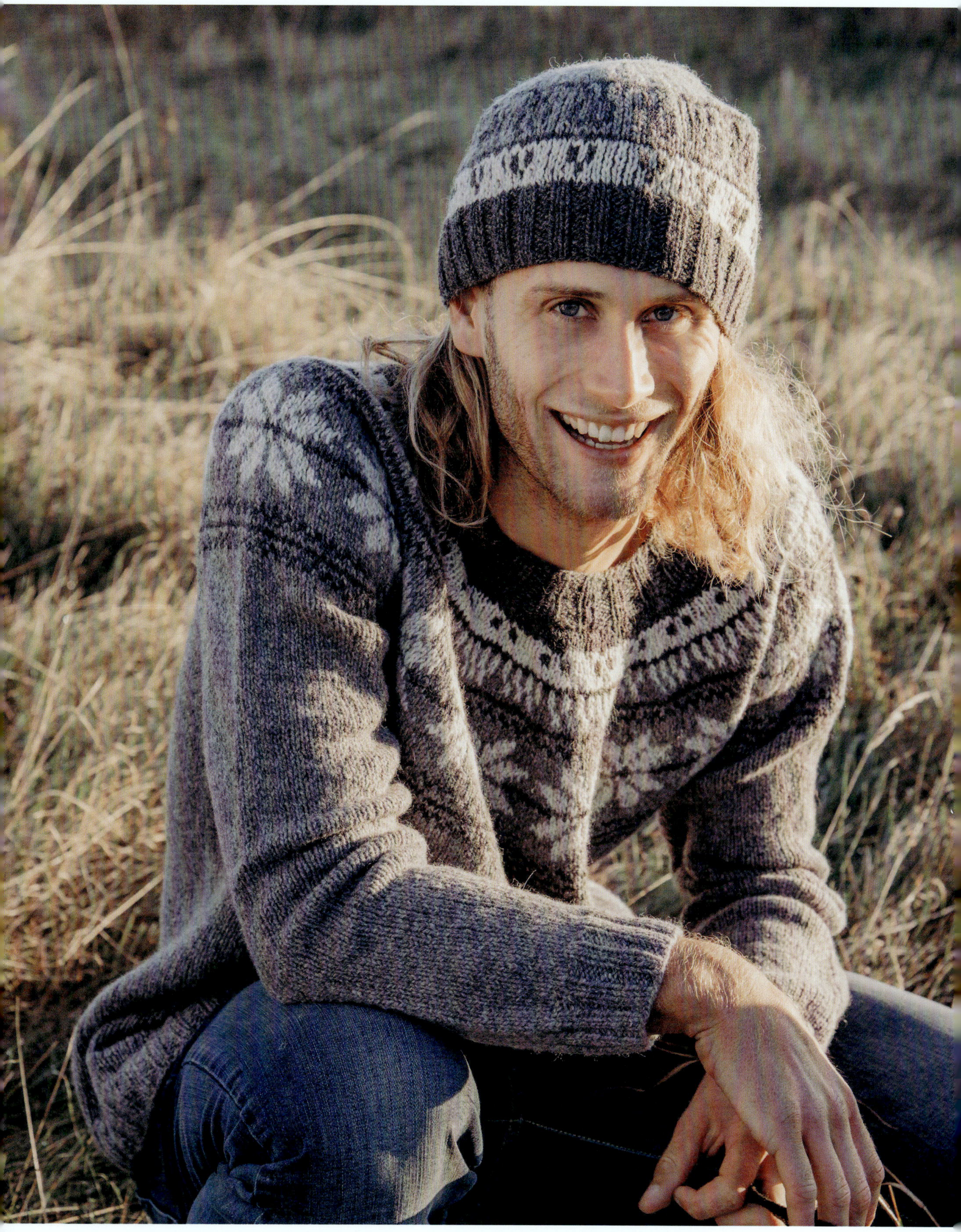

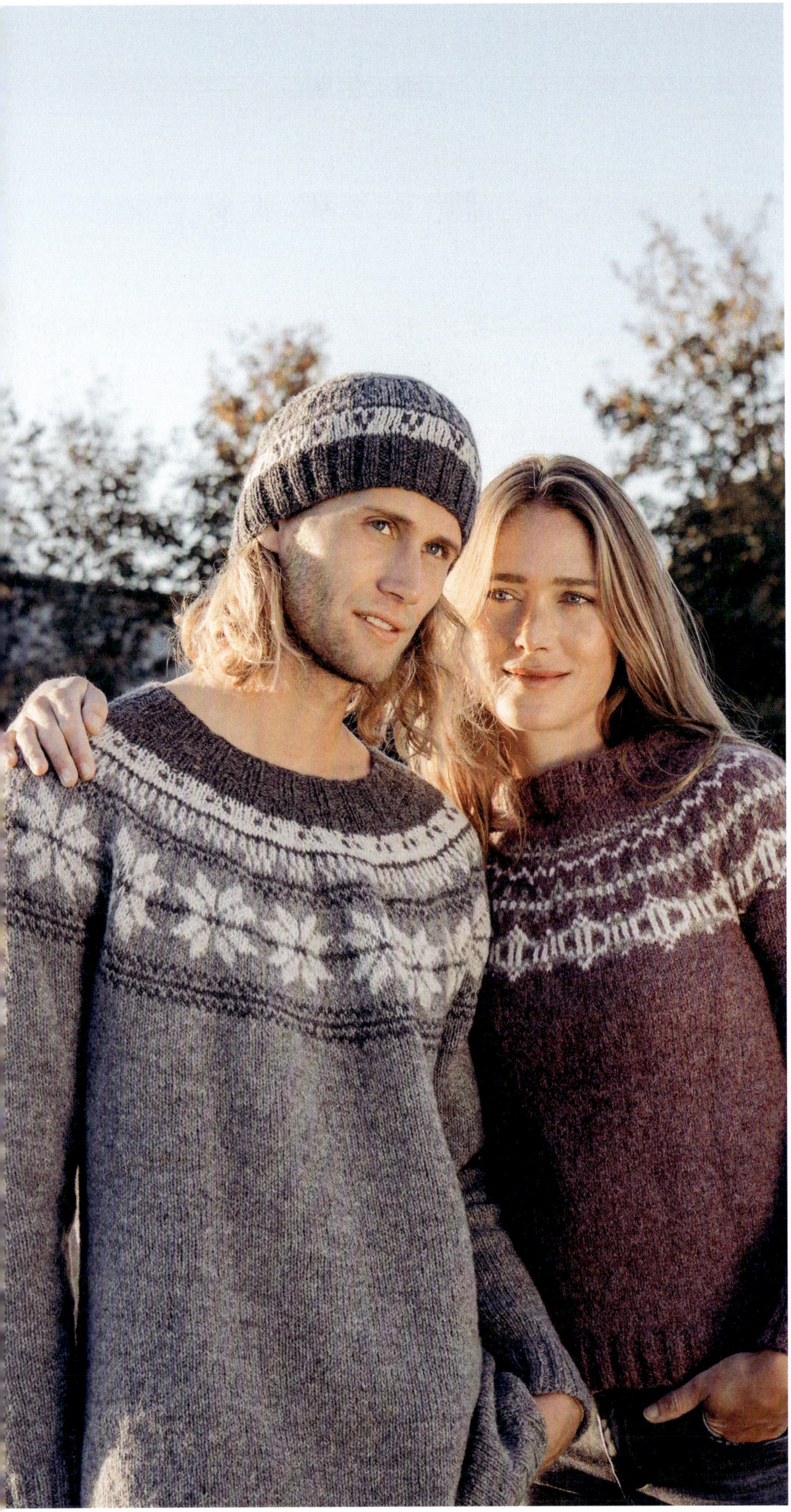

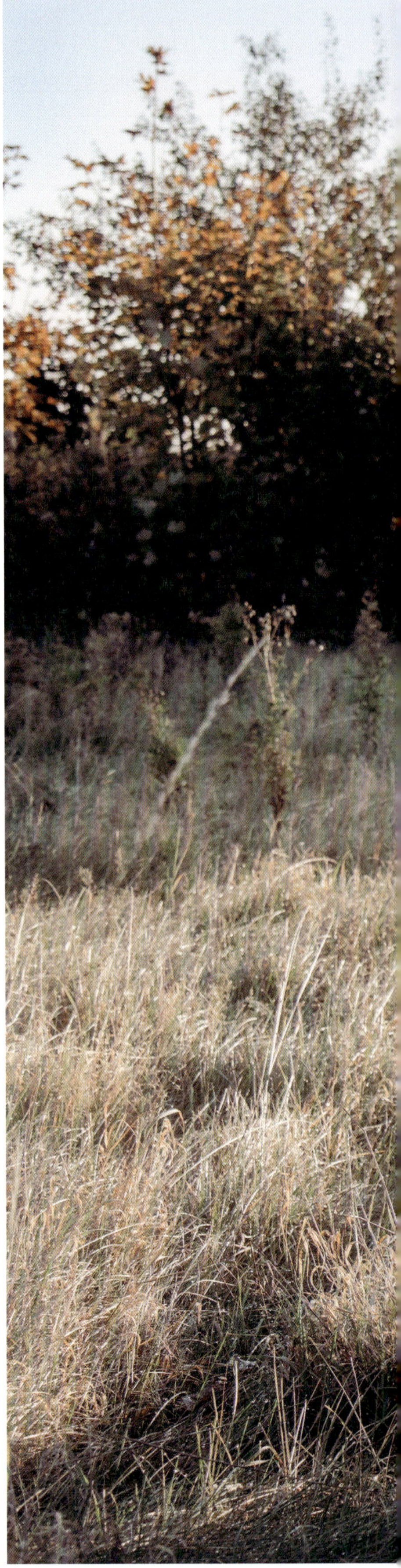

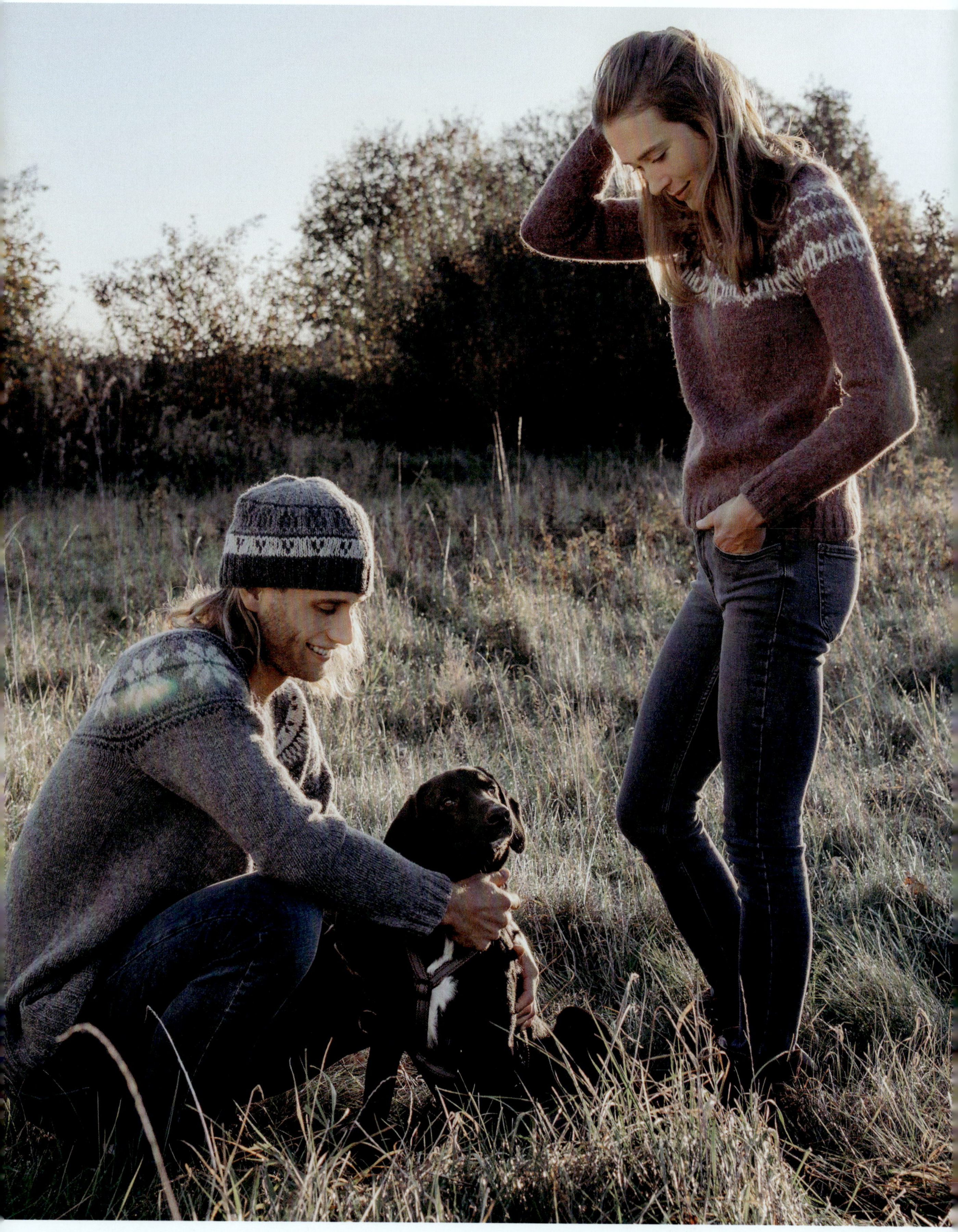

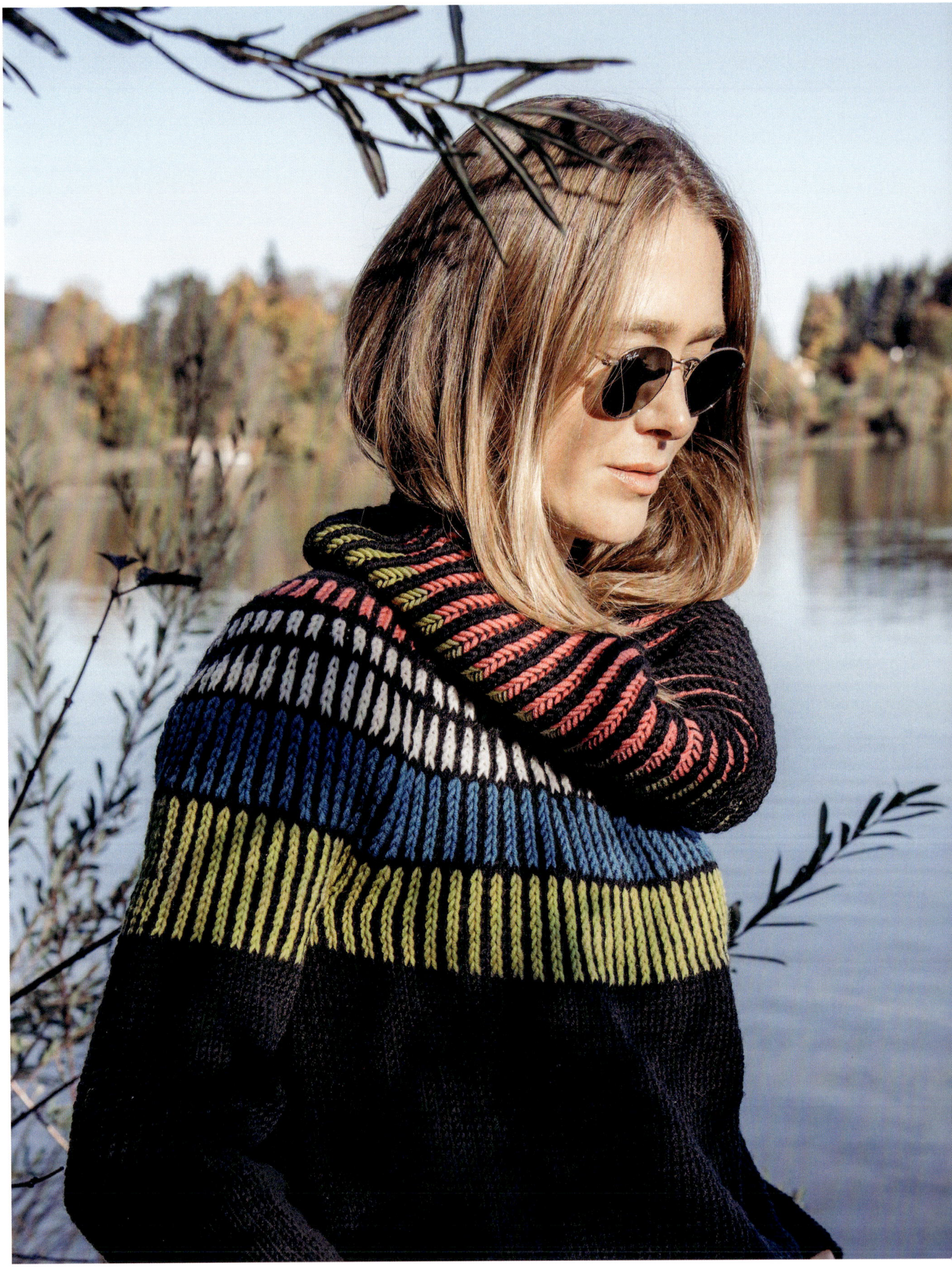

GUDBJÖRG

Loop

GRÖSSE

Umfang 66 cm, Höhe 25 cm

MATERIAL

- Lana Grossa Bingo (100 % Schurwolle, LL 80 m/50 g) in Schwarz (Fb 24), 150 g, in Purpurrot (Fb 726), Kiwigrün (Fb 728) und Blaupetrol (Fb 727), je 50 g
- Rundstricknadel 4,0 mm, 40 cm lang
- Wollnadel zum Vernähen der Fäden
- Maschenmarkierer

MASCHENPROBE

Im Patentmuster mit Nd 4,0 mm:
15 M und 22 R = 10 cm x 10 cm

FARBAUFTEILUNG

HF: Schwarz

KF 1: Purpurrot

KF 2: Kiwigrün

KF 3: Blaupetrol

GRUNDMUSTER

Zweifarbiges Patentmuster in Runden

Vorbereitungs-Rd (HF): * 1 M rechts, 1 M mit 1 U wie zum Linksstr abh, ab * stets wdh bis Rd-Ende.

1. Rd (KF): * 1 M mit 1 U wie zum Linksstr abh, die abgehobene M und den U der Vor-Rd links zusstr, ab * stets wdh bis Rd-Ende.

2. Rd (HF): * Die abgehobene M und den U der Vor-Rd rechts zusstr, 1 M mit 1 U wie zum Linksstr abh, ab * stets wdh bis Rd-Ende.

1. und 2. Rd stets wdh.

SO GEHT'S:

Mit Rundstrick-Nd 4,0 mm 98 M in der HF anschl. Die Arbeit zur Rd schließen und den Rd-Beginn mit einem MM kennzeichnen. Mit der HF 1x die Vorbereitungs-Rd arbeiten, dann das zweifarbige Patentmuster str: Zunächst 12 cm in der HF und KF 1, anschließend 8 cm in der HF und KF 2 und zuletzt 5 cm in der HF und KF 3.

In 25 cm Gesamthöhe alle M in der HF elastisch abk, dafür jeweils 1 M im Muster str, dann die vorherige Masche über die neu gestrickte ziehen.

FERTIGSTELLUNG

Alle Fäden vernähen.

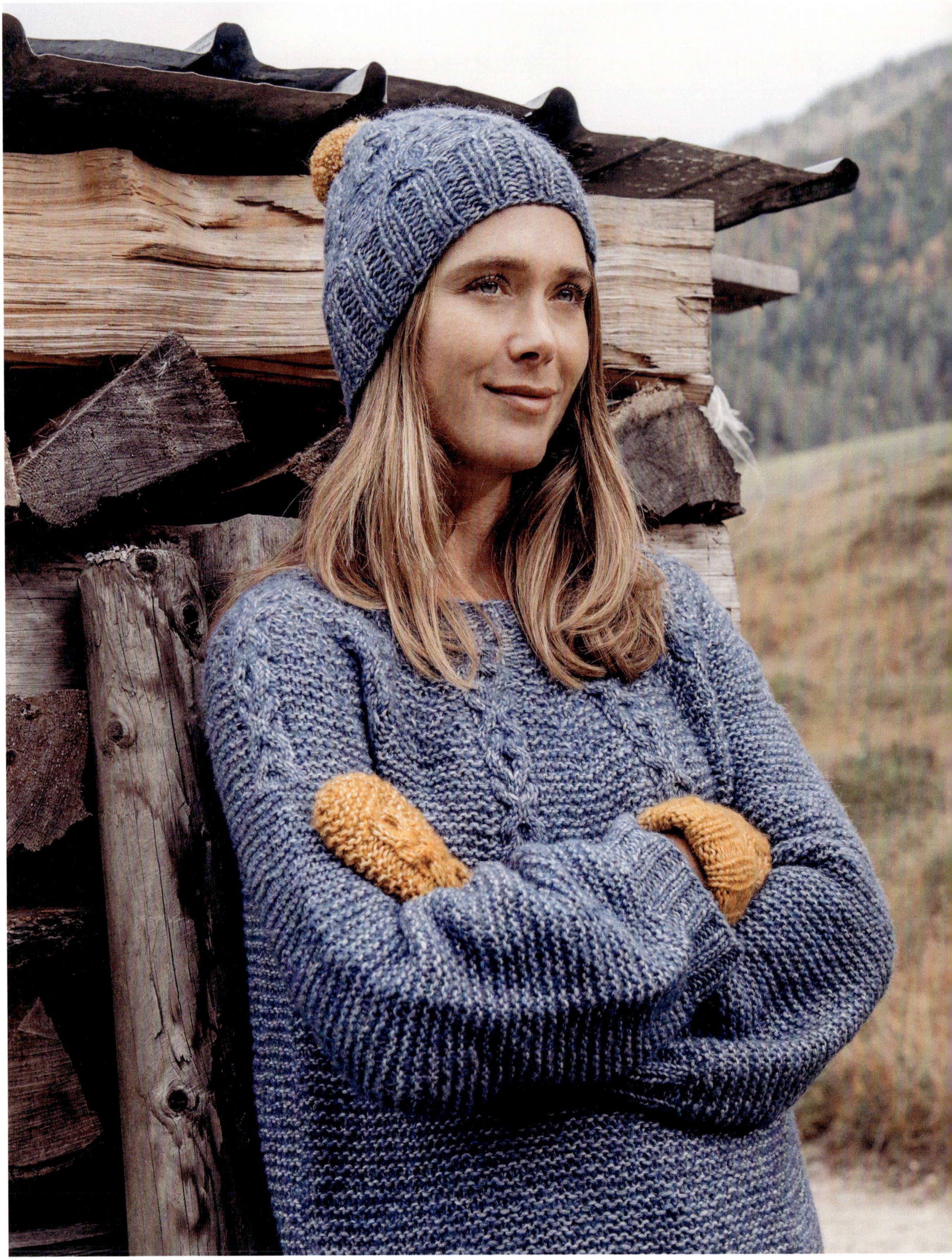

HULDA UND HAFDÍS

Mütze und Handschuhe

GRÖSSE

Mütze

Einheitsgröße

Höhe 22 cm

Handschuhe

Breite 9,5 cm

MATERIAL

- Schachenmayr Cosy Wool (64 % Viskose, 25 % Polyacryl, 11 % Wolle, LL 100 m/50 g) in Cloud (Fb 52), und Gold (Fb 22), je 100 g
- Nadelspiele 4,0 mm, 4,5 mm und 5,0 mm
- Hilfs- oder Zopfnadel
- Sicherheitsnadel
- Wollnadel zum Vernähen der Fäden
- Maschenmarkierer
- Pomponmaker, Ø 6 cm

MASCHENPROBE

Kraus rechts mit Zopfmuster mit Nd 5,0 mm:
19 M und 30 R = 10 cm x 10 cm

FARBAUFTEILUNG

HF: Cloud

KF: Gold

GRUNDMUSTER

Bündchenmuster in Runden

2 M rechts, 2 M links im Wechsel str.

Kraus rechts in Runden

1. Rd: Rechte M str (= Rechts-Rd).

2. Rd: Linke M str (= Links-Rd).

Die 1. und 2. Rd stets wdh.

Zopfmuster

In allen Rd nach der Strickschrift str. Den Mustersatz von 10 M und die 1.–16. Rd stets wdh.

SO GEHT'S:

MÜTZE

Mit Nd-Spiel 4,0 mm 80 M in der HF anschl. Die Arbeit zur Rd schließen und den Rd-Beginn mit einem MM kennzeichnen. 12 Rd im Bündchenmuster str.

Zu Nd-Spiel 5,0 mm wechseln und das Zopfmuster nach der Strickschrift arbeiten. Den Mustersatz von 10 M pro Rd 8x str. Die 1.–16. Rd stets wdh, bis eine Gesamthöhe ab Anschlag von 19 cm erreicht ist. Nun wie folgt für die Spitze abn:

1. Rd (Abn-Rd): * 2 M rechts zusstr, 2 M links, ab * stets wdh.

2. Rd (Abn-Rd): * 1 M rechts, 2 M links zusstr, ab * stets wdh.

3. Rd (Abn-Rd): * 1 M rechts, 1 M links, 1 M rechts, 2 M rechts zusstr, 1 M links, ab * stets wdh, enden mit 1 M rechts, 1 M links.

4. Rd: Alle M str, wie sie erscheinen.

Mit doppeltem Faden alle M zusammenziehen.

FERTIGSTELLUNG

Fäden vernähen. Einen Pompon in der KF arbeiten und an der Mützenspitze festnähen.

HANDSCHUHE

Beim rechten Handschuh wird die Innenhand über die M der 1. und 2. Nd und der Handrücken über die M der 3. und 4. Nd gestrickt.

Beim linken Handschuh wird die Innenhand über die M der 3. und 4. Nd und der Handrücken über die M der 1. und 2. Nd gestrickt.

Für den Daumen einen Schlitz einarbeiten und den Daumen separat str.

RECHTER HANDSCHUH

Mit dem Nd-Spiel 4,0 mm 28 M in der KF anschl und die M gleichmäßig auf 4 Nd verteilen (= 7 M je Nd). Die Arbeit zur Rd schließen. Den Rd-Beginn mit einem MM kennzeichnen.

30 Rd (= 12 cm) im Bündchenmuster str.

Zu Nd-Spiel 4,5 mm wechseln. Die M der 1. Nd, der 2. Nd sowie die ersten 2 M der 3. Nd kraus rechts str. Das Zopfmuster über 10 M auf der 3. und 4. Nd arbeiten. Die vorletzte und letzte M der 4. Nd kraus rechts str.

In einer Höhe von 7 cm ab Bündchen auf der 1. Nd den Daumenschlitz arbeiten. Dafür 1 M str, die restlichen 6 M auf einer Sicherheits-Nd stilllegen. Auf der 1. Nd 6 M neu anschl, die Rd mustergemäß beenden. Anschließend im Muster weiterstr.

In einer Gesamthöhe von 15 cm ab Bündchen nach einer Muster-Rd mit verkreuzten M für die Spitze 10 Rd str. Dabei alle M kraus rechts str und wie folgt 5x in jeder Links-Rd abn:

1. und 3. Nd: 1 M links str, dann 2 M links zusstr, die restlichen M der Nd str.

2. und 4. Nd: Die M der Nd bis auf 3 M str, dann 2 M links zusstr, 1 M links.

Die verbleibenden 8 M mit doppeltem Faden zusammenziehen.

Für den Daumen die 6 M von der Sicherheits-Nd auf die 1. Nd des Nd-Spiels 4,5 mm nehmen und mit der 2. und 3. Nd zusätzlich je 4 M aus dem Daumensteg auffassen (= 14 M). 1 Rd kraus rechts str.

Weiter kraus rechts str und in der folgenden Rd auf der 2. und 3. Nd die Daumensteg-M wie folgt zusstr:

1. Nd: Alle M mustergemäß str.

2. Nd: Die 1. und 2. M mustergemäß zusstr.

3. Nd: Die vorletzte und letzte M mustergemäß zusstr (= 12 M = 4 M je Nd).

Nun weiter kraus rechts str. In einer Gesamthöhe von 6 cm für die Spitze über 4 Rd str und dabei 2x in den Links-Rd wie folgt M abn:

1. Nd: Die ersten 2 M und die vorletzte und letzte M links zusstr.

2. Nd: Die 1. und 2. M links zusstr.

3. Nd: Die vorletzte und letzte M links zusstr.

Die verbleibenden 4 M mit doppeltem Faden zusammenziehen.

LINKER HANDSCHUH

Wie den rechten Handschuh arbeiten, dabei jedoch die Innenhand über die M der 3. und 4. Nd und den Handrücken über die M der 1. und 2. Nd str.

FERTIGSTELLUNG

Fäden vernähen.

STRICKSCHRIFT ZOPFMUSTER

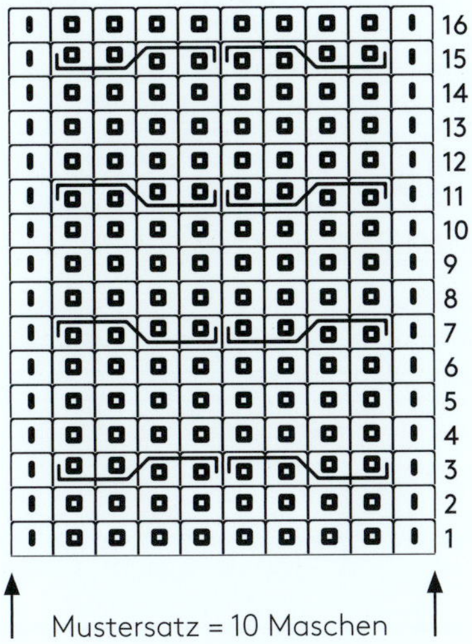

Mustersatz = 10 Maschen

LEGENDE

 = 1 M rechts

 = 1 M links

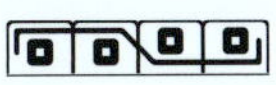 = 4 M nach links verkreuzen: 2 M auf eine Hilfs-Nd vor die Arbeit legen, 2 M rechts str, dann die M der Hilfs-Nd rechts str

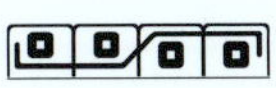 = 4 M nach rechts verkreuzen: 2 M auf eine Hilfs-Nd hinter die Arbeit legen, 2 M rechts str, dann die M der Hilfs-Nd rechts str

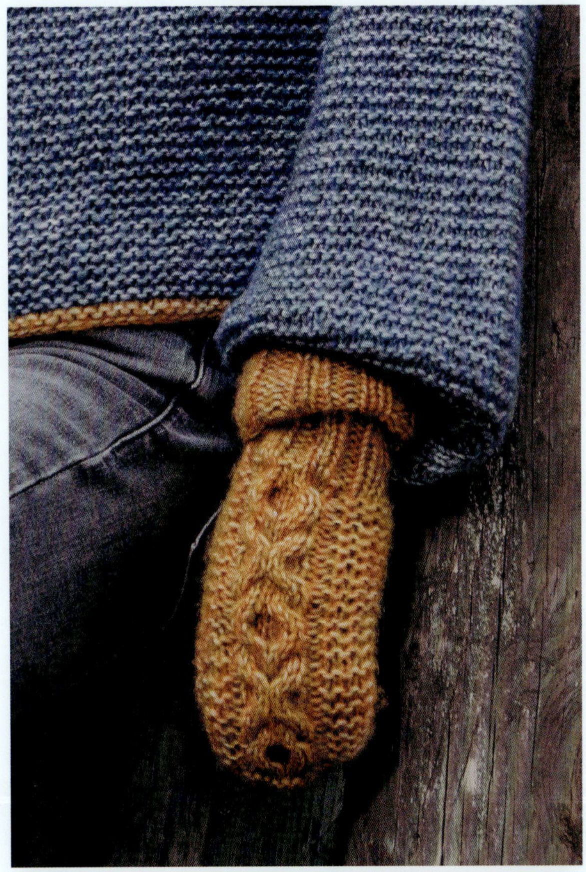

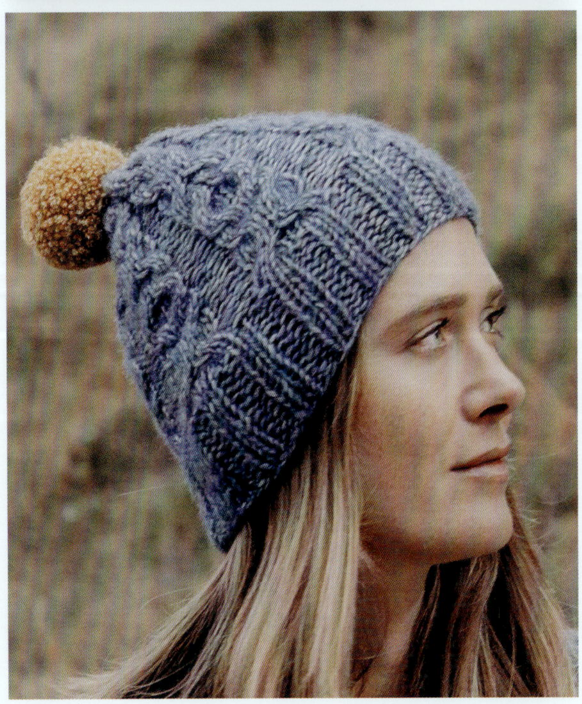

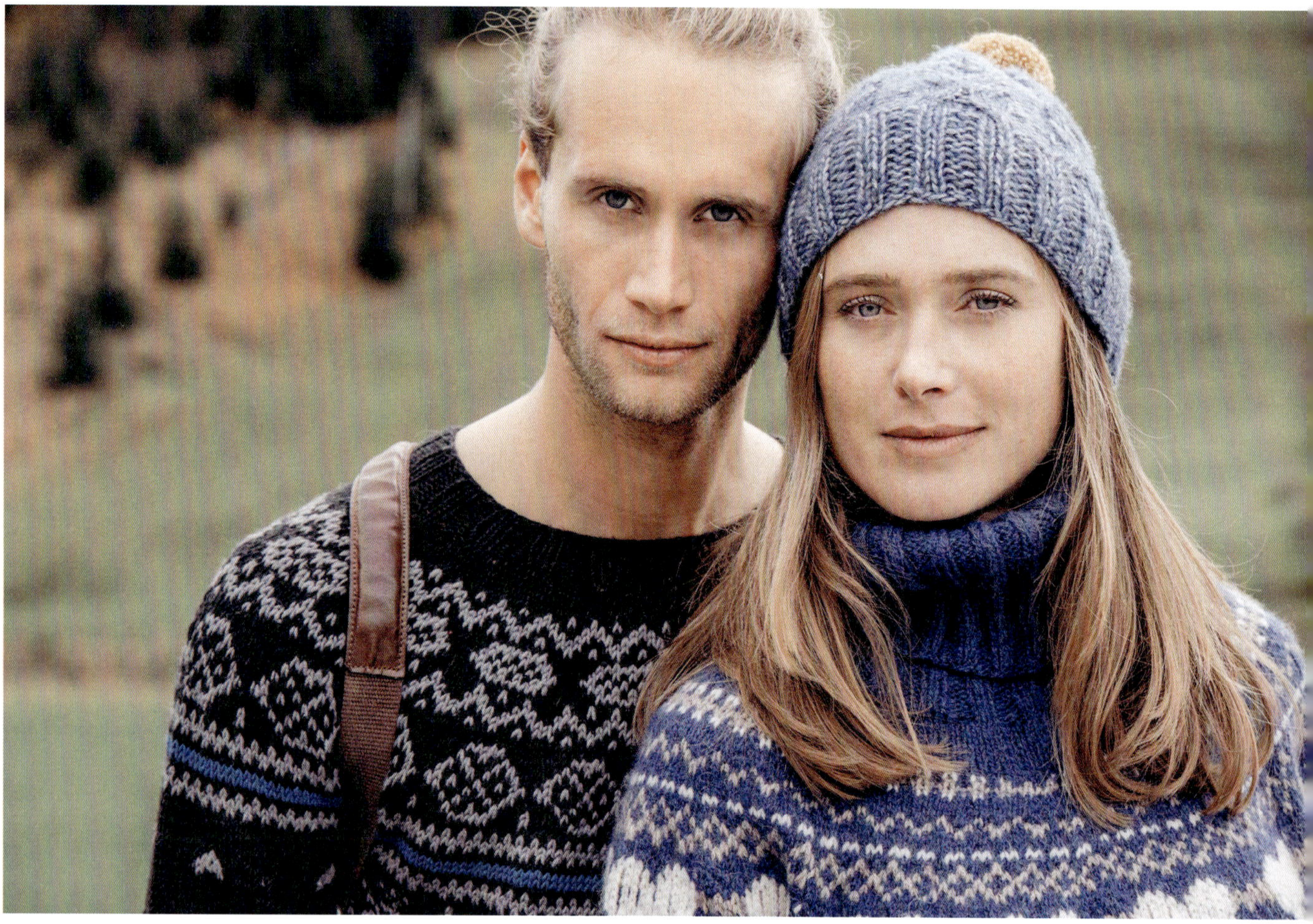

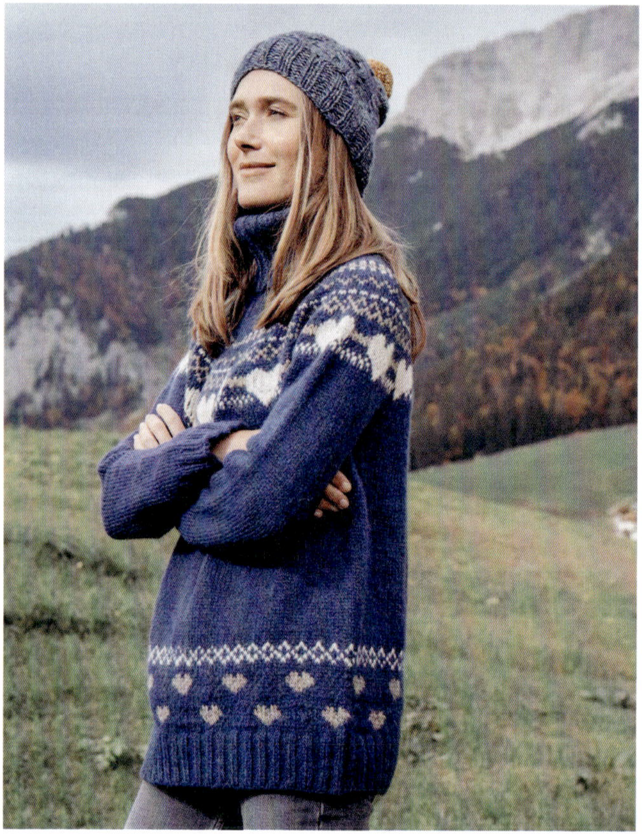

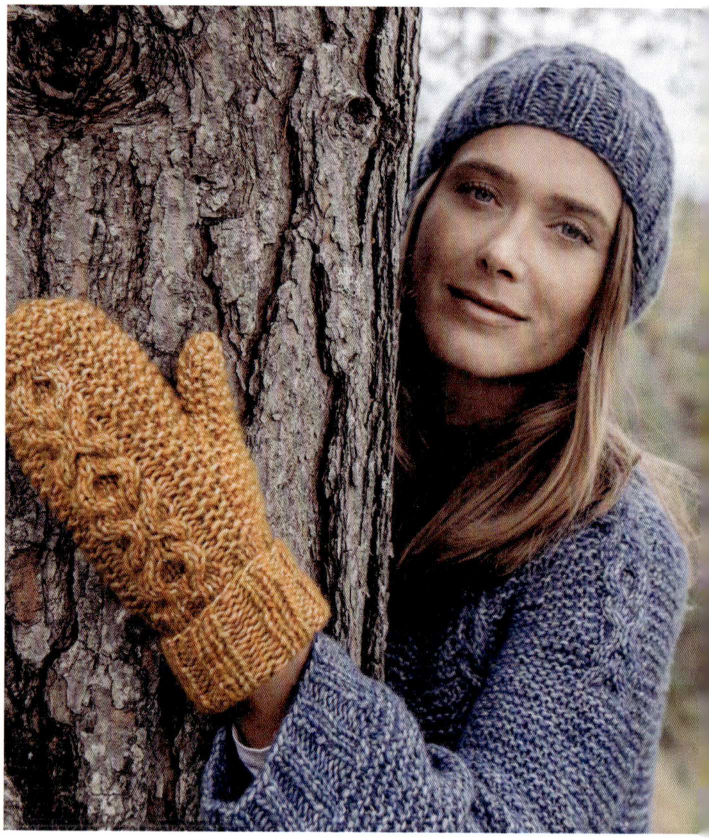

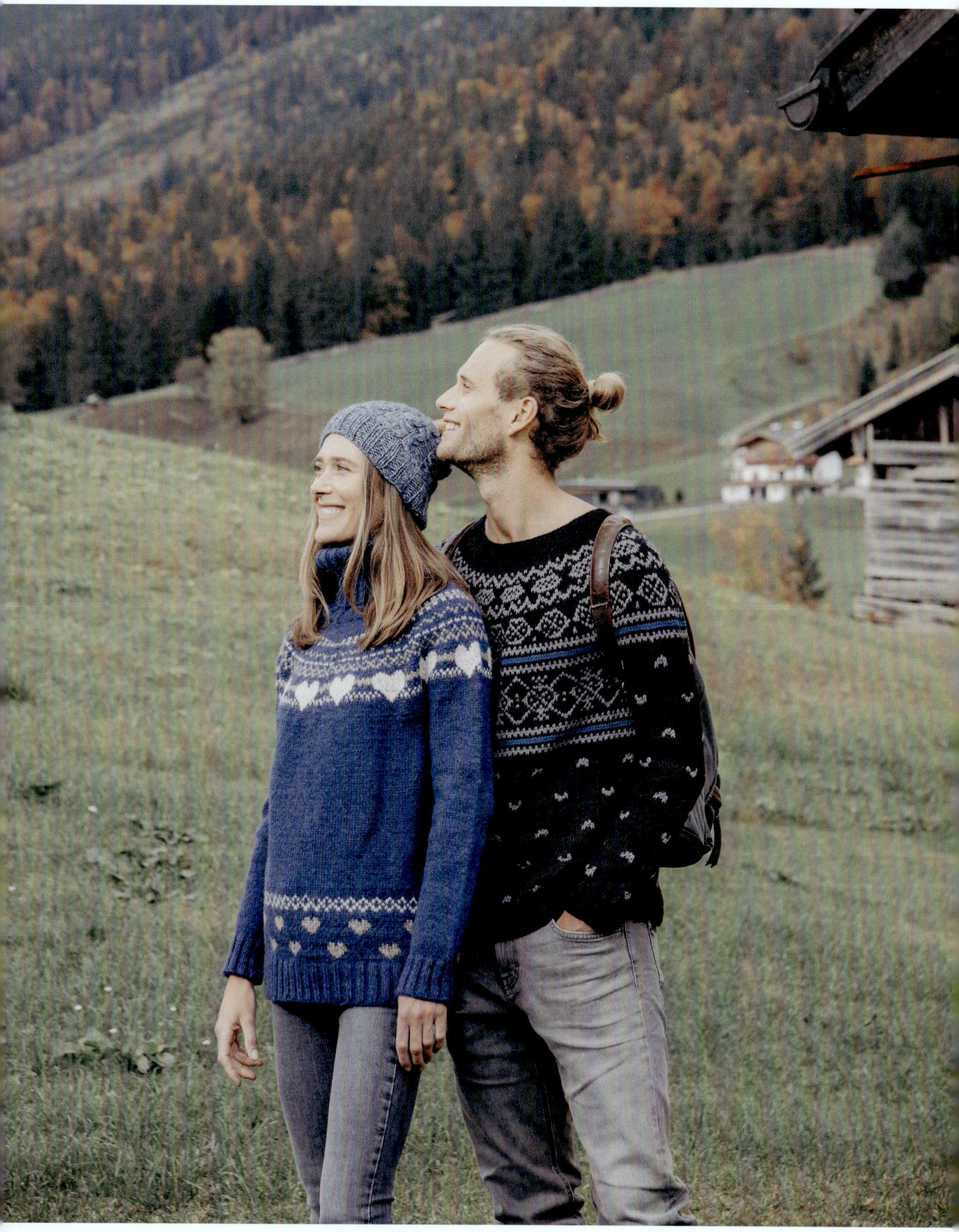

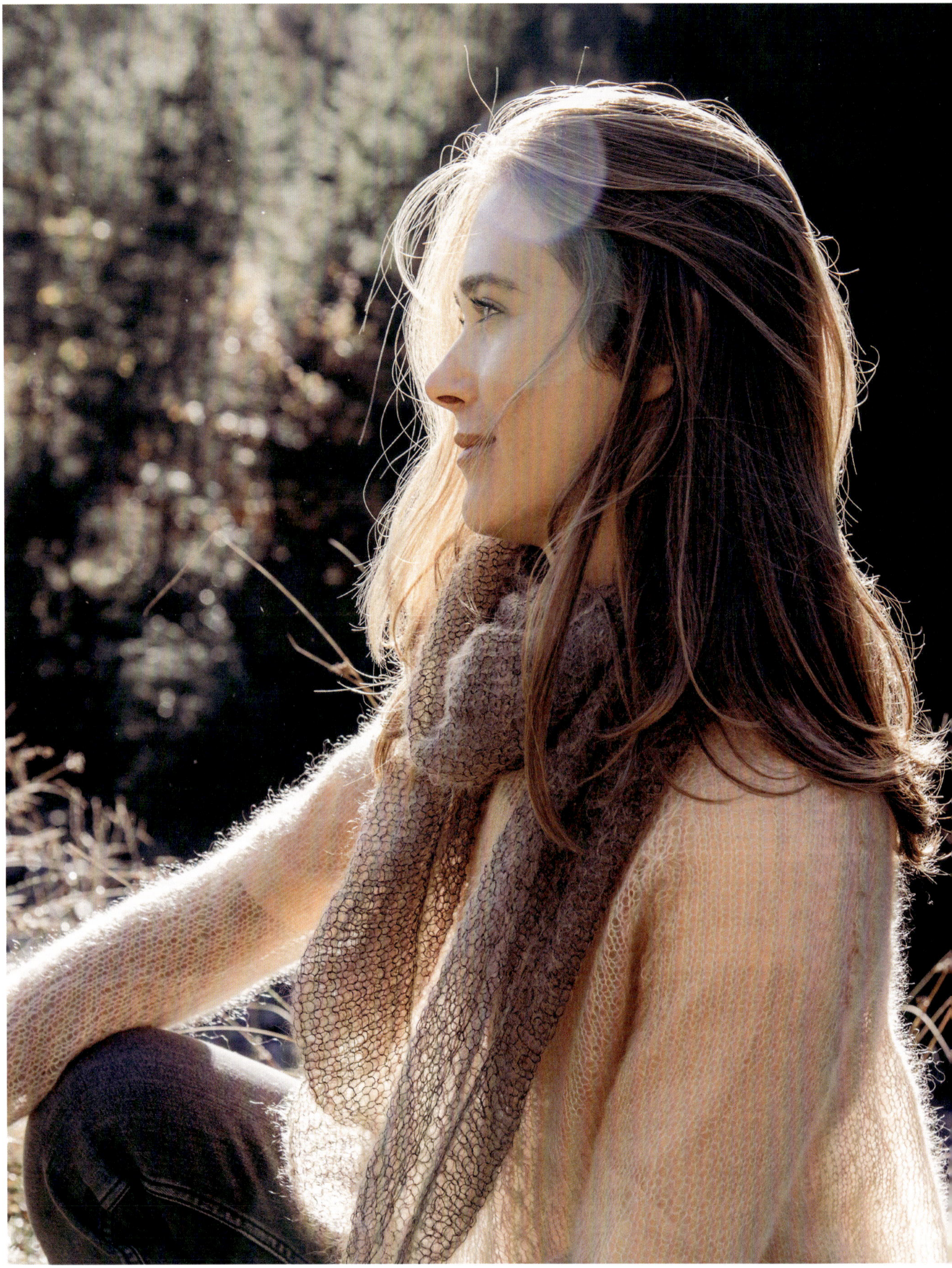

DRÍFA

Dreieckstuch

GRÖSSE

Lange Kante ca. 200 cm, Spitze bis Mitte lange Kante ca. 80 cm

MATERIAL

- Isager Silk Mohair (75 % Super Kid Mohair, 25 % Seide, LL 212 m/25 g) in Braun (Fb 7), 50 g

HINWEIS: Die Banderolen überprüfen und nur Knäuel der gleichen Farbpartie verwenden. Der Materialverbrauch kann von Person zu Person variieren.

- Rundstricknadel 6,0 mm, 80 cm lang
- Wollnadel zum Vernähen der Fäden
- Maschenmarkierer

MASCHENPROBE

Kraus rechts mit Nd 6,0 mm:
12 M und 24 R = 10 cm x 10 cm

GRUNDMUSTER

Kraus rechts in Reihen

Stets rechte M str.

Randmaschen

Knötchenrand: * Am R-Anfang den Faden hinter die Arbeit legen und die RM wie zum Rechtsstr abh. Dann die R mustergemäß str und am R-Ende die RM rechts str.

Die Arbeit wenden und ab * wdh.

SO GEHT'S:

Das Tuch wird von der Spitze aus in R gestrickt.

Mit Nd 6,0 mm 3 M anschl und wie folgt str:

Grund-R (Rück-R): RM, 1 M links, RM (= 3 M).

Hin-R: RM, 1 M rechts geneigt zunehmen, 1 M rechts (= Mittel-M), 1 M links geneigt zunehmen, RM (= 2 M zugenommen).

Rück-R: RM, 1 M rechts, 1 M links, 1 M rechts, RM.

Diese beiden R stets wdh, dabei die Mittel-M in der Hin-R stets rechts und in der Rück-R links str. Die Zun erfolgen wie angegeben stets in jeder Hin-R vor bzw. nach der Mittel-M. Alle anderen M kraus rechts und die RM als Knötchenrand str.

In einer Gesamthöhe von ca. 80 cm (= 120 R) und einer Gesamtbreite von ca. 200 cm (= 245 M) alle M abk.

FERTIGSTELLUNG

Das Tuch spannen, anfeuchten und trocknen lassen. Fäden vernähen.

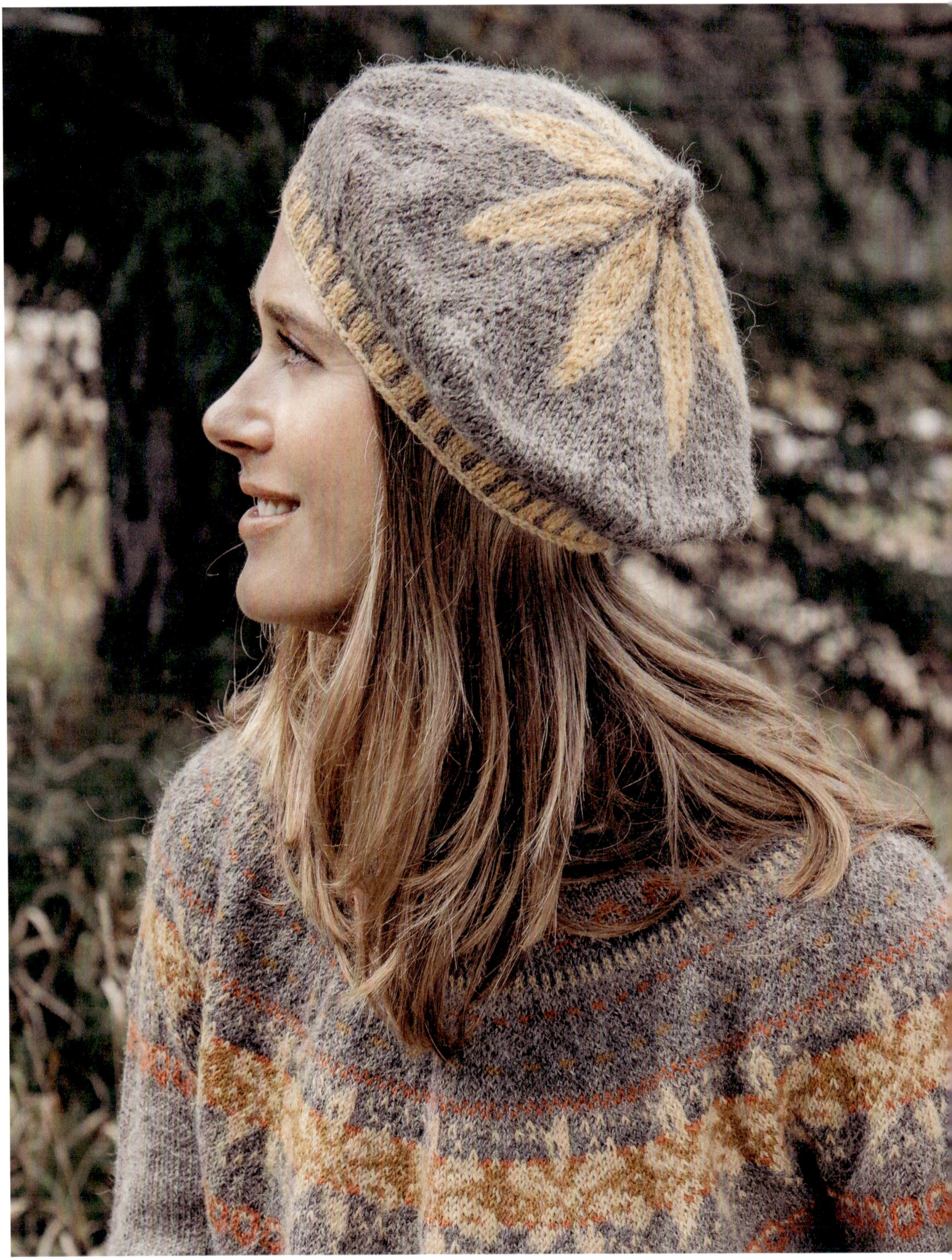

SIF

Baskenmütze

GRÖSSE

Einheitsgröße

Durchmesser 27 cm

MATERIAL

- Isager Alpaca 2 im 50-g-Strang (50 % Alpaka, 50 % Wolle, LL 250 m/50 g) in Braun (Fb Eco 7s) und Gold (Fb 59), je 50 g
- Nadelspiele 4,5 mm und 5,0 mm
- Rundstricknadel 5,0 mm, 40 cm lang
- Rundstricknadel 4,5 mm, 40 cm lang
- Rundstricknadel 4,0 mm, 40 cm lang
- Wollnadel zum Vernähen der Fäden
- 16 Maschenmarkierer

MASCHENPROBE

Glatt rechts mit doppeltem Faden und Nd 4,5 mm:
20 M und 22 R = 10 cm x 10 cm

FARBAUFTEILUNG

HF: Braun

KF: Gold

HINWEIS: HF und KF werden durchgehend mit doppeltem Faden verstrickt.

GRUNDMUSTER

Zweifarbiges Bündchenmuster in Runden

1 M rechts in der HF, 2 M rechts in der KF im Wechsel str.

Glatt rechts in Runden

Stets rechte M str.

Jacquardmuster in Runden

Alle Rd glatt rechts nach dem jeweiligen Zählmuster str. Den Mustersatz von zu Beginn 2 M stets wdh. Die 1.–27. Rd 1x str, dabei in jeder 2. Rd wie gezeichnet M zun.

HINWEIS: Die Fäden nach jeder 2. M einweben.

SO GEHT'S:

Mit doppeltem Faden in der HF und zwei Nd des Nd-Spiels 4,5 mm 4 M anschl und einen kleinen I-Cord str wie folgt: * die 4 M rechts str, die Arbeit nicht wenden, sondern die 4 M an das andere Ende der Nd schieben. Den Faden hinter der Arbeit an den Nd-Anfang holen und wieder die 4 M rechts str, ab * 2x wdh.

In der nächsten R wie folgt zun:

Zun-Rd: * 1 M rechts, 1 M linksgeneigt aus dem QF zun, ab * 3x wdh (= 8 M).

Die 8 M auf 4 Nd des Nd-Spiels verteilen. Die Arbeit zur Rd schließen und den Rd-Beginn mit einem MM kennzeichnen.

Das Jacquardmuster mit Nd-Spiel 5,0 mm nach dem Zählmuster str. Den Mustersatz von zu Beginn 2 M stets wdh. Die 1.–27. Rd 1x str, dabei in jeder 2. Rd wie gezeichnet zun (= 112 M). Zur besseren Übersicht zwischen den Mustersätzen MM setzen. Bei Bedarf zur Rundstrick-Nd 5,0 mm wechseln. In der letzten Rd des Jacquardmusters in jedem Mustersatz jeweils vor und nach der 1. M und jeder 15. M einen MM setzen (= 16 MM) und diese Markierungen weiter mitführen. Im Folgenden wird jeweils vor und nach diesen markierten M zugenommen, die markierten M werden rechts gestrickt. Zur Rundstrick-Nd 4,5 mm wechseln. Glatt rechts in der HF str und dabei wie folgt zun:

1. Rd: Alle M rechts str.

2. Rd (Zun-Rd): Rechts str, dabei jeweils vor den markierten M 1 M rechtsgeneigt aus dem QF zun und nach den markierten M 1 M linksgeneigt aus dem QF zun (= 16 M zugenommen = 128 M).

3.–5. Rd: Alle M rechts str.

6. Rd (Zun-Rd): Rechts str, dabei jeweils bis 1 M vor die markierte M str, dann 1 M rechtsgeneigt aus dem QF zun, 1 M rechts str, 1 M linksgeneigt aus dem QF zun, die markierte M rechts str, jeweils nach der markierten M 1 M rechtsgeneigt aus dem QF zun, 1 M rechts str, 1 M linksgeneigt aus dem QF zun (= 32 M zugenommen = 160 M).

7. Rd: Alle M rechts str.

8. Rd (Zun-Rd): Rechts str, dabei jeweils bis 3 M vor die markierte M str, dann 1 M rechtsgeneigt aus dem QF zun, 3 M rechts str, die markierte M rechts str, 3 M rechts str, 1 M linksgeneigt aus dem QF zun (= 16 M zugenommen = 176 M).

4 Rd glatt rechts str.

Nun weiter glatt rechts str, dabei wie folgt M abn:

1. Rd: Alle M rechts str.

2. Rd (Abn-Rd): Die markierten M jeweils mit der folgenden M rechts zusstr (= 8 M abgenommen = 168 M).

3. Rd: Alle M rechts str.

4. Rd (Abn-Rd): Die markierten M jeweils wie zum Rechtsstr abh, die folgenden 2 M rechts zusstr, dann die abgehobene M darüberziehen, die verbleibende M wieder mit zwei MM vor und nach der M markieren (= 16 M abgenommen = 152 M).

5. Rd: Alle M rechts str.

6. Rd: Die 4. Rd wdh (= 136 M).

7. Rd: Alle M rechts str.

8. Rd (Abn-Rd): Die markierten M jeweils mit der folgende M rechts zusstr (= 8 M abgenommen = 128 M).

9. Rd: Alle M rechts str.

Die 8. und 9. Rd 2x wdh (= 112 M).

Nun weiter mit Rundstrick-Nd 4,5 mm 6 Rd im Bündchenmuster str. Alle M in der KF fest abk.

FERTIGSTELLUNG

Die Fäden vernähen. Dann die Mütze unter feuchten Tüchern spannen und trocknen lassen.

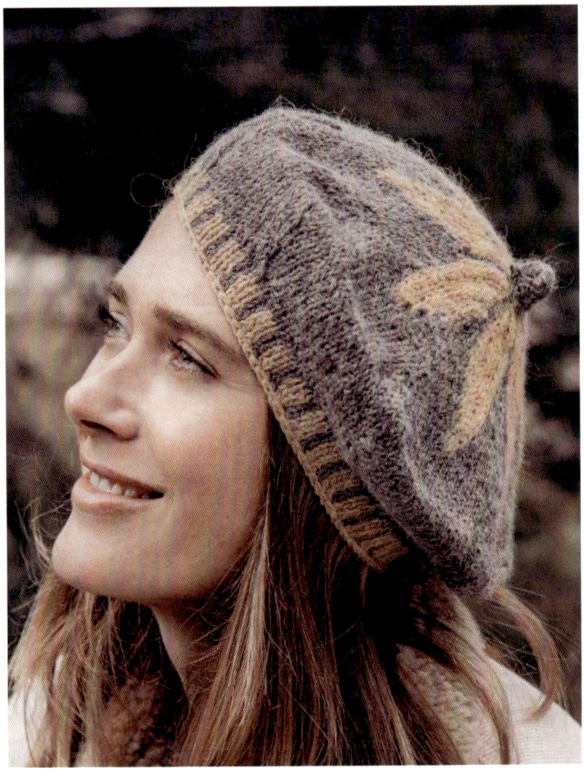

ZÄHLMUSTER BASKENMÜTZE

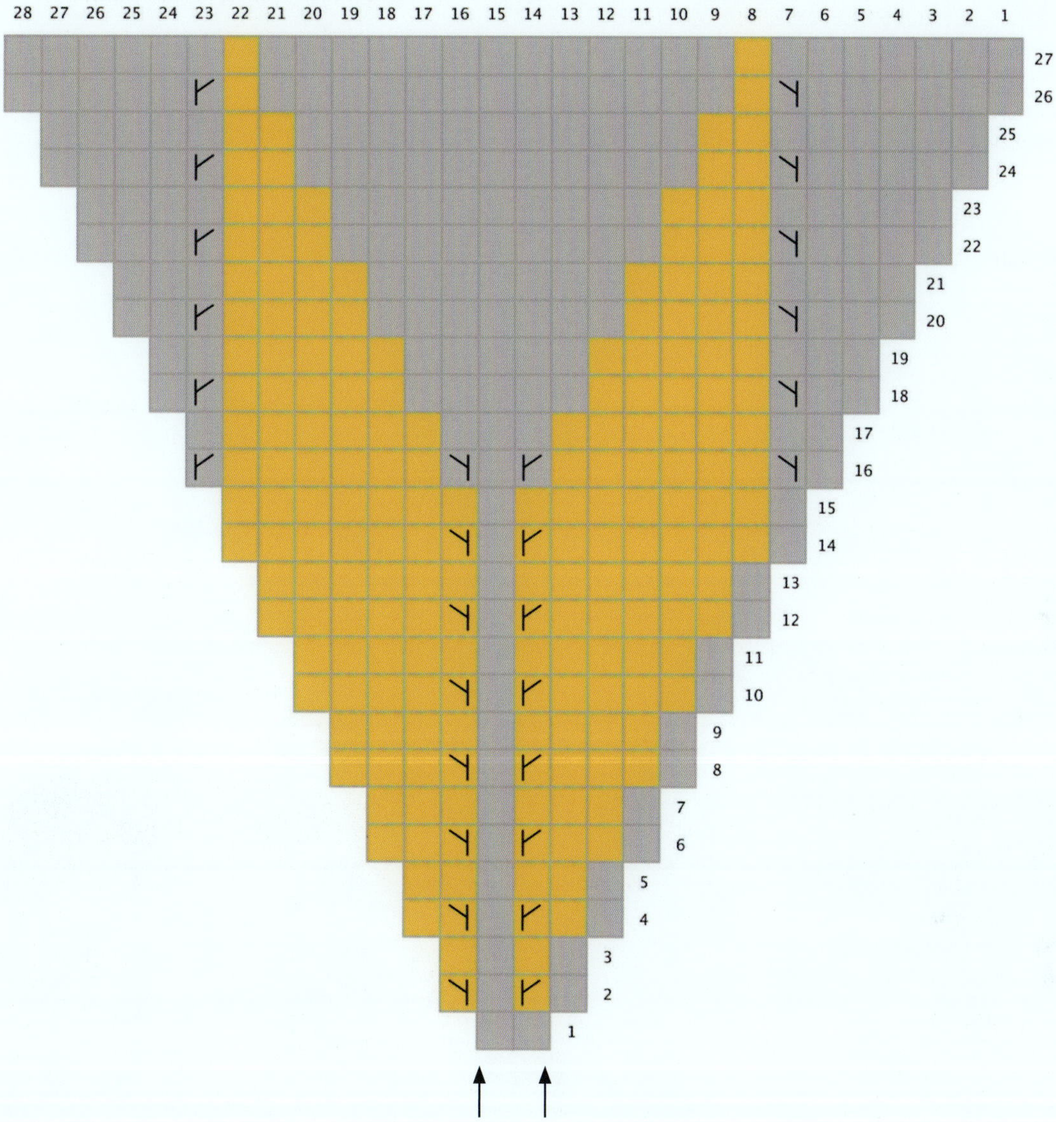

Mustersatz zu Beginn = 2 Maschen

LEGENDE

- = HF: Braun
- = KF: Gold
- = 1 M rechtsgeneigt aus dem QF zun
- = 1 M linksgeneigt aus dem QF zun

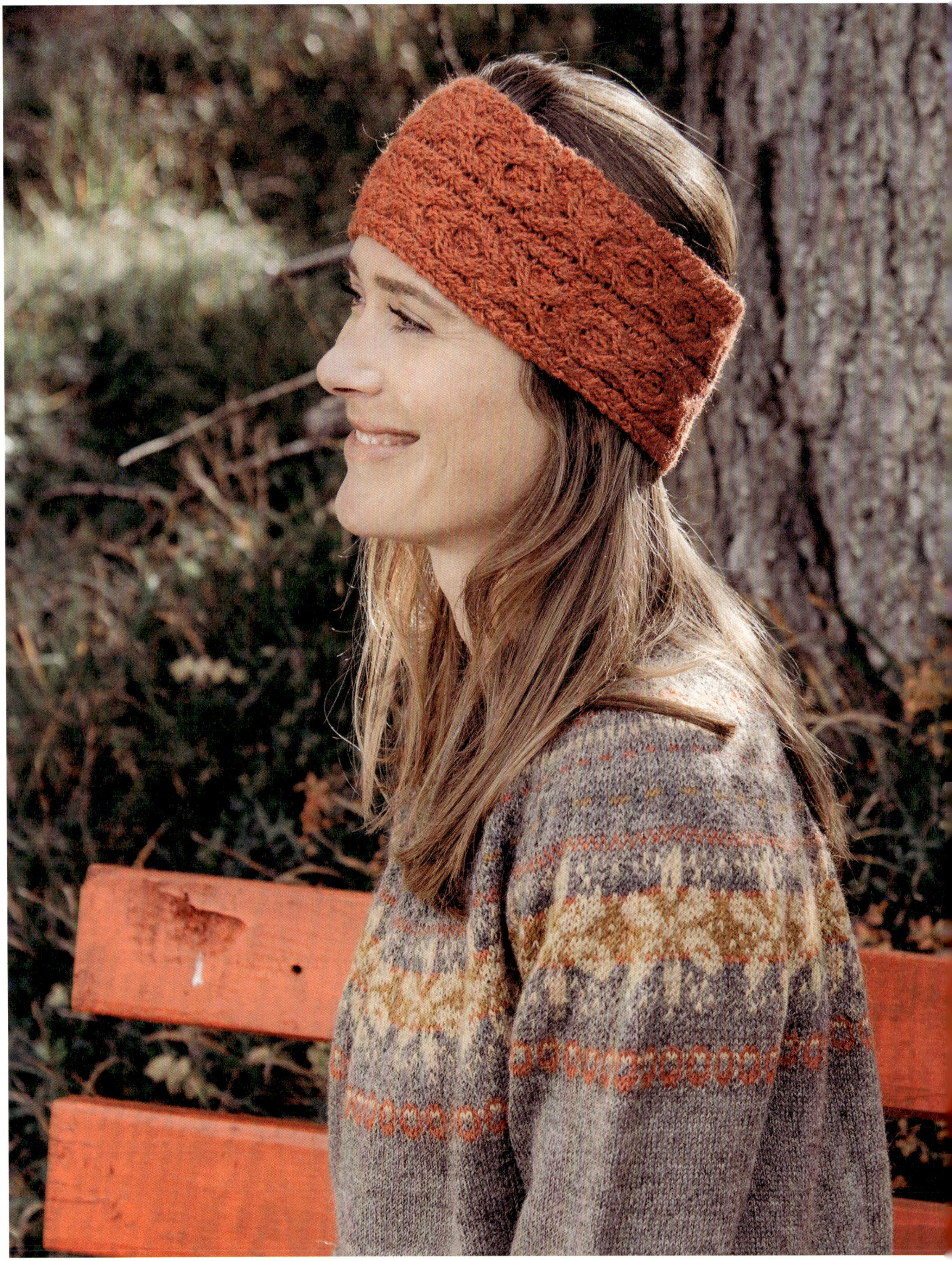

KOLBRÚN

Stirnband

GRÖSSE

Einheitsgröße

Breite 10 cm, Umfang 52 cm (ungedehnt)

MATERIAL

- Isager Alpaca 2 im 50-g-Strang (50 % Alpaka, 50 % Wolle, LL 250 m/50 g) in Rot (Fb 21), 50 g
- Rundstricknadel 4,0 mm, 40 cm lang
- Hilfs- oder Zopfnadel
- Wollnadel zum Vernähen der Fäden
- Maschenmarkierer

MASCHENPROBE

Im Zopfmuster mit doppeltem Faden und Nd 4,0 mm: 30 M und 26 R = 10 cm x 10 cm

GRUNDMUSTER

Zopfmuster über 28 Maschen

Nach der Strickschrift str. Es sind nur die Hin-R (ungeraden R) gezeichnet, in den Rück-R (geraden R) alle M str, wie sie erscheinen. Das Muster über 28 M wie in der Anleitung angegeben str. Die 1.–16. R stets wdh.

Randmaschen

Knötchenrand: * Am R-Anfang den Faden hinter die Arbeit legen und die RM wie zum Rechtsstr abh. Dann die R mustergemäß str und am R-Ende die RM rechts str. Die Arbeit wenden und ab * wdh.

HINWEIS: Das Garn wird durchgehend mit doppeltem Faden verstrickt.

SO GEHT'S:

Mit Rundstrick-Nd 4,0 mm und doppeltem Faden 30 M anschl. Zwischen den RM (Knötchenrand) das Zopfmuster über 28 M arbeiten. Die 1.–16. R bis zu einer Höhe von 54 cm wdh, enden mit 1 Rück-R linke M. Dann alle M auf der Vorderseite elastisch abk.

FERTIGSTELLUNG

Das Band an den kurzen Kanten von der rechten Seite mit dem Matratzenstich zusammennähen und zum Ring schließen. Alle Fäden sauber vernähen.

LEGENDE

 = 1 M rechts

 = 1 M links

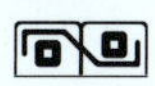 = 2 M nach links verkreuzen: 1 M auf eine Hilfs-Nd vor die Arbeit legen, 1 M rechts str, dann die M der Hilfs-Nd rechts str

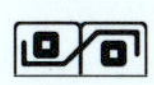 = 2 M nach rechts verkreuzen: 1 M auf eine Hilfs-Nd hinter die Arbeit legen, 1 M rechts str, dann die M der Hilfs-Nd rechts str

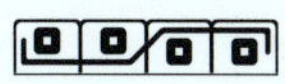 = 4 M nach rechts verkreuzen: 2 M auf eine Hilfs-Nd hinter die Arbeit legen, 2 M rechts str, dann die M der Hilfs-Nd rechts str

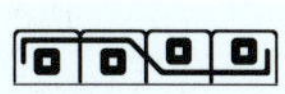 = 4 M nach links verkreuzen: 2 M auf eine Hilfs-Nd vor die Arbeit legen, 2 M rechts str, dann die M der Hilfs-Nd rechts str

STRICKSCHRIFT

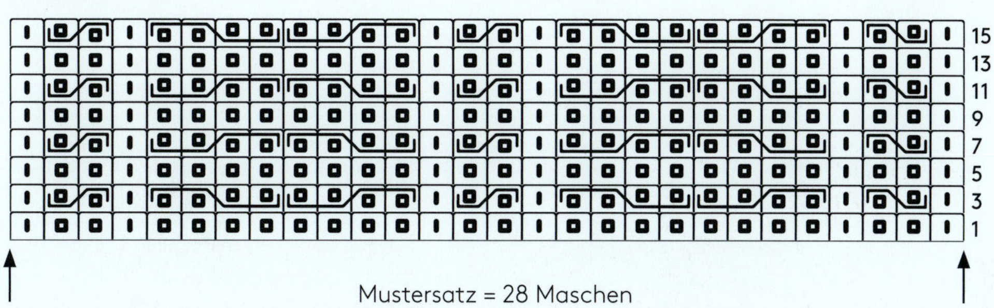

Mustersatz = 28 Maschen

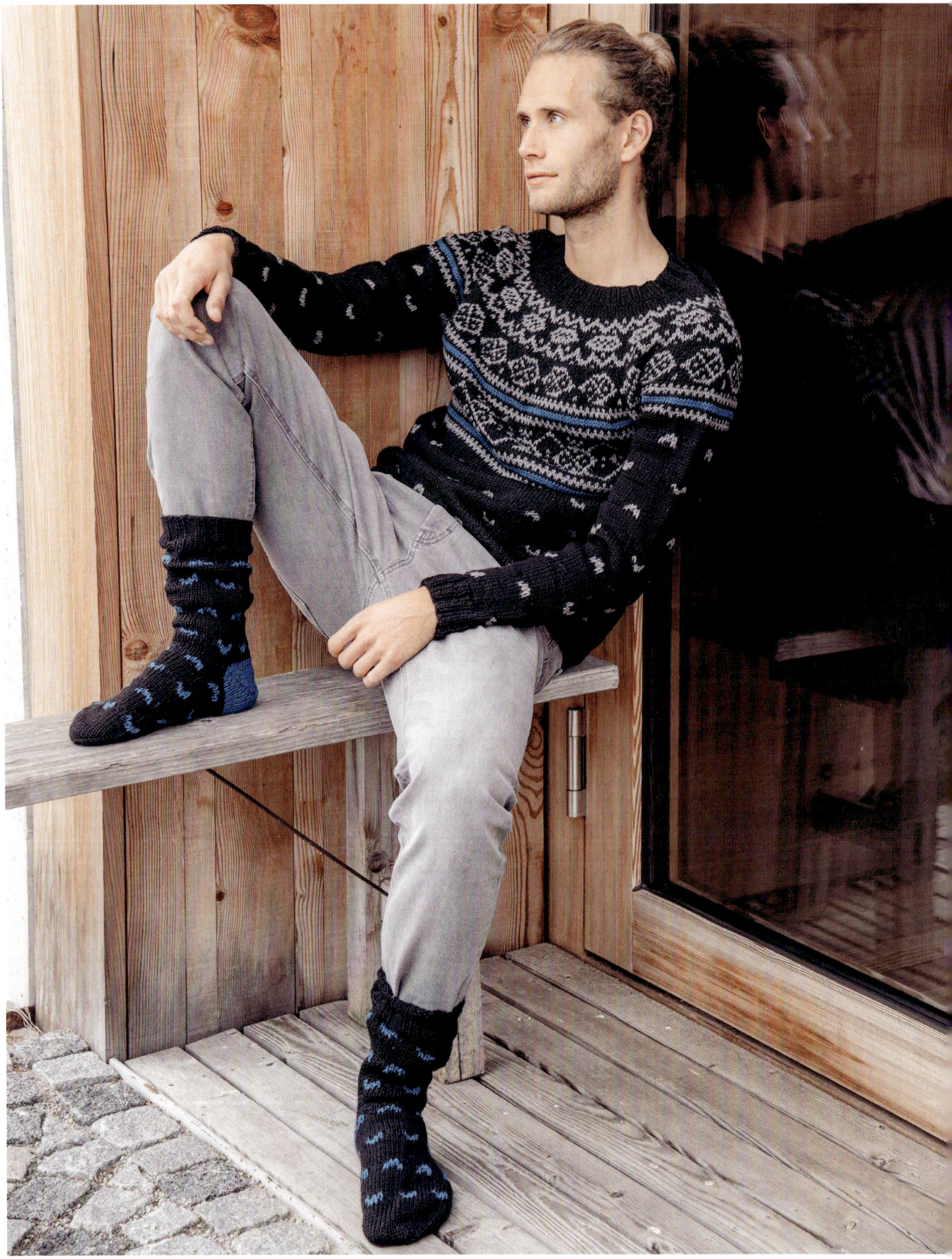

SNORRI

Socken

GRÖSSE

36/37, 38/39, 40/41, 42/43, 44/45

HINWEIS: Die Angaben für die einzelnen Größen stehen von der kleinsten bis zur größten Größe hintereinander, jeweils durch Schrägstriche getrennt. Steht nur eine Angabe, gilt diese für alle Größen.

Gesamtlänge mit Ferse und Spitze: ca. 22,5/24/25,5/26,5/27,5 cm

HINWEIS: Da das Garn sehr elastisch ist, können die Socken etwas kürzer als gewöhnlich gestrickt werden.

MATERIAL

- Lana Grossa McWool (50 % Baumwolle, 50 % Acryl, LL 100 m/50 g) in Schwarz (Fb 120), 150 g, und in Petrol (Fb 114), 50 g

HINWEIS: Die Banderolen überprüfen und nur Knäuel der gleichen Farbpartie verwenden. Der Materialverbrauch kann von Person zu Person variieren.

- Nadelspiele 3,5 mm und 4,0 mm
- Wollnadel zum Vernähen der Fäden
- Maschenmarkierer

MASCHENPROBE

Glatt rechts mit einer Fb und Nd 4,0 mm:
21 M und 25 R = 10 cm x 10 cm

FARBAUFTEILUNG

HF: Schwarz

KF: Petrol

GRUNDMUSTER

Bündchenmuster in Runden

2 M rechts, 2 M links im Wechsel str.

Glatt rechts in Runden

Stets rechte M str.

Jacquardmuster in Runden

Alle Rd glatt rechts nach Zählmuster str. Den Mustersatz von 8 M stets wdh. Die 1.–22. Rd wie in der Anleitung angegeben wdh.

Glatt rechts in Reihen

In Hinr rechte M, in Rückr linke M str.

SO GEHT'S:

Mit dem Nd-Spiel 3,5 mm in der HF 32 (32/40/40/48) M anschl und die M gleichmäßig auf den Nd verteilen. Die Arbeit zur Rd schließen und den Rd-Beginn mit einem MM kennzeichnen. Für das Bündchen 5 cm im Rippenmuster str, dann zu Nd-Spiel 4,0 mm wechseln.

Nun das Jacquardmuster nach dem Zählmuster str, dabei den Mustersatz von 8 M 4x (4x/5x/5x/6x) pro Rd str. Die 1.–22. Rd 2x arbeiten.

Bei einer Gesamthöhe von 21 cm mit der Bumerangferse in der KF beginnen (siehe Seite 20).

Für die Ferse eine Aufteilung von 5–6–5 (5–6–5/7–6–7/7–6–7/8–8–8) M arbeiten.

Nachdem die Ferse beendet ist, über alle M weiter im Jacquardmuster nach dem Zählmuster arbeiten.

Für Größe 36/37: Die 1.–22. Rd 1x str, dann noch 1x die 1.–14. Rd str.

Für Größe 38/39: Die 1.–22. Rd 1x str, dann noch 1x die 1.–21. Rd str.

Für Größe 40/41: Die 1.–22. Rd 2x str.

Für Größe 42/43: Die 1.–22. Rd 2x str, dann noch 1x die 1.–2. Rd str.

Für Größe 44/45: Die 1.–22. Rd 2x str. dann noch 1x die 1.–4. Rd str.

Bei einer Länge von ca. 18,5/20/21/22/23 cm (mit Ferse) die Bandspitze glatt rechts in der HF arbeiten (siehe Seite 21).

FERTIGSTELLUNG

Alle Fäden sauber vernähen.

ZÄHLMUSTER SOCKE

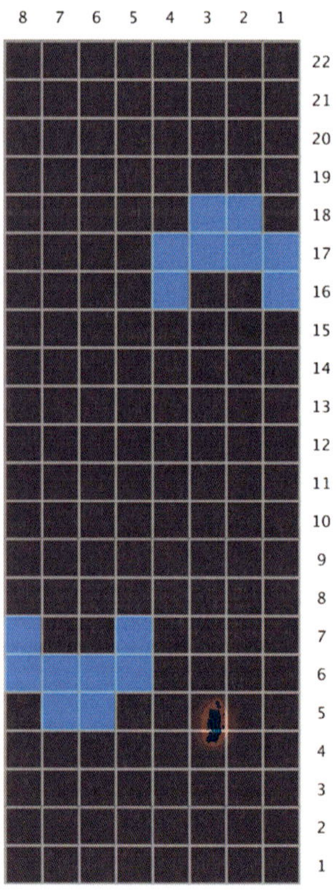

Mustersatz = 8 Maschen

LEGENDE

= HF: Schwarz

= KF : Petrol

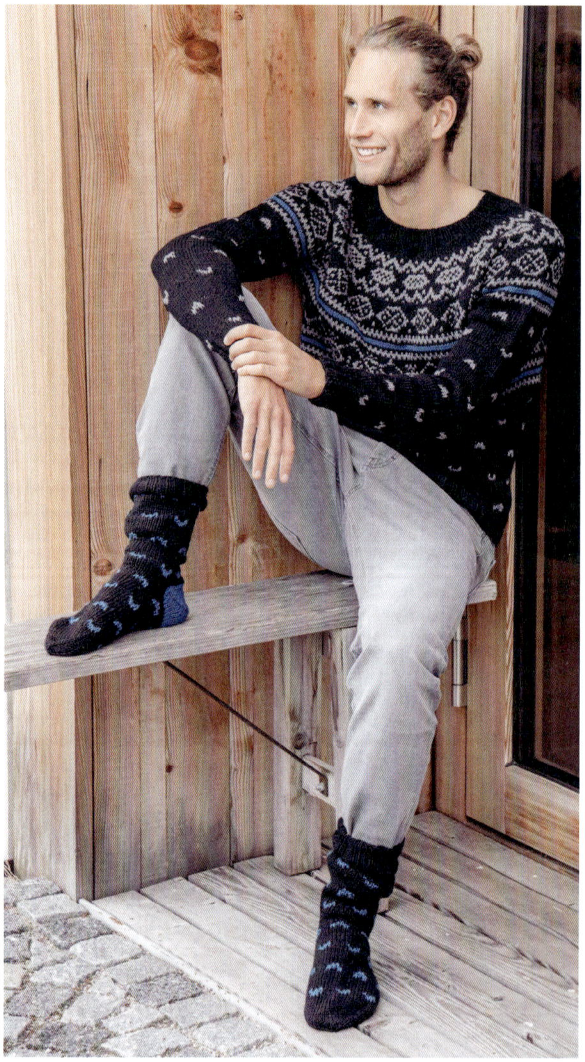

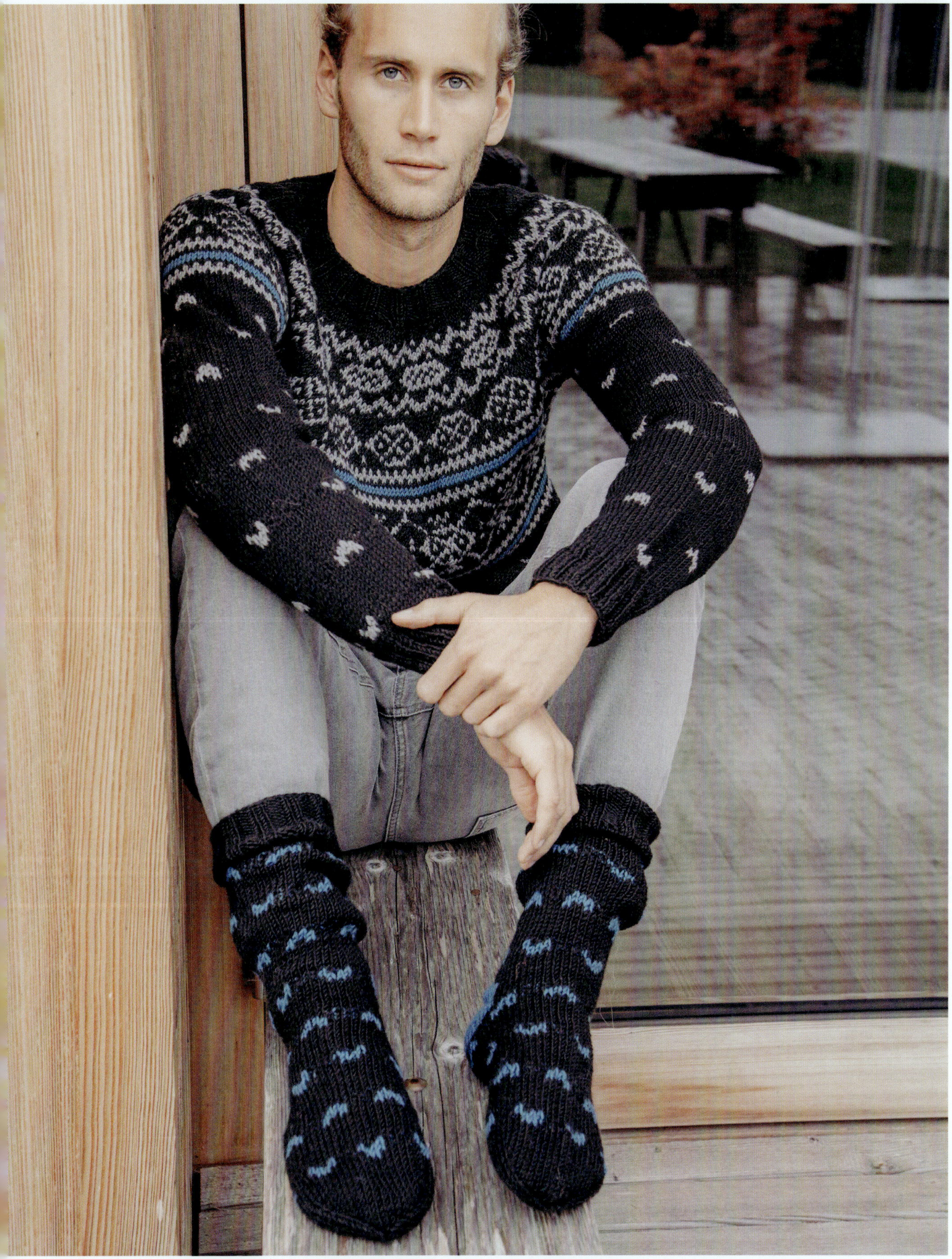

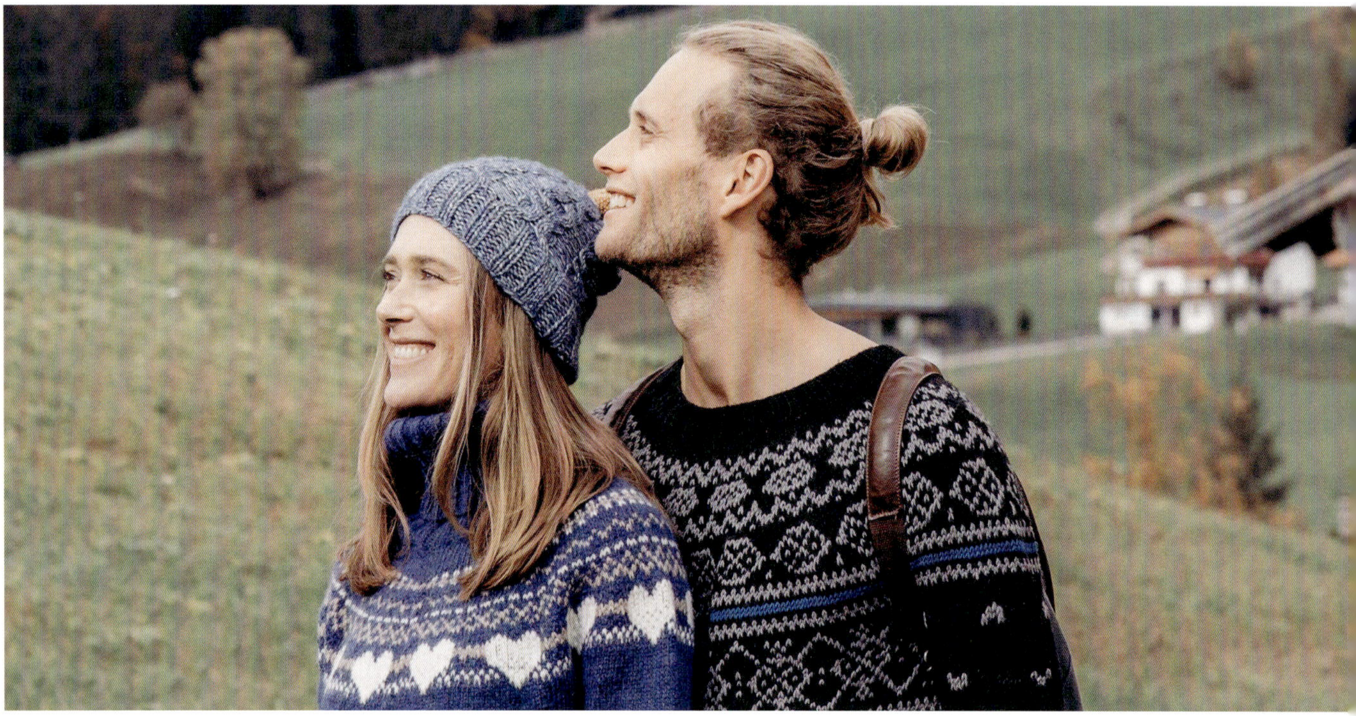

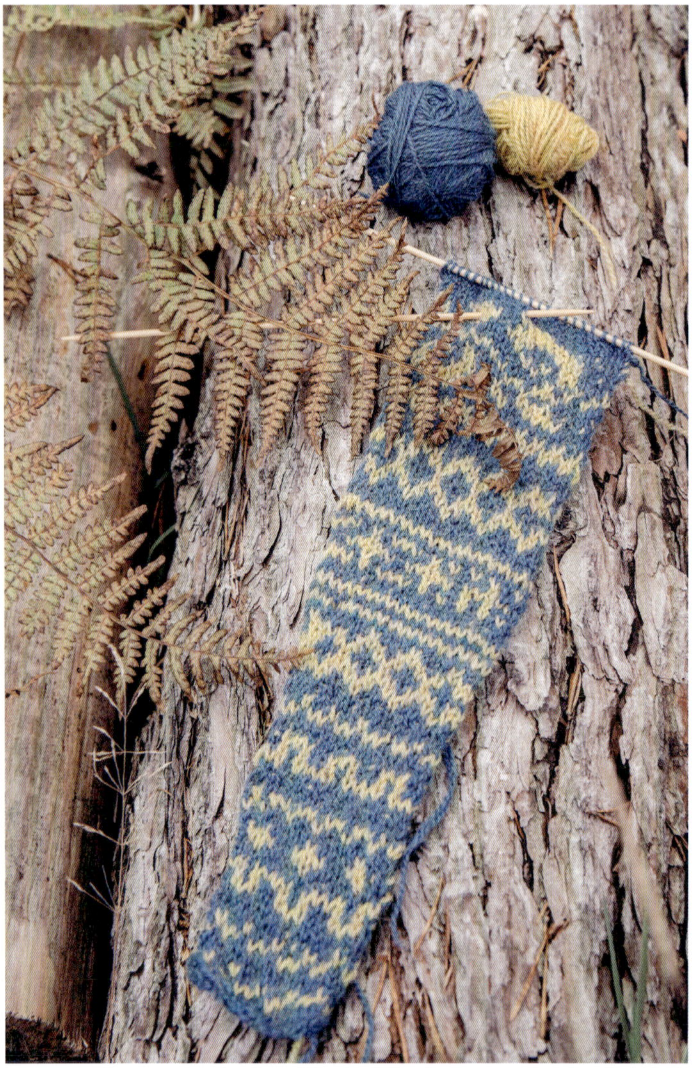

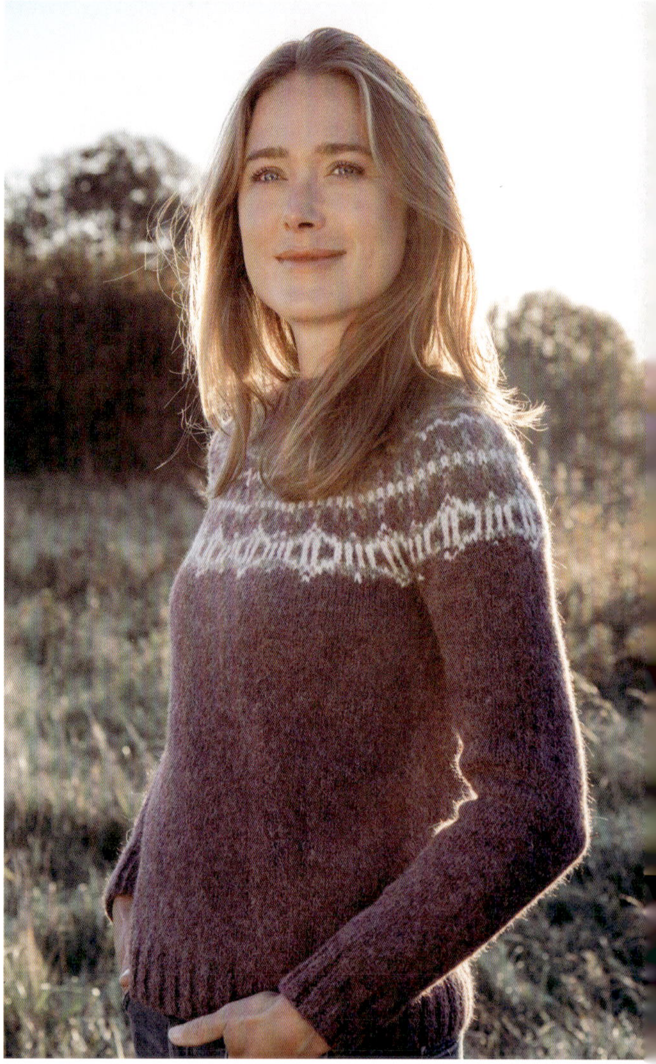

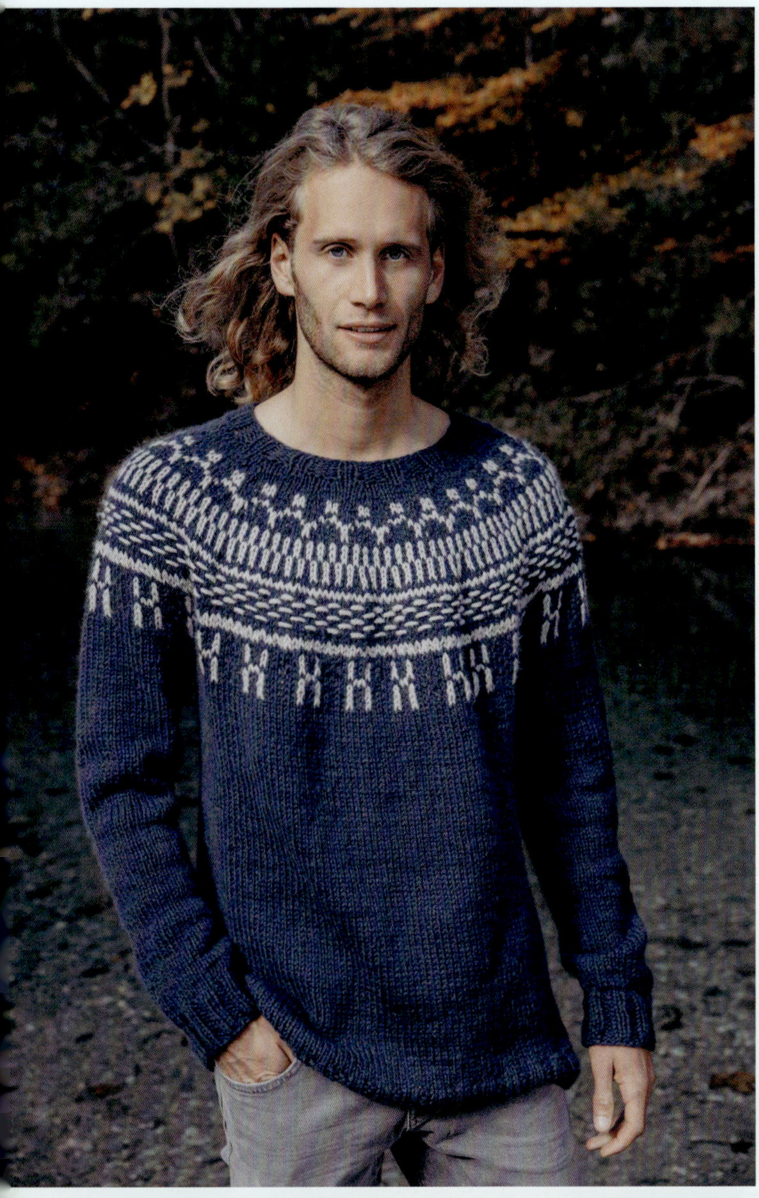
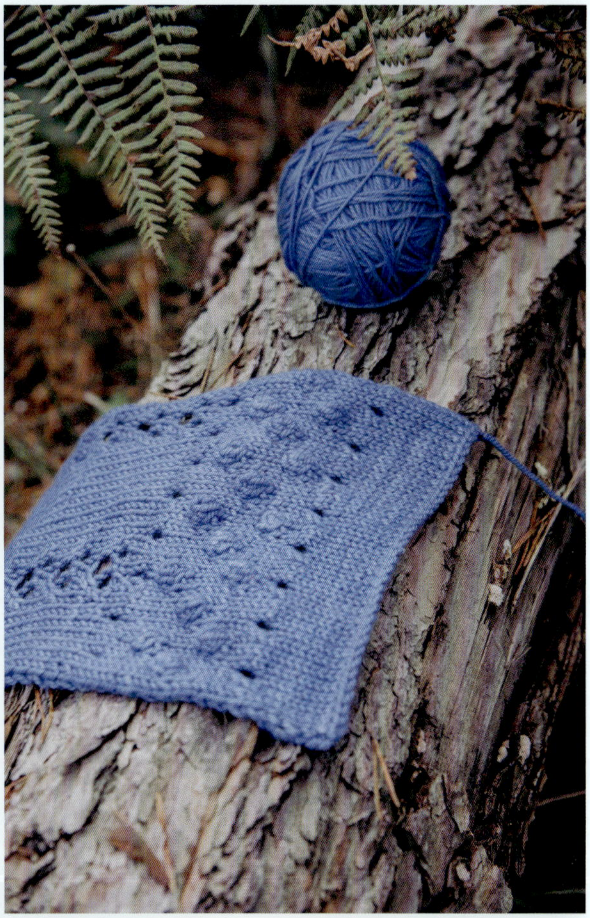
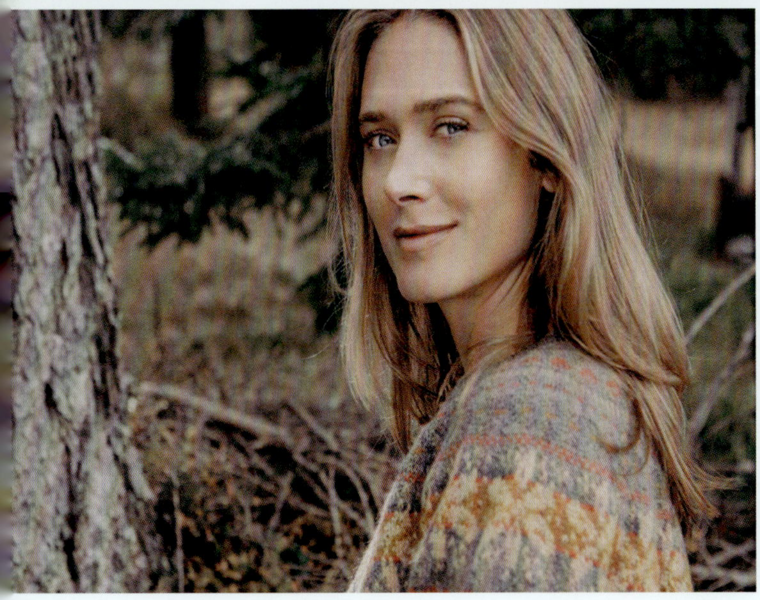
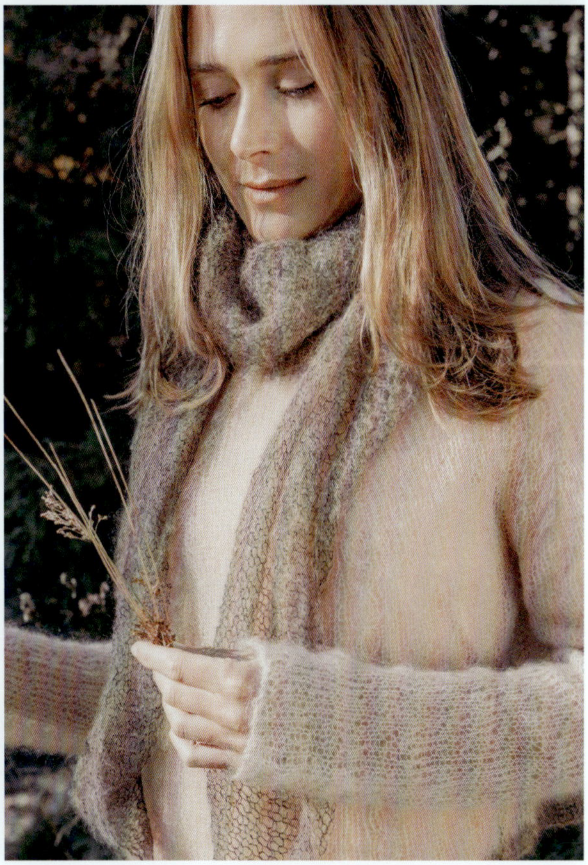

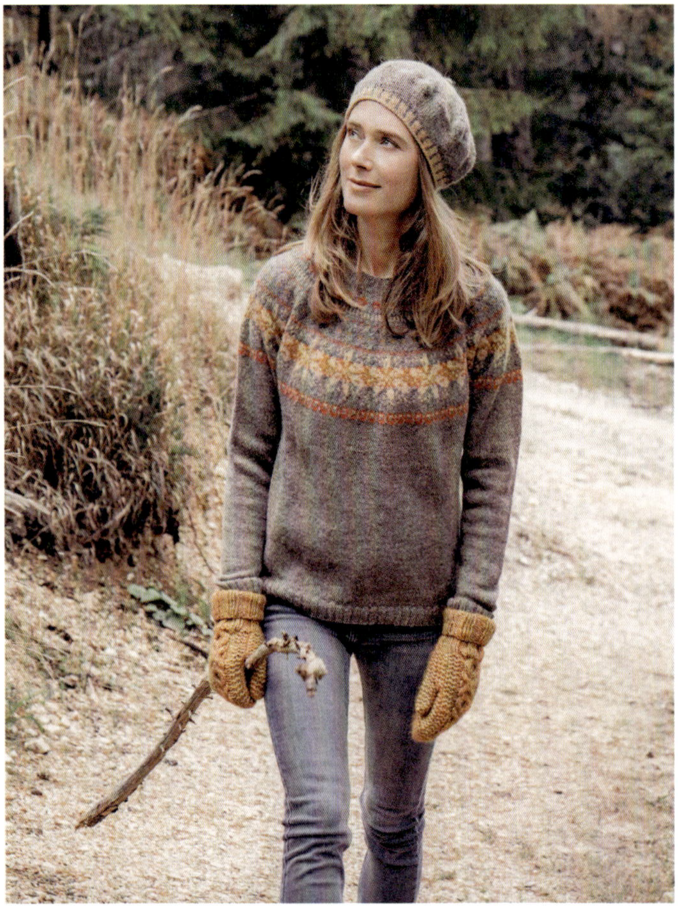
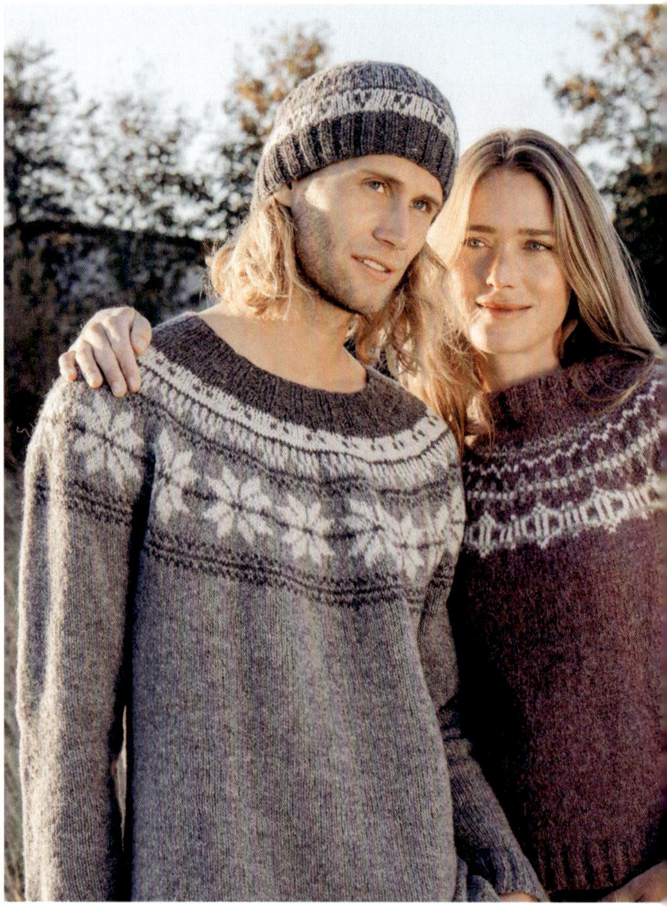
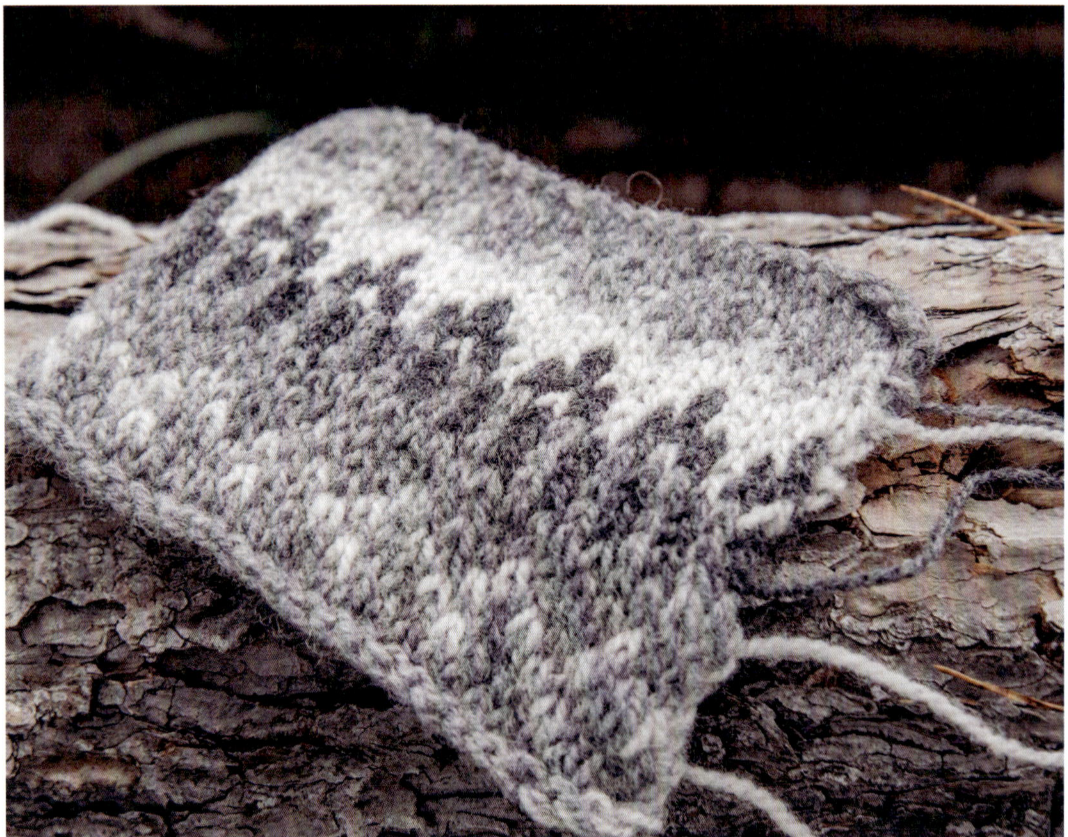
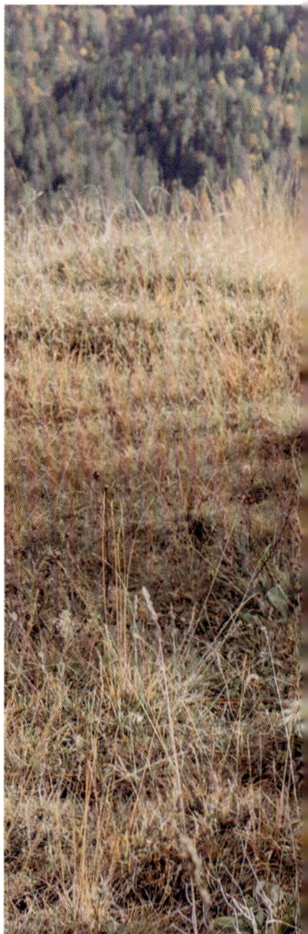

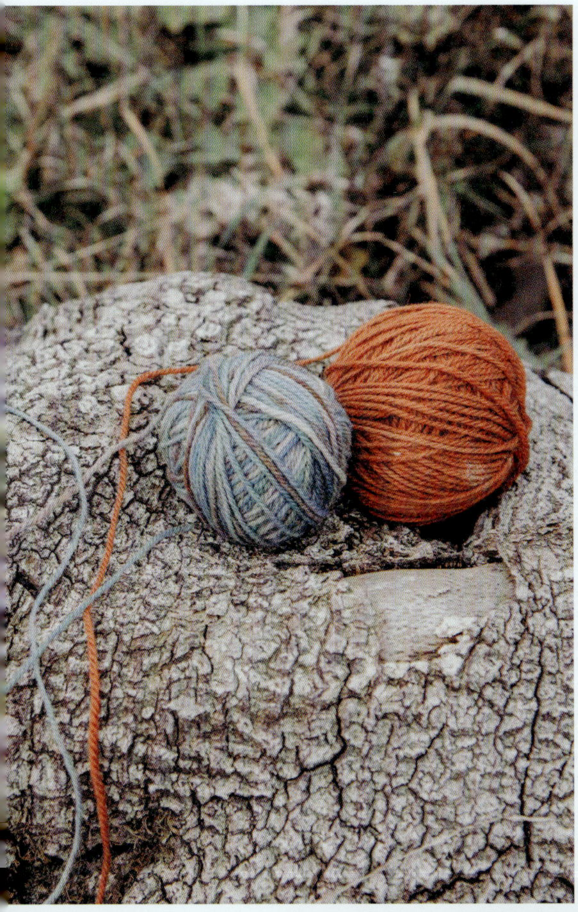
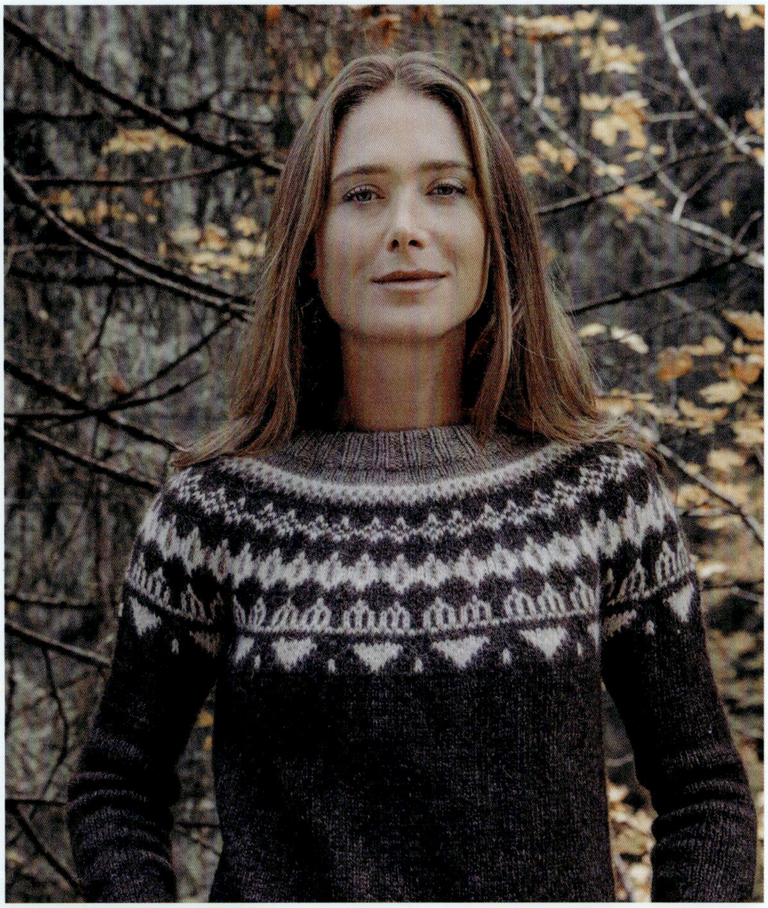
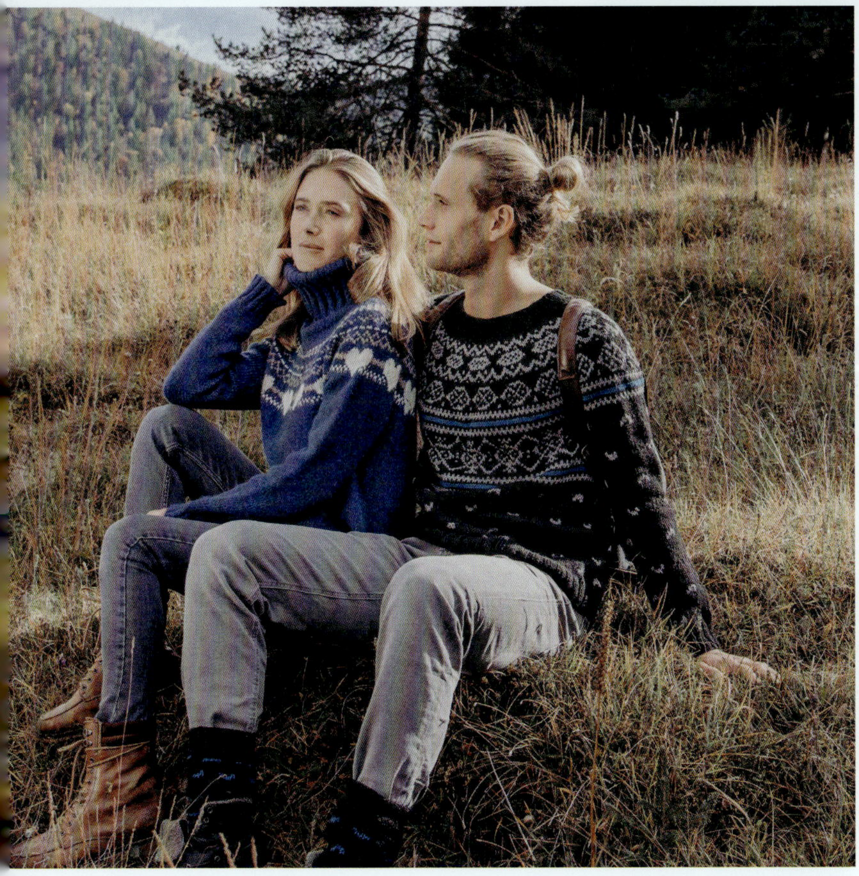
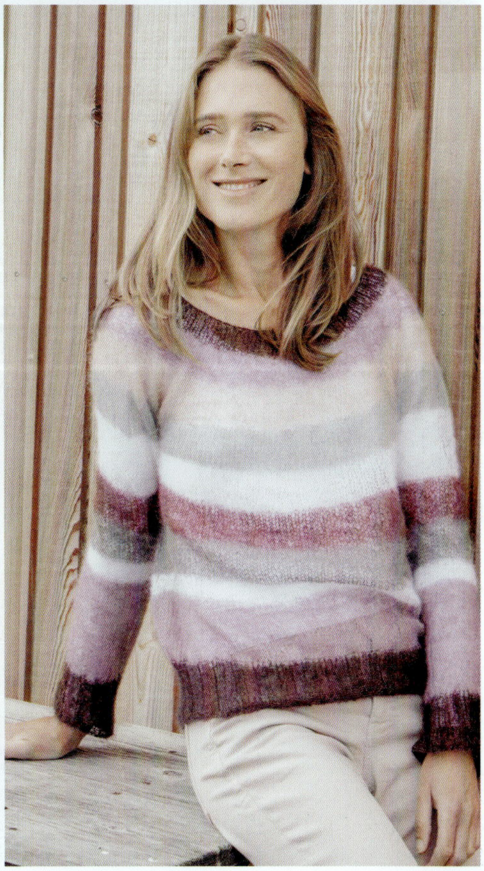

ÜBER DIE *Autorin*

Wenke Müller entwickelt unter dem Namen tomkeknits seit 2017 Handstrickdesign. Ihr Stil ist zeitlos und modern zugleich, reduziert und doch mit großer Liebe zum Detail und zu ausgefalleneren Techniken.

Die studierte Modedesignerin arbeitet im Theater, in verschiedenen Designstudios und entwickelt hochwertige Strickwaren für die internationale Modeindustrie, bevor sie in der Elternzeit mit ihren beiden Kindern zurück zum Handstricken kommt – eine Passion, die schon in ihrer eigenen Kindheit beginnt.

Bei der Edition Michael Fischer sind 2018 ihre ersten beiden Bücher *„Hygge Babys & Kids – Wohlfühlkleidung stricken"* und *„Hygge Accessoires stricken"* erschienen.

Heute lebt Wenke Müller mit ihrer Familie in ihrer Heimatstadt Dresden. Sie entwirft unter dem Namen tomkeknits neben ihren eigenen Designs Strickmodelle für verschiedene Garnhersteller und Magazine.

Sie können ihr auf Instagram unter **@tomkeknits** folgen und Ihre entstandenen Projekte mit dem Hashtag #tomkeknits präsentieren.

https://tomkeknits.com

www.ravelry.com/designers/wenke-muller

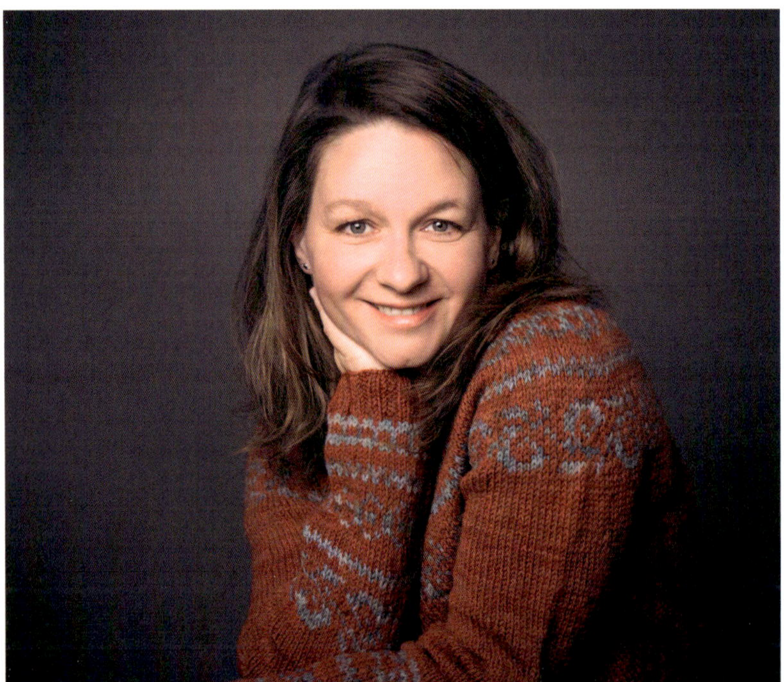

DANK

Als ich im Frühjahr 2019 die Anfrage von meiner Lektorin Anja Sommerfeld erhielt, ob ich wohl ein schönes Buch zu den sogenannten Islandpullovern machen wolle, war seit der Manuskriptabgabe meines zweiten Buchs „Hygge Accessoires stricken" gerade erst ein halbes Jahr vergangen. Entsprechend zögerlich war ich anfangs im Hinblick auf die bevorstehende Aufgabe – aber auch sehr, sehr gespannt und neugierig, welche Designs mir zu diesem schönen Thema wohl einfallen würden. Besonders habe ich mich auf die wunderbare Fülle von Garnen gefreut, mit denen ich wieder würde arbeiten können.

Und ja, ich habe mich ans Werk gemacht und an vielen Abenden und Wochenenden die Logik und Konstruktion der von oben nach unten gestrickten Rundpassenpullover mit Jacquardmustern studiert – ganz lieben Dank an meine beiden Kinder, die des Öfteren auf die Mama „verzichten" mussten! Aber dafür ist auch ein, wie ich finde, wirklich schönes Buch mit tollen Modellen für sie und ihn entstanden, sowohl mit klassischen Einstrickmustern als auch mit unifarbenen Designs. So wird es sicherlich für viele Stricker(-innen) etwas Schönes zu entdecken geben – danke Anja also für deinen Anruf!

Ein ganz großer Dank geht auch an meine Strickdamen Andrea Goverts, Ulrike Ackermann, Sarah Hasenauer, Marion Reinfels und meine Mama Ute Müller.

Folgenden Sponsoren möchte ich ebenfalls herzlich danken: Hey Mama Wolf, Isager, Rauwerk, ggh, Lana Grossa, Rowan und Schachenmayr.

Und last but not least möchte ich meiner lieben Fachlektorin Regina Sidabras, mit der ich nun schon zum dritten Mal zusammenarbeiten konnte, gleichfalls ein großes und herzliches Dankeschön für unsere sehr angenehme Zusammenarbeit aussprechen.

NOCH MEHR
schöne Bücher

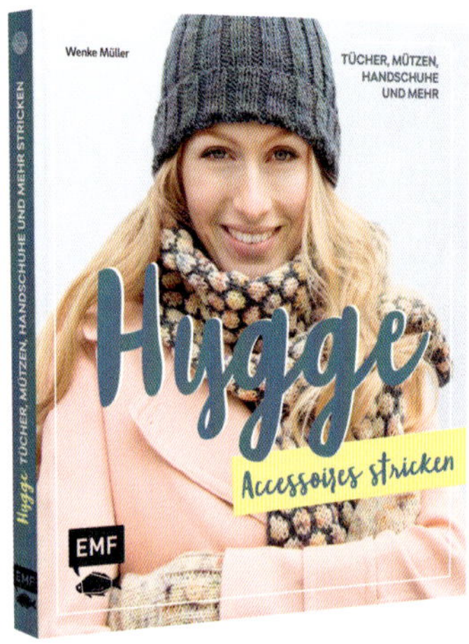

Hygge Accessoires stricken – Tücher, Mützen, Handschuhe und mehr

ISBN: 978-3-960**93-026**-6

16,99 € (DE) / 17,50 € (AT)

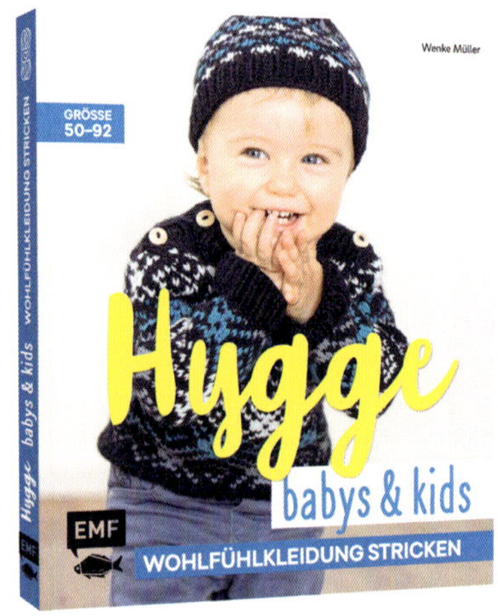

Hygge Babys und Kids – Wohlfühlkleidung stricken

ISBN: 978-3-863**55-879**-6

16,99 € (DE) / 17,50 € (AT)

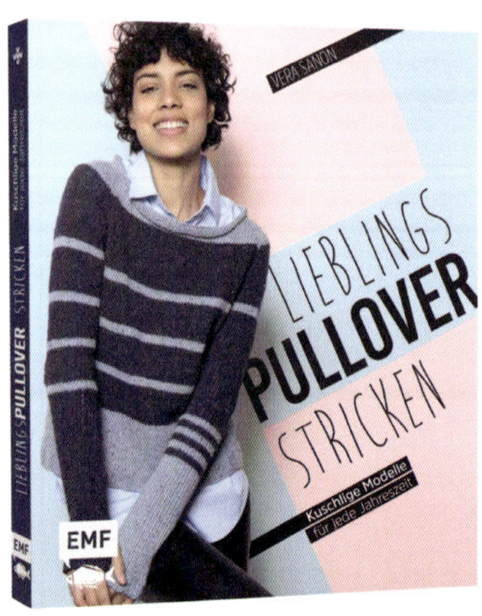

Kuschlige Raglan- und Top-Down-Modelle für jede Jahreszeit

ISBN: 978-3-863**55-759**-1

16,99 € (DE) / 17,50 € (AT)

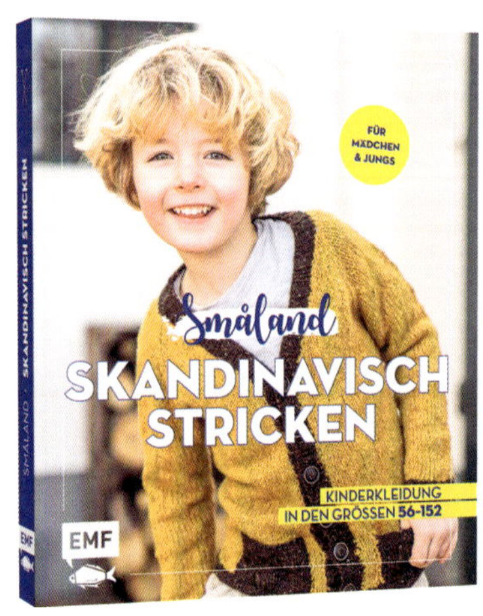

Småland – Skandinavisch stricken für Babys und Kinder

ISBN: 978-3-960**93-432**-5

20,00 € (DE) / 20,60 € (AT)